So schließen Sie Ihre Rentenlücke

Zusätzliche Altersvorsorge für 50plus

Akademische Arbeitsgemeinschaft I Mannheim

© 2018 by Akademische Arbeitsgemeinschaft
Wolters Kluwer Deutschland GmbH
Postfach 10 01 61 · 68001 Mannheim
Telefon 0621/8626262
Telefax 0621/8626263
www.akademische.de

Stand: Juli 2018

3., überarbeitete Auflage

Das Werk einschließlich seiner Teile ist urheberrechtlich geschützt. Jede Verwertung außerhalb der Grenzen des Urheberrechtsgesetzes ist ohne Zustimmung des Verlags unzulässig.
Das gilt insbesondere für die Vervielfältigung, Übersetzung, Mikroverfilmung sowie Einspeicherung und Verarbeitung in elektronischen Systemen.

Alle Angaben wurden nach genauen Recherchen sorgfältig verfasst; eine Haftung für die Richtigkeit und Vollständigkeit der Angaben ist jedoch ausgeschlossen.

Autoren: Andrea Goehlich, Michael Santak, Eike Schulze, Werner Siepe, Anette Stein, Rolf Winkel

Redaktion: Dr. Torsten Hahn, Dorothee Große, Michael Santak
Verlagsleitung: Hubert Haarmann
Herstellung und Satz: Nicole Rieser

Umschlaggestaltung: futurweiss kommunikationen, Wiesbaden
Frontcover Bildquelle: © Trueffelpix – Fotolia.com

Druck: Williams Lea & Tag GmbH, München
ISBN 978-3-86817-893-7

Vorwort

Allein mit den monatlichen Zahlungen von der gesetzlichen Rentenversicherung lässt sich der gewohnte Lebensstandard im Ruhestand nicht aufrechterhalten. Zwischen dem letzten Monatsgehalt und dem während des gesamten Arbeitslebens erworbenen Rentenanspruch klafft eine zunehmend größer werdende Lücke – die gefürchtete **Rentenlücke**. Sie beträgt bei Arbeitnehmern, die immer so viel verdient haben wie der Durchschnitt aller Rentenversicherten, aktuell 53 % des Durchschnittsverdiensts, der 2017 bei 37.103,– € lag.

Wer über der Beitragsbemessungsgrenze zur Rentenversicherung verdient, muss noch weit größere Einbußen gegenüber seinem gewohnten Gehalt verkraften. Diese Verdienstgrenze liegt im Jahr 2018 bei 78.000,– €. Um die Vergrößerung der Rentenlücke bei Besserverdienern auszugleichen, müssten jährlich 20 % des über 78.000,– € liegenden Bruttoverdiensts fürs Alter angespart werden.

Doch auch die für alle Einkommensgruppen vorhandene Rentenlücke vergrößert sich zusehends: Wegen der zunehmenden Alterung der Bevölkerung hat der Gesetzgeber beschlossen, dass das Rentenniveau, also das Verhältnis zwischen Rente und bisherigem Einkommen, bis zum Jahr 2030 auf die gesetzlich vorgegebene Untergrenze von 43 % sinkt. Dann beträgt die Rentenlücke sage und schreibe 57 %.

Das Problem mit der Rentenlücke gesteht mittlerweile sogar die Bundesregierung ein. Deshalb fördert sie diejenigen, die mit einer Betriebs-, Riester-, Rürup- oder Privat-Rente zusätzlich vorsorgen. Hinter diesen vier verschiedenen Vorsorgeformen stecken unterschiedliche Förderkonzepte, die in ganz bestimmten Fallkonstellationen vorteilhaft sind. Dabei ist zu berücksichtigen, dass seit dem 1.1.2018 bei der betrieblichen Altersversorgung und bei der Riester-Rente verbesserte Förderbedingungen gelten.

Da Sie jeden frei verfügbaren Euro nur einmal ausgeben können, lohnt es sich für Sie zu prüfen, bei welcher Vorsorgeform Ihr eingesetztes Geld die höchste Rendite bringt. Das hängt von zahlreichen individuellen Faktoren ab, insbesondere vom Einkommen und von der Steuerbelastung, und zwar sowohl in der Erwerbsphase als auch im Ruhestand.

Experten erläutern in diesem Ratgeber, wie Sie selbst mit 50 Jahren Ihre Rente noch steigern und Ihre Rentenlücke verringern können. Zudem weisen sie auf die aktuellen Möglichkeiten des vorzeitigen und des hinausgeschobenen Renteneintritts und auf die Kombination von Rente mit Arbeit hin, Stichwort: **Flexi-Rente.**

Zudem besteht für viele die Möglichkeit, freiwillige oder zusätzliche Beiträge in die Rentenkasse einzuzahlen. Diese Beitragszahlungen in die gesetzliche Rentenversicherung rentieren sich für Ältere sogar verhältnismäßig besser als andere Altersvorsorgeformen, weil sie nicht an den Finanzmarkt und das Zinsniveau, sondern an die Gehaltsentwicklung gekoppelt sind und daher Renditen von 2 bis 3 % p. a. erzielen können.

Eine Besonderheit dieses Buches besteht in der ausführlichen Darstellung der Auszahlungsphase unter Berücksichtigung der Sozialversicherungsbeiträge und der Steuern. Dieser Punkt wird von vielen Ratgebern vernachlässigt. Doch einzig und allein die ganzheitliche Betrachtung aller relevanten Aspekte während der Einzahlungs- und während der Auszahlungsphase lässt eine sinnvolle Entscheidung über die Verwendung Ihrer finanziellen Mittel zu.

Nun haben Sie es Hand, mit diesem Buch die beste Lösung für Ihre spezielle Situation zu finden. Viel Spaß bei der Lektüre und viel Erfolg beim Verkleinern Ihrer Rentenlücke wünscht Ihnen

Ihre Geldtipps-Redaktion

Inhalt

1 BETRIEBLICHE ALTERSVERSORGUNG NEU GEREGELT 9
- 1.1 Änderungen durch die Betriebsrentenreform 2018 9
- 1.2 Grundlagen der betrieblichen Altersversorgung 12
- 1.3 Verbreitung der betrieblichen Altersversorgung 14
- 1.4 Entgeltumwandlung als Betriebsrente 15
  - 1.4.1 Brutto-Entgeltumwandlung (Eichel-Förderung) 16
  - 1.4.2 Netto-Entgeltumwandlung (Riester-Förderung) 17
- 1.5 Auswahlkriterien: Worauf es ankommt 17
  - 1.5.1 Direktversicherungen und Pensionskassen 18
  - 1.5.2 Zinssätze, Kosten, Sterbetafeln 21
  - 1.5.3 Reine Altersrente oder mit Zusatzabsicherungen 22
  - 1.5.4 Eventuell Zuschüsse des Arbeitgebers 23
- 1.6 Entgeltumwandlung und Sozialversicherung 25
  - 1.6.1 Sozialabgabenersparnis bei der Einzahlung 26
  - 1.6.2 Sozialabgaben und Rentenkürzung bei Auszahlung 28
  - 1.6.3 Pro und kontra Sozialabgabenfreiheit 30
- 1.7 Beitrags- und Leistungsphase 31
  - 1.7.1 Nettobeitragsquote in der Beitragsphase 32
  - 1.7.2 Nettorentenquote in der Leistungsphase 33
  - 1.7.3 Vergleich von Nettobeitrags- und Nettorentenquote .. 34
- 1.8 Nettorenditen von Betriebsrenten 35
  - 1.8.1 Wann sich die Entgeltumwandlung für Sie lohnt 35
  - 1.8.2 Wann sich die Entgeltumwandlung kaum noch lohnt 36
- 1.9 Vorgehen bei Ausscheiden aus dem Unternehmen 37
  - 1.9.1 Übertragung des Kapitals auf neuen Arbeitgeber 37
  - 1.9.2 Beitragsfreistellung oder private Weiterführung 37

2 RIESTER-RENTE: MEHR ZULAGEN UND MEHR MÖGLICHKEITEN .. 39
- 2.1 Riester-Rente auf den Punkt gebracht 39
  - 2.1.1 Riester-Förderung im Überblick 40
  - 2.1.2 Für wen lohnt es sich, zu riestern? 42
- 2.2 Fast alle sind förderberechtigt 45
- 2.3 Qual der Produktwahl 49
  - 2.3.1 Riester-Rentenversicherung 50
  - 2.3.2 Fondsgebundene Riester-Rentenversicherung 52
  - 2.3.3 Riester-Fondssparplan 53

Inhaltsverzeichnis

      2.3.4 Riester-Banksparplan 54
      2.3.5 Wohn-Riester zur Finanzierung einer Immobilie 56
      2.3.6 Was bieten Produktinformationsblätter? 61
      2.3.7 Den Anbieter wechseln 66
  2.4 Einzahlungsphase 69
      2.4.1 Zulagen für Arbeitnehmer und deren Kinder 69
      2.4.2 Eventuell Steuerersparnisse zusätzlich 79
  2.5 Auszahlungsphase 82
      2.5.1 Auszahlung in der Rentenphase 82
      2.5.2 Kapitalverwendung für ein Eigenheim 85
      2.5.3 Schädliche Kapitalverwendung 86
      2.5.4 Nachgelagerte Besteuerung 86
      2.5.5 Besteuerung von Wohn-Riester 87
      2.5.6 Riester-Vertrag im Erbfall 89
  2.6 Betriebliches Riestern 92

3 RÜRUP-RENTE: ALTERSVORSORGE ALS STEUERSPARMODELL ... 95
  3.1 So funktioniert die Rürup-Rente 95
  3.2 Steuerregeln wie bei der gesetzlichen Rente 98
      3.2.1 Steuerlicher Höchstbeitrag für Altersvorsorge-
            aufwendungen 99
      3.2.2 Steuerlich abzugsfähiger Beitragsanteil und Besteuerungs-
            anteil der Rürup-Rente 100
  3.3 Rürup-Rente im Vergleich zur gesetzlichen Rente 102
      3.3.1 Gesetzliche Rente besser als Rürup-Rente für Beamte
            ab 50 Jahren 103
      3.3.2 Rürup-Rente schlägt gesetzliche Rente für Arbeitnehmer
            unter 50 Jahren 105
  3.4 Wer von der Rürup-Rente besonders profitieren kann 107
      3.4.1 Fünf Kriterien zur Prüfung, ob sich die Rürup-Rente
            für Sie lohnt 107
      3.4.2 Rürup-Rente für jüngere Arbeitnehmer 109
      3.4.3 Rürup-Rente für ältere Arbeitnehmer 111
      3.4.4 Rürup-Rente für Senioren 113
      3.4.5 Rürup-Rentenfalle für freiwillig Versicherte in der
            gesetzlichen Krankenkasse 114
      3.4.6 Gesetzliche Rente als erste Wahl für pensionsnahe
            Beamte 116
  3.5 Anbieterwahl: Die besten Rürup-Policen 116

3.6 Produktwahl: Rürup-Versicherung oder Rürup-Fonds? 117
    3.6.1 Rürup-Rentenversicherung 117
    3.6.2 Fondsgebundene Rürup-Rentenversicherung 118
    3.6.3 Rürup-Fondssparplan 118
    3.6.4 Rürup-Sparer 50plus 118
    3.6.5 Jüngere Rürup-Sparer zwischen 30 und 45 Jahren 119
3.7 Rentenwahl: Reine Altersrente oder mit zusätzlicher Hinterbliebenen- oder Erwerbsunfähigkeitsrente? 120
3.8 Rürup-Rente im Vergleich zu Riester-, Betriebs- und Privatrente 122
    3.8.1 Riester-Vorteile in bestimmten Fällen 123
    3.8.2 Vor- und Nachteile der Betriebsrente 123
    3.8.3 Privatrente vorteilhaft für Rentner mit hoher Steuerbelastung 124
    3.8.4 Renditevergleich 124

4 PRIVATE RENTE: SICHER, FLEXIBEL UND KAPITALISIERBAR 127
4.1 Vorteile einer privaten Rente 127
    4.1.1 Wer lange lebt, profitiert am meisten 127
    4.1.2 Fondsgebundene Rente: Chancen, aber auch Risiken ... 129
    4.1.3 Vorteile der privaten Rentenversicherung 131
    4.1.4 Trübe Aussichten für die Rentenrendite 134
4.2 Formen der privaten Rentenversicherung 137
    4.2.1 Die Ansparrente 137
    4.2.2 Die Sofortrente 139
    4.2.3 Die aufgeschobene Rente nach Einmalzahlung 142
4.3 Zusatzvereinbarungen: Sicherheit für Angehörige 143
    4.3.1 Eingebaute Vorsichtsmaßnahmen 143
    4.3.2 »Todesfallschutz inklusive« bewirkt Rentenkürzung ... 146
4.4 Wie erfolgt die Beteiligung an den Überschüssen? 147
    4.4.1 Wie entstehen Überschüsse? 147
    4.4.2 Ansparphase: Bonus und verzinsliche Ansammlung ... 149
    4.4.3 Rentenphase: Nicht alle Verfahren empfehlenswert 151
4.5 So erhöhen Sie die finanzielle Flexibilität 154
    4.5.1 Kapital oder Rente: Ihre Wahl bei Rentenbeginn 154
    4.5.2 Flexible Gestaltung des Rentenbeginns 157
    4.5.3 Finanzprobleme? Anpassen statt kündigen! 158

4.6 Tipps zum Abschluss der Privat-Rentenversicherung 160
    4.6.1 Prüfen Sie die Leistungsfähigkeit der Anbieter 160
    4.6.2 Machen Sie die Angebote vergleichbar 161
    4.6.3 Leistungsstarke Anbieter im Überblick 162

5 MEHR VERDIENSTMÖGLICHKEITEN DANK FLEXI-RENTE 165

5.1 Selbstbestimmt in den Ruhestand 165
5.2 Neue Regeln zum Ausgleich von Rentenabschlägen 167
    5.2.1 Welche Rentenabschläge ausgleichbar sind 167
    5.2.2 Langfristplanung möglich 169
    5.2.3 Teilzahlung empfehlenswert 171
    5.2.4 Vorgezogene Altersrente muss nicht sein 172
    5.2.5 Steuerersparnis bei gesetzlichen Beiträgen 174
5.3 Neue Regeln für Frührentner 175
    5.3.1 Alte Hinzuverdienstregeln 175
    5.3.2 Neue Hinzuverdienstregeln 176
    5.3.3 Großzügige Vorab-Festlegung sinnvoll 178
    5.3.4 Wie der Hinzuverdienst auf Ihre Finanzen wirkt 180
    5.3.5 Auswirkung des Kombi-Modells auf die Rente 182
    5.3.6 Steuerliche Vorteile durch Teilrentenbezug 183
    5.3.7 Freiwillige Beitragszahlung für Frührentner 187
5.4 Neue Chancen nach dem regulären Rentenalter 189
    5.4.1 Rente + Arbeit = mehr Rente 190
    5.4.2 Opting-in gilt auch für Minijobber 194
    5.4.3 Rentenaufschub plus Arbeit = später mehr Rente 196
    5.4.4 Teilrente plus (Teilzeit-)Arbeit = mehr Rente 198

6 ZUSATZRENTE AUS DER GESETZLICHEN RENTENVERSICHERUNG 199

6.1 Einführung 199
6.2 Zusatzrente aus Ausgleichsbetrag 200
    6.2.1 Grundlagen zum Ausgleichsbetrag 202
    6.2.2 Höhe des Ausgleichsbetrags 206
    6.2.3 Höhe der Zusatzrente 211
    6.2.4 Teilzahlungen ab dem 50. Lebensjahr 214
    6.2.5 Ausgleichsbetrag für Teile von Rentenabschlägen 215
    6.2.6 Rentenplus bei Verzicht auf Rente mit 63 Jahren 216
    6.2.7 Vorteile durch Beteiligung des Arbeitgebers 220
    6.2.8 Finanzielle Vorteile für Ost-Versicherte 221

INDEX **223**

1 Betriebliche Altersversorgung neu geregelt

1.1 Änderungen durch die Betriebsrentenreform 2018

Mit mehr staatlicher Förderung und dem Wegfall von Rentengarantien möchte die Regierungskoalition die Betriebsrenten in Deutschland ausbauen. Doch das ist mit Nachteilen für die Betriebsrentner verbunden: Bei den neuen Betriebsrenten ab 1.1.2018 gibt es keine Garantie der eingezahlten Beiträge mehr. Mit diesem **Garantieverzicht** soll den Arbeitgebern die Entscheidung, eine Betriebsrente anzubieten, erleichtert werden.

Betriebsrenten sollen allerdings durch eine **höhere Förderung** bei Geringverdienern und in kleineren Betrieben weiter verbreitet werden. Der Anteil von knapp 50 % der Beschäftigten mit betrieblicher Altersvorsorge in der Privatwirtschaft stagniert seit Jahren.

Fördermodell: Der Staat fördert ab 1.1.2018 Betriebsrenten bei Einkommen von bis zu 2.200,- € im Monat (26.400,- € Jahres-Bruttoverdienst) mit einem neuen Modell. Arbeitgeber bekommen 30 % ihrer Beiträge in Höhe von 240,- € bis 480,- €, also 72,- € bis 144,- € im Jahr, und zwar dadurch, dass der Betrag von der Lohnsteuer abgezogen wird. Mit der bereits gewährten Steuerfreiheit oder der Riester-Förderung wird das nicht verrechnet.

Arbeitgeberzuschuss: Arbeitgeber müssen 15 % des umgewandelten Entgelts als Zuschuss an die Pensionseinrichtung zahlen. Das gilt bei in Tarifverträgen nach dem Sozialpartnermodell vereinbarten Entgeltumwandlungen bereits seit dem 1.1.2018 und für neue Verträge in nicht tarifgebundenen Betrieben ab dem 1.1.2019. Für alle bestehenden Verträge zur Entgeltumwandlung soll es ab dem 1.1.2022 einen Zuschuss geben. Aufgefordert sind die Sozialpartner, im Tarifvertrag zusätzliche Zuschüsse der Arbeitgeber zur Absicherung der Zielrente vorzusehen.

Steuerförderung: Ein höherer Anteil der Einzahlungen in die Betriebsrente wird von der Steuer freigestellt (8 % von der Beitragsbemessungsgrenze statt 4 % plus 1.800,- € für Zusagen ab 2004). Dadurch steigt der Höchstbetrag für die Steuerfreiheit auf 6.240,- € im Jahr. Bislang konnten pro Jahr bis zu 4.776,- € steuerfrei aus dem Bruttogehalt entnommen und für die Betriebsrente angespart werden.

Zielrente: In Tarifverträgen sollen Arbeitgeber und Arbeitnehmer vereinbaren können, dass nur noch die Ausschüttung der eingezahlten Beiträge zugesagt wird. Die Haftung der Arbeitgeber für Betriebsrenten in einer prognostizierten Höhe entfällt dann. Zugleich kann vereinbart werden, dass Versorgungseinrichtungen keine Garantien und keine Mindestleistungen mehr versprechen. Diese Zielrente soll das Unternehmensrisiko beim Angebot von Betriebsrenten in der Niedrigzinsphase mindern.

Opt-Out: Ganze Belegschaften sollen in die betriebliche Altersvorsorge einbezogen werden können. Der Einzelne hat dann die Möglichkeit, sich dagegen zu entscheiden und »opt-out« zu wählen. Eine »Opting-Out-Klausel« in Tarifverträgen soll künftig dazu führen, dass zunächst eine Entgeltumwandlung für alle Beschäftigten einer Branche gilt. Einzelne können dann aber gegen diese optieren (»opting out«). So haben Sparer zwar weiterhin alle Freiheiten bei der Planung ihrer privaten zusätzlichen Altersvorsorge, es wird aber mehr Druck in diese Richtung erzeugt.

Riester-Rente: Die Grundzulage für die Riester-Rente steigt ab 1.1.2018 von 154,- € auf 175,- €. Die Anhebung der jährlichen Zulage soll vor allem der Verbreitung der Betriebsrenten dienen, wenn in deren Rahmen geriestert wird. Sie kommt jedoch allen Riester-Sparern zugutekommen.

Wegfall der Doppelverbeitragung: Wollen Arbeitnehmer eine Riester-Förderung über das System der Betriebsrente bekommen, geht das nur über Entgeltbestandteile, die schon versteuert und mit

Betriebliche Altersversorgung neu geregelt | 1

Sozialbeiträgen belastet wurden. Wird die Riester-Rente später ausgezahlt, wurden bisher ein zweites Mal Beiträge zur Kranken- und Pflegeversicherung fällig. Diese Doppelverbeitragung wird für alle ab 2018 neu zufließenden betrieblichen Riester-Renten abgeschafft. Damit wird zumindest die Riester-Rente im Rahmen der betrieblichen Altersversorgung von einer alten Falle befreit: Führt der Abschluss einer Riester-Rente über den Betrieb bislang dazu, dass im Alter Kranken- und Pflegeversicherungsbeiträge fällig werden, so wird dieses Manko nun durch das Betriebsrentenänderungsgesetz beseitigt. Künftig sollen alle Riester-Renten im Alter gleich belastet werden. Bei allen anderen Formen der Betriebsrente bleibt die Doppelverbeitragung zur gesetzlichen Kranken- und Pflegeversicherung bestehen.

Grundsicherung: Ein Argument vieler Geringverdiener ist oft, dass sich zusätzliche Altersvorsorge nicht lohnt, da die daraus resultierenden Renten im Alter auf die Grundsicherung im Alter und bei Erwerbsminderung angerechnet werden. Wenn man selbst Betriebs- oder Riester-Renten aufgebaut hat, werden aktuell bis zu 204,50 € nicht auf die Grundsicherung angerechnet, wenn man im Alter Grundsicherung braucht. Das soll Geringverdienern die Sorge nehmen, dass am Ende die sauer ersparte Zusatzabsicherung wieder weggenommen wird.

Fazit: Positiv ist, dass der Arbeitgeber seine ersparten Sozialbeiträge im Falle einer Entgeltumwandlung an die Beschäftigten im Umfang von 15 % des umgewandelten Betrags weitergeben muss.

Weiterhin positiv: Seit dem 1.1.2018 können bis zu 8 % der Beitragsbemessungsgrenze zur gesetzlichen Rentenversicherung sozialabgaben- und steuerfrei in die Entgeltumwandlung investiert werden, also bei der GRV-Beitragsbemessungsgrenze von monatlich 6.500,- € im Jahr 2018 immerhin 520,- € pro Monat bzw. 6.240,- € im Jahr.

Negativ ist, dass es durch Einfügung des § 1 Abs. 2 a Betriebsrentengesetzes bei der neuen Betriebsrente laut Sozialpartnermodell (Nahles-Rente) nur noch eine reine Beitragszusage (pay and forget) gibt und damit **keine Einstandspflicht** der Arbeitgeber mehr (Enthaftung auf Arbeitgeberseite). Die reine Beitragszusage auf tariflicher Grundlage führt dazu, dass es künftig keine Mindest- bzw. Garantieleistungen mehr für Beschäftigte gibt. Diese größte Reform der betrieblichen Altersversorgung seit dem Jahr 2002 (dort wurde im Betriebsrentengesetz nur die Wahl zwischen »beitragsorientierter Leistungszusage« und »Beitragszusage mit Mindestleistung« gelassen) trägt somit nicht zur Stärkung der Betriebsrente bei, da sicherheitsorientierte Beschäftigte auf eine Betriebsrente ohne jegliche Mindest- bzw. Garantieleistung verzichten werden. Dieses Kernstück der bAV-Reform bietet allerdings risikobewussten Beschäftigten eher Vorteile, da Garantien bekanntlich Geld kosten.

1.2 Grundlagen der betrieblichen Altersversorgung

Die betriebliche Altersversorgung bietet allen sozialversicherungspflichtigen Arbeitnehmern die Möglichkeit, die gesetzliche Rente (erste Säule der Altersvorsorge) um eine Betriebsrente (zweite Säule der Altersvorsorge) zu ergänzen. Gesetzliche Rente und Betriebsrente machen dann zusammen mit einer eventuellen Privatrente (dritte Säule der Altersvorsorge) die Gesamtversorgung im Alter aus.

Seit 2002 haben alle Arbeitnehmer nach § 1 des Betriebsrentengesetzes einen **gesetzlichen** Anspruch auf betriebliche Altersversorgung und speziell nach § 1a auf eine betriebliche Altersversorgung durch Entgeltumwandlung. Sofern der Arbeitgeber von sich aus keine Altersversorgung anbietet, kann der Arbeitnehmer zumindest den Abschluss einer von ihm allein finanzierten Direktversicherung verlangen.

Beamte können keine Betriebsrente erhalten. Alle rund 5,4 Mio. sozialversicherungspflichtig beschäftigten Angestellten im öffentlichen und kirchlichen Dienst sind in der Zusatzversorgung pflichtversichert und können sich darüber hinaus noch freiwillig versichern über eine Entgeltumwandlung oder eine betriebliche Riester-Rente.

In der betrieblichen Altersversorgung gibt es insgesamt **fünf Durchführungswege:**

- Direktversicherung,
- Pensionskasse,
- Pensionsfonds,
- Direktzusage,
- Unterstützungskasse.

Laut dem **Alterssicherungsbericht** der Bundesregierung entfielen von 14,4 Mio. aktiven Verträgen in der Privatwirtschaft fast zwei Drittel auf Direktversicherungen (5,1 Mio.) und Pensionskassen (4,8 Mio.) und ein Drittel auf Direktzusagen und Unterstützungskassen (zusammen 4,7 Mio.). Nur 0,4 Mio. Verträge sind über einen Pensionsfonds abgeschlossen.

Rund 52 % aller Verträge zur Direktversicherung oder Pensionskasse laufen über die Entgeltumwandlung, bei der ein Teil des künftigen Brutto- oder Nettogehalts nach § 1 Abs. 2 Ziffer 2 des Betriebsrentengesetzes in wertgleiche Anwartschaften auf Versorgungsleistungen umgewandelt wird.

Finanziert wurden die Beiträge zur betrieblichen Altersversorgung entweder allein vom Arbeitnehmer (in 25 % der Fälle), allein vom Arbeitgeber (28 %) oder gemeinsam von Arbeitnehmer und Arbeitgeber (in 47 % der Fälle).

Die ausschließlich arbeitnehmerfinanzierte betriebliche Altersversorgung stellt zurzeit noch die Ausnahme dar. Wer als Arbeitnehmer überhaupt keinen Zuschuss von seinem Arbeitgeber erhält, muss sich sehr genau überlegen, ob sich die betriebliche Altersversorgung dann noch wirtschaftlich für ihn lohnt. Allerdings soll er auch bei schon bestehenden Verträgen spätestens ab 2022 einen **Zuschuss des Arbeitgebers in Höhe von 15 %** des umgewandelten Betrags erhalten. Sofern der Arbeitgeber einen monatlichen festen Zuschuss in Euro oder in Prozent des Beitrags leistet, wird die Betriebsrente einer Privatrente (z.B. Riester-Rente, Rürup-Rente oder Rente aus einer privaten Rentenversicherung) fast immer überlegen sein.

1.3 Verbreitung der betrieblichen Altersversorgung

Von den rund 31 Mio. sozialversicherungspflichtigen Arbeitnehmern Ende 2015 haben bis heute rund 57 % oder 17,7 Mio. Ansprüche auf eine spätere Betriebsrente erworben. Wenn man davon die 5,4 Mio. Beschäftigten im öffentlichen und kirchlichen Dienst mit einer späteren Zusatzrente abzieht, bleiben noch 12,3 Mio. in der Privatwirtschaft beschäftigte Arbeitnehmer mit Betriebsrentenansprüchen übrig. Dies sind dann nur noch 48 % von 25,7 Mio. Beschäftigten in der privaten Wirtschaft.

Nur knapp jeder zweite Arbeitnehmer in der Privatwirtschaft hat zurzeit einen Anspruch auf eine spätere Betriebsrente. Am häufigsten ist die betriebliche Altersversorgung laut Alterssicherungsbericht 2016 der Bundesregierung mit 81 % aller Beschäftigten im Bank- und Versicherungsgewerbe vertreten. Über 60 % der Beschäftigten im verarbeitenden Gewerbe oder bei Bau, Steine, Erden, Energie verfügen über eine Anwartschaft auf eine betriebliche Altersversorgung.

Noch gut 50 % der Beschäftigten sind es im Grundstücks- und Wohnungswesen sowie bei wissenschaftlichen und technischen Dienstleistungen. 48 % der im Handel Beschäftigten hatten Ende 2015 Anspruch auf Betriebsrente, aber nur 42 % der Beschäftigten im Baugewerbe und gar nur 20 % im Gastgewerbe.

Es nimmt nicht Wunder, dass die betriebliche Altersversorgung besonders in Konzernen und anderen Großbetrieben weit verbreitet ist. In Klein- und Mittelbetrieben ist der Anteil der Arbeitnehmer mit einer betrieblichen Altersversorgung deutlich geringer als in Großbetrieben. Die Bundesregierung will daher mit dem verabschiedeten Betriebsrentenstärkungsgesetz ab 2018 insbesondere die betriebliche Altersversorgung in kleinen und mittleren Unternehmen stärken.

In diesem Beitrag geht es um die betriebliche Altersversorgung in der Privatwirtschaft sowie um zusätzliche freiwillige Versicherungen für Angestellte des öffentlichen und kirchlichen Dienstes.

Jeder Arbeitnehmer weiß, dass er später eine gesetzliche Rente bekommt unter der Voraussetzung, dass er eine sozialversicherungspflichtige Beschäftigung ausübt und die Wartezeit von fünf Jahren erfüllt hat. Diese gesetzliche Rente stellt somit die Grundversorgung dar. Das System der gesetzlichen Rentenversicherung ist das mit Abstand größte und wichtigste Alterssicherungssystem in Deutschland. Alles, was über diese Grundversorgung über die gesetzliche Rente hinausgeht, gehört zur betrieblichen Altersversorgung (bAV) oder zur privaten Altersversorgung (pAV).

1.4 Entgeltumwandlung als Betriebsrente

Eine betriebliche Altersversorgung in Form der Gehalts- bzw. Entgeltumwandlung liegt dann vor, wenn künftige Entgeltansprüche in Anwartschaften auf eine betriebliche Altersversorgung umgewandelt werden. Der Arbeitnehmer verzichtet somit auf Teile des bereits vereinbarten Entgelts (z.B. auf einen Teil des laufenden Gehalts bzw. Teile des Weihnachts- oder Urlaubsgelds) für künftig von ihm noch zu erbringende Arbeitsleistungen. Dieser Gehalts- bzw. Entgeltteil wird dann vom Arbeitgeber zum Erwerb von Betriebsrentenansprüchen verwendet.

1 | Betriebliche Altersversorgung neu geregelt

Die Entgeltumwandlung kann grundsätzlich über **zwei Wege** erfolgen – entweder über eine Umwandlung von Teilen des Bruttogehalts (sog. Brutto-Gehaltsumwandlung) oder Teilen des individuell versteuerten und in der Sozialversicherung verbeitragten Arbeitslohns (sog. Netto-Entgeltumwandlung).

1.4.1 Brutto-Entgeltumwandlung (Eichel-Förderung)

Im ersten Fall der Brutto-Entgeltumwandlung können nach § 1a Abs. 1 des Betriebsrentengesetzes bis zu 4 % der Beitragsbemessungsgrenze in der gesetzlichen Rentenversicherung steuer- und sozialabgabenfrei plus zusätzlich ab 2018 noch 4 % im Jahr steuerfrei in eine betriebliche Altersversorgung umgewandelt werden. Dies nennt man nach dem früheren Bundesfinanzminister Hans Eichel auch »Eichel-Förderung« bzw. Entgeltumwandlung im engeren Sinne.

Die steuer- und sozialabgabenfreie Entgeltumwandlung bis zu 260,– € monatlich im Jahr 2018 (4 % der monatlichen Beitragsbemessungsgrenze in der gesetzlichen Rentenversicherung von 6.500,– €) steht ganz eindeutig im Vordergrund. Insbesondere Arbeitnehmer, deren Gehalt unter der Beitragsbemessungsgrenze von monatlich 4.425,– € in der gesetzlichen Krankenversicherung liegt, sparen den kompletten Arbeitnehmeranteil von über 20 % ein und darüber hinaus noch Steuern. Bei alleinstehenden Arbeitnehmern in Lohnsteuerklasse I liegt der Nettobeitrag daher meist nur bei der Hälfte des Bruttobeitrags.

Die zusätzliche nur steuerfreie Entgeltumwandlung (weitere 260,– € monatlich im Jahr 2018) ist in der Regel lediglich für Höher- und Spitzenverdiener mit einem persönlichen Grenzsteuersatz von über 40 % inklusive Solidaritätszuschlag interessant.

1.4.2 Netto-Entgeltumwandlung (Riester-Förderung)

Die Netto-Entgeltumwandlung im zweiten Fall (auch als Entgeltverwendung bezeichnet, da aus dem Nettogehalt finanziert) wurde in der Praxis weniger praktiziert und ist besser unter dem Namen betriebliche Riester-Rente bekannt, da sie von Ex-Bundesarbeitsminister Walter Riester ebenso wie die private Riester-Rente aus der Taufe gehoben wurde. Die Riester-Förderung besteht aus Zulagen und evtl. zusätzlichen Steuerersparnissen für Beiträge bis zu 4 % von 2.100,– € (inklusive Zulage) pro Jahr, also 175,– € (inklusive Zulage) im Monat. Sozialabgaben können bei der betrieblichen Riester-Rente ebenso wenig wie bei der privaten Riester-Rente eingespart werden. Da die betriebliche Riester-Rente für gesetzlich krankenversicherte Rentner bis Ende 2017 aber voll beitragspflichtig ist mit bis zu 18,5 % der Betriebsrente als Beitrag zur gesetzlichen Kranken- und Pflegeversicherung, war sie bisher im Vergleich zur privaten Riester-Rente nicht interessant.

Das wird sich nach Abschaffung der Doppelverbeitragung ab 2018 vermutlich ändern, denn nun sind betriebliche und private Riester-Rente beitragsrechtlich gleichgestellt. Auf die betriebliche Riester-Rente geht dieser Beitrag, der sich auf die Entgeltumwandlung im engeren Sinne bezieht, nicht weiter ein.

1.5 Auswahlkriterien: Worauf es ankommt

Die betriebliche Altersversorgung durch Entgeltumwandlung erfolgt vor allem durch Direktversicherungen und Pensionskassen. Die Vielfalt von Anbietern erschwert den Überblick für Arbeitnehmer. Es ist aber notwendig, die entscheidenden Knackpunkte und Stellschrauben zu kennen.

1.5.1 Direktversicherungen und Pensionskassen

Die betriebliche Altersversorgung kann zwar über insgesamt fünf verschiedene Durchführungswege (Direktversicherung, Pensionskasse, Pensionsfonds, Direktzusage oder Unterstützungskasse) vorgenommen werden. Direktzusage und Unterstützungskasse als rein arbeitgeberfinanzierte Durchführungswege kommen jedoch für eine Entgeltumwandlung nicht infrage.

Daher bleiben für die Entgeltumwandlung nur drei Durchführungswege (Direktversicherung, Pensionskasse und Pensionsfonds) übrig. Da die erst seit 2002 möglichen Pensionsfonds mit lediglich 3 % aller Verträge nur eine relativ geringe Bedeutung haben und wegen der Anlage des Fondsvermögens bis zu 70 % in Aktien wohl nur für jüngere Arbeitnehmer attraktiv sind, beschränkt sich das Angebot in der Praxis weitgehend auf Direktversicherungen und Pensionskassen.

Bei Direktversicherungen schließt der Arbeitgeber als Versicherungsnehmer direkt Lebensversicherungen auf das Leben der Arbeitnehmer ab. Die Arbeitnehmer sind also die Versicherten. Bei reinen Altersrenten sind sie auch die alleinigen Bezugsberechtigten. Nur bei Abschluss einer zusätzlichen Hinterbliebenenabsicherung sind im Todesfall des versicherten Arbeitnehmers bzw. Altersrentners auch Ehegatten, eingetragene Lebenspartner und Kinder bezugsberechtigt für eine Witwen-, Witwer- oder Waisenrente.

Auf dem Markt der Direktversicherungen mit insgesamt gut 5 Mio. aktiven Verträgen hat die Allianz Lebensversicherung eine dominierende Stellung. Sie ist z.B. Konsortialführer bei der Metallrente und der Zusatzrente für Angestellte in bundes- oder landesgeförderten Unternehmen wie Stiftung Warentest oder DIHK.

Die Konsortialpartner bei der Metall Direktversicherung sind z.B. neben dem Konsortialführer Allianz noch Ergo, R+V, Swiss Life und Generali. Der Versorgungsverband bundes- und landesgeführter Unternehmen (VBLU) schließt für seine Mitgliedsunternehmen und deren Beschäftigte einen Gruppenversicherungsvertrag zur VBLU Direktversicherung mit einem Versicherungskonsortium aus insgesamt neun Lebensversicherungsgesellschaften ab, zu denen wiederum Allianz, Ergo, R+V und Generali gehören und darüber hinaus auch noch Württembergische, Alte Leipziger, Iduna, Debeka und DBV.

Mit ebenfalls knapp 5 Mio. aktiven Verträgen folgen die Pensionskassen. Dazu zählen einmal die von Lebensversicherungsgesellschaften als Tochterunternehmen gegründeten Pensionskassen wie z.B. Allianz PK, Ergo PK, R+V PK und Debeka PK. Auch Direktversicherer wie Europa Lebensversicherung, CosmosDirekt und Hannoversche Leben, die Versicherungsverträge mit ihren Versicherten direkt ohne Vermittler abschließen, bieten Direktversicherungen für Arbeitgeber und deren Beschäftigte an. Direktversicherung meint Abschluss direkt durch den Arbeitgeber als eine Form der betrieblichen Altersversorgung. Hingegen erfolgt ein Abschluss bei Direktversicherern direkt ohne Einschaltung eines Versicherungsvertreters oder Versicherungsmaklers. Die Pensionskassen der privaten Lebensversicherer müssen sich an den jeweils festgelegten Garantiezins von z.B. 0,9 % bei Neuabschluss ab 1.1.2017 halten und an die Sterbetafel DAV 2004 R der privaten Rentenversicherer. Im Insolvenzfall springt die Auffanggesellschaft Protektor ein.

Außer den neueren Pensionskassen der privaten Lebensversicherer (auch als Wettbewerbspensionskassen bezeichnet) gibt es aber auch klassische bzw. traditionelle Pensionskassen, die nicht von Lebensversicherungsgesellschaften gegründet wurden. Dabei handelt es sich um Versicherungsvereine auf Gegenseitigkeit (VVaG), die den Garantiezins auch überschreiten und von DAV 2004 R abweichende Sterbetafeln anwenden dürfen. Dadurch liegen die von ihnen zugesagten Betriebsrenten durchweg höher im Vergleich zu den garantierten Betriebsrenten der Pensionskassen, die als Töchter von Lebensversicherern fungieren.

Da die traditionellen Pensionskassen von der BaFin (Bundesanstalt für Finanzdienstleistungsaufsicht) kontrolliert werden, gelten sie als regulierte Pensionskassen. Der Sicherungseinrichtung Protektor gehören sie nicht an. Da die Rentenzusagen nicht garantiert sind, können die bereits zugesagten Leistungen zum Ausgleich von Fehlbeträgen auch herabgesetzt werden (sog. Sanierungsklausel).

Die größten, nur für bestimmte Firmen tätigen Pensionskassen sind die Baupensionskasse Soka-Bau (Angebote nur für das Baugewerbe und für baunahe Branchen) und die bereits im Jahr 1905 gegründete HPK (Hamburger Pensionskasse) für 2.000 Mitgliedsunternehmen aus dem Bereich des Handels (mit den niedrigsten laufenden Verwaltungskosten von nur 1,1 % der Beiträge).

Es gibt jedoch auch klassische Pensionskassen, deren Angebote für alle Arbeitgeber und deren Beschäftigte offen sind. Dazu zählen z.B. die im Jahr 1930 gegründete PKDW (Pensionskasse der deutschen Wirtschaft) mit 750 Mitgliedsunternehmen und die bereits seit 1901 bestehende DPV (Dresdener Pensionskasse Versicherung) mit über 400 Mitgliedsunternehmen. Die zugesagten und möglichen Betriebsrenten der DPV liegen von allen Pensionskassen am höchsten.

Sofern der Arbeitgeber von sich aus keine betriebliche Altersversorgung anbietet, kann der Arbeitnehmer seit 2002 zumindest den Abschluss einer auf seinen Namen lautenden und von ihm allein finanzierten Direktversicherung verlangen. In den weitaus meisten Fällen dürfte aber die vom Arbeitgeber angebotene betriebliche Altersversorgung lukrativer sein.

Dem Betriebsrat sollte daran gelegen sein, gemeinsam mit dem Arbeitgeber eine besonders geeignete Altersvorsorgeeinrichtung auszuwählen. Dies kann durchaus auch eine branchenspezifische Pensionskasse wie Soka-Bau und HPK oder eine branchenunabhängige Pensionskasse wie PKDW und DPV sein. Bei den Rentenleistungen sind diese traditionellen Pensionskassen nahezu immer den Pensionskassen der Lebensversicherer und den Direktversicherungen überlegen.

1.5.2 Zinssätze, Kosten, Sterbetafeln

Auf jeden Fall ist es von Nutzen, die wichtigsten Rechnungsgrundlagen der Pensionskassen genauer unter die Lupe zu nehmen. Traditionelle Pensionskassen können z.b. mit einem höheren Rechnungs- bzw. Garantiezins kalkulieren. Statt nur 0,9 % bei Neuabschlüssen über Pensionskassen der Lebensversicherer sind bei einigen traditionellen Pensionskassen auch heute noch 1,25 oder gar 2,25 % drin.

Höhere Garantiezinssätze führen zu höheren garantierten bzw. zugesagten Betriebsrenten. Die Höhe der möglichen Betriebsrenten hängt davon ab, mit welcher laufenden Verzinsung die Pensionskasse kalkuliert.

Ganz wichtig ist aber auch die **Kostenstruktur** bei Direktversicherungen und Pensionskassen. Mit einmaligen Abschlusskosten von 1,5 % und laufenden Verwaltungskosten von 2,7 % der Beiträge weist die DPV recht niedrige Kosten aus. Bei den ebenfalls ohne Provisionen arbeitenden Zusatzversorgungskassen für Angestellte des öffentlichen und kirchlichen Dienstes liegen die laufenden Verwaltungskosten ebenfalls unter 3 %.

Die **Abschluss- und Verwaltungskosten** bei Einzeltarifen von Direktversicherungen und Pensionskassen der Lebensversicherer liegen deutlich höher. Diese Kosten lassen sich aber senken, wenn der Arbeitgeber mit den privaten Versicherern Gruppentarife aushandelt. Bei gleichem Beitrag gibt es dann höhere Betriebsrenten. Zum Beispiel liegt die garantierte Betriebsrente bei der R+V Pensionskasse mit Gruppentarif bei der Versicherung von zehn Arbeitnehmern rund 8 % höher im Vergleich zum Einzeltarif.

Achten Sie auf Gruppenrabatte insbesondere bei größeren Unternehmen, die mit den Versicherungen dann spezielle Gruppenversicherungsverträge abschließen.

Direktversicherungen und Pensionskassen der Lebensversicherer legen bei ihrer Kalkulation durchweg die Sterbetafeln nach DAV 2004 R zugrunde. Danach leben die Versicherten im Durchschnitt rund zehn Jahre länger im Vergleich zu den Generationensterbetafeln des Statistischen Bundesamts. Je höher die ferne Lebenserwartung kalkuliert wird, auf desto mehr Rentenjahre muss das angesammelte Versorgungskapital verteilt werden. Dadurch sinkt die Höhe der Renten.

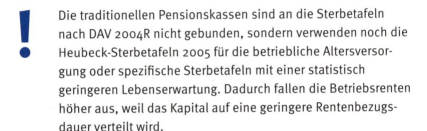

Die traditionellen Pensionskassen sind an die Sterbetafeln nach DAV 2004R nicht gebunden, sondern verwenden noch die Heubeck-Sterbetafeln 2005 für die betriebliche Altersversorgung oder spezifische Sterbetafeln mit einer statistisch geringeren Lebenserwartung. Dadurch fallen die Betriebsrenten höher aus, weil das Kapital auf eine geringere Rentenbezugsdauer verteilt wird.

1.5.3 Reine Altersrente oder mit Zusatzabsicherungen

Einige Direktversicherungen und Pensionskassen wie die Metallrente schließen automatisch eine Todesfallleistung (zum Beispiel Weiterzahlung bis fünf Jahre nach Rentenbeginn im Todesfall des Versicherten) mit ein, die nicht abwählbar ist. Andere bieten zusätzliche Absicherungen für den Invaliditätsfall (Erwerbsminderungs-, Erwerbsunfähigkeits- oder Berufsunfähigkeitsleistung) an. Möglich ist auch die Vereinbarung einer Hinterbliebenenrente.

Die Kombination einer reinen Altersrente mit Zusatzabsicherungen wie Berufsunfähigkeitsversicherung oder Hinterbliebenenversorgung ist aber teuer. Folge: Die garantierten und möglichen Betriebsrenten sinken bei gleichen Beiträgen.

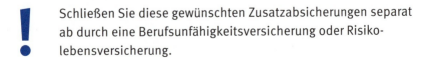

Schließen Sie diese gewünschten Zusatzabsicherungen separat ab durch eine Berufsunfähigkeitsversicherung oder Risikolebensversicherung.

Zu beachten ist auch, dass die **Hinterbliebenenrente** aus der betrieblichen Altersversorgung auf die Witwen- bzw. Witwerrente in der gesetzlichen Rentenversicherung angerechnet wird. Die gesetzliche Rente einer Witwe oder eines Witwers wird also gekürzt, wenn das Nettoeinkommen (Arbeitseinkommen oder eigene Rente bzw. Pension plus Hinterbliebenen-Betriebsrente und evtl. Zins- und Mieteinkünfte) über dem aktuellen Witwen- bzw. Witwerfreibetrag von 819,19 € im Westen und 783,82 € im Osten liegt. 40 % des Überschusses aus Nettoeinkommen minus Freibetrag werden dann auf die Witwen- bzw. Witwerrente angerechnet.

1.5.4 Eventuell Zuschüsse des Arbeitgebers

Bei der sozialabgaben- und steuerfreien Brutto-Entgeltumwandlung sparen neben den Arbeitnehmern auch Arbeitgeber Sozialabgaben in Höhe bis zu rund **20 %** des Umwandlungsbetrags. Bei einem höchstmöglichen Bruttobeitrag von 3.120,- € im Jahr 2018 wären das also bereits 624,- € pro Jahr oder 52,- € monatlich, wenn der Arbeitnehmer mit seinem Verdienst unter der Beitragsbemessungsgrenze in der gesetzlichen Kranken- und Pflegeversicherung von monatlich 4.425,- € liegt.

Bei Höherverdienern mit Entgelten zwischen 4.425,- € und 6.500,- € spart der Arbeitgeber nur seinen Anteil an der gesetzlichen Renten- und Arbeitslosenversicherung von zurzeit 10,85 %, also 28,21 € monatlich bei einem Umwandlungsbetrag von monatlich 260,- €. Keine Sozialabgabenersparnis erfolgt bei Spitzenverdiensten ab monatlich 6.500,- €.

Die Forderung, dass der Arbeitgeber seine eigene Sozialabgabenersparnis in Form eines Zuschusses an den Arbeitnehmer weitergibt, ist nur allzu verständlich. In mehreren Tarifverträgen wurde daher vereinbart, dass dem Arbeitnehmer zumindest ein Teil dieser Ersparnis zugutekommt.

1 | Betriebliche Altersversorgung neu geregelt

 Fragen Sie Ihren Arbeitgeber oder Betriebsrat, ob Sie einen Zuschuss vom Arbeitgeber erhalten.

Sofern tatsächlich ein Arbeitgeberzuschuss zum Umwandlungsbetrag erfolgt, wird dieser aus Vereinfachungsgründen meist pauschal in Euro pro Jahr oder Monat bzw. in Prozent des Beitrags oder Bruttogehalts vereinbart. In der Bau- und Chemieindustrie sind es z.B. 120,- € bis 135,- € im Jahr. Im Einzelhandel liegt der jährliche Arbeitgeberzuschuss bei 122,- € und sogar bei 300,- €, falls der Arbeitnehmer auf die vermögenswirksamen Leistungen zugunsten seiner Betriebsrente verzichtet. Hinzu kommt noch ein Zuschuss in Höhe von 10 % des Umwandlungsbetrags, sofern der Arbeitgeber durch die Entgeltumwandlung tatsächlich Sozialabgaben spart.

 Wer einen Arbeitgeberzuschuss von z.B. monatlich 50,- € oder pauschal 15 bis 20 % zu seinem Umwandlungsbetrag hinzu erhält, sollte sich auf jeden Fall für eine Betriebsrente durch Entgeltumwandlung entscheiden.

Leider knausern ausgerechnet die öffentlichen und kirchlichen Arbeitgeber und geben überhaupt keinen Zuschuss für den Aufbau einer zusätzlichen Altersversorgung bei der VBLextra (gilt für Angestellte in Bund und Ländern) oder der PlusPunktRente der übrigen Zusatzversorgungskassen (gilt für Angestellte im kommunalen und kirchlichen Dienst). In der Zusatzversorgung des öffentlichen Dienstes als Pflichtversicherung wenden die öffentlichen Arbeitgeber im Tarifgebiet West zwar bis zu 6,45 % des Bruttogehalts für eine umlagefinanzierte Zusatzrente auf. Allerdings müssen die Arbeitnehmer auf diese Arbeitgeber-Umlage noch Sozialabgaben und Steuern zahlen.

1.6 Entgeltumwandlung und Sozialversicherung

Die Steuerfreiheit der Beiträge zur Brutto-Entgeltumwandlung nach § 3 Nr. 63 EStG bis zu 4 % der Beitragsbemessungsgrenze in der gesetzlichen Rentenversicherung war nie umstritten. Schließlich werden die Betriebsrenten in der Rentenphase voll besteuert. Dieses Prinzip der nachgelagerten Besteuerung gilt z.B. auch für die Riester-Rente. Daher wird auch die betriebliche Riester-Rente als sog. Netto-Entgeltumwandlung bzw. Entgeltverwendung voll besteuert.

Die **Sozialabgabenfreiheit** gilt jedoch nicht für die betriebliche Riester-Rente in Form der Netto-Entgeltumwandlung bzw. Entgeltverwendung, sondern ausschließlich für die Brutto-Entgeltumwandlung. Diese Beitragsfreiheit war zunächst nur bis zum 31.12.2008 befristet. Das Bundesministerium für Arbeit und Soziales (BMAS) hat sich aber maßgeblich dafür eingesetzt, dass der Gesetzgeber die Beiträge zur Brutto-Entgeltumwandlung auch ab 2009 weiterhin von allen Sozialabgaben freigestellt hat. Im Gegenzug unterliegen die Betriebsrenten nach § 229 Abs. 1 Nr. 5 SGB V der vollen Beitragspflicht zur gesetzlichen Kranken- und Pflegeversicherung. Das wird ab 2018 nur für betriebliche Riester-Renten geändert. Sofern diese Rente nicht schon vor 2018 begonnen hat, bleibt sie künftig beitragsfrei in der Rentenphase.

Bei der Entgeltumwandlung wird zudem die **gesetzliche Rente** anteilig gekürzt, wenn der Arbeitnehmer durch die Entgeltumwandlung Beiträge zur gesetzlichen Rentenversicherung eingespart hat. Auch sinkt das Rentenniveau, da die Durchschnittsentgelte wegen der Entgeltumwandlung geringer werden.

Was häufig vergessen wird: Da das sozialversicherungspflichtige Entgelt nach Abzug des Umwandlungsbetrags sinkt, verringern sich auch die von diesem Entgelt abhängigen Lohnersatzleistungen wie Arbeitslosengeld I, Krankengeld und Elterngeld entsprechend.

 Ist langfristig absehbar, dass Sie arbeitslos werden, ist es sinnvoll, den Vertrag rechtzeitig beitragsfrei zu stellen.

Das wahre **Preis-Leistungs-Verhältnis** bei der Brutto-Entgeltumwandlung kann daher nur aus der Gegenüberstellung der späteren Netto-Betriebsrenten mit den Netto-Beiträgen sowie der Einbeziehung von Lohnersatzleistungen ermittelt werden. Die Sozialabgabenersparnis in der Beitragsphase hat sozusagen als Preis die volle Beitragspflicht zur Kranken- und Pflegeversicherung in der Rentenphase, die anteilige Kürzung der gesetzlichen Rente und die eventuelle Kürzung des Arbeitslosen-, Kranken- und Elterngelds.

Wo Licht in der **Ansparphase** ist, ist auch Schatten in der **Rentenphase** sowie beim Eintritt von Ereignissen wie Arbeitslosigkeit bis zu einem Jahr, länger andauernde Krankheit nach Ablauf der sechswöchigen Lohnfortzahlung durch den Arbeitgeber oder Aussetzen im Job nach Geburt eines Kindes und Ablauf des achtwöchigen Mutterschaftsgelds. Daher gilt es, Vor- und Nachteile von Entgeltumwandlung und Sozialversicherung aus der Sicht von Durchschnitts-, Höher- und Spitzenverdienern eingehend abzuwägen.

1.6.1 Sozialabgabenersparnis bei der Einzahlung

Eigentlich ist es ganz einfach: Wer als lediger Arbeitnehmer brutto 3.500,- € pro Monat verdient und davon 260,- € in eine betriebliche Altersversorgung steckt, spart den vollen Arbeitnehmeranteil zur Sozialversicherung von gut 20 % und außerdem noch Lohnsteuer inkl. Solidaritätszuschlag von knapp 30 %. Er spart somit die Hälfte des Brutto-Beitrags ein und zahlt netto nur 130,- €.

Wenn er gleichzeitig noch eine private Riester-Rente über monatlich 175,- € abschließt, zahlt er nach Abzug der Grundzulage und der zusätzlich ersparten Steuern auch nur 122,- €. Mit anderen Worten: Den bis auf 8,- € gleichen Nettobeitrag schafft er über einen Riester-Beitrag von 175,- € brutto oder eine Brutto-Entgeltumwandlung von 260,- €. Die Brutto-Betriebsrente fällt bei ansonsten gleichen Tarifen für Riester-Versicherung und Direktversicherung aber 48 % höher aus als die Riester-Rente.

So richtig dieses gern auch von Versicherern und Versicherungsvermittlern gewählte Rechenbeispiel auch ist: Es stellt leider nur die halbe Wahrheit dar. Schließlich können nur **Durchschnittsverdiener** mit einem Bruttogehalt von bis zu 4.425,- € pro Monat die kompletten Sozialabgaben einsparen. Außerdem kommt es beim späteren Rentenvergleich nicht auf die Bruttorenten an, sondern auf die Netto-Betriebsrente im Vergleich zur Netto-Riester-Rente.

Höherverdiener mit einem Bruttogehalt zwischen mehr als 4.425,- € und weniger als 6.500,- € können nur knapp 11 % des Beitrags einsparen, da ihr Verdienst über der Beitragsbemessungsgrenze in der gesetzlichen Krankenversicherung von derzeit 4.425,- € liegt und der höchstmögliche steuerfreie Beitrag zur Entgeltumwandlung nach § 3 EStG im Jahr 2018 bei 260,- € liegt.

Spitzenverdiener mit einem Bruttogehalt von 6.500,- € und mehr können überhaupt keine Sozialabgaben einsparen, da sie auch die Beitragsbemessungsgrenze in der gesetzlichen Rentenversicherung im Jahr 2018 überschreiten und ebenfalls nur höchstens 260,- € pro Monat steuerfrei umwandeln können.

Höher- und Spitzenverdiener können bei der Entgeltumwandlung weniger bis gar nichts an Sozialabgaben einsparen im Vergleich zu Durchschnittsverdienern. Zwar werden sie wegen der Steuerprogression mehr Steuern einsparen können. Meist liegt aber die Summe von Sozialabgaben- und Steuerersparnis bei Höher- und Spitzenverdienern höher als bei Arbeitnehmern mit einem Bruttogehalt bis 4.425,- €.

Alle Arbeitnehmer können über diese maximal 260,- € pro Monat bzw. 3.120,- € jährlich hinaus im Jahr zusätzlich noch 1.800,- € steuerfrei umwandeln. Diese zusätzlichen 1.800,- € jährlich bzw. 150,- € monatlich sind aber für keinen Arbeitnehmer sozialversicherungsfrei. Ab 2018 erhöht sich dieser zusätzlich steuerfreie Betrag auf 4 % der Beitragsbemessungsgrenze in der gesetzlichen Rentenversicherung. Das sind bei Werten von 6.500,- € monatlich bzw. 78.000,- €

jährlich im Jahr 2018 3.120,- € und damit deutlich mehr als die bisher möglichen 1.800,- €.

1.6.2 Sozialabgaben und Rentenkürzung bei Auszahlung

Dem Vorteil der Sozialabgabenersparnis in der Beitragsphase stehen für Durchschnitts- und Höherverdiener gleich **zwei Nachteile** gegenüber. Von der Betriebsrente geht der volle Beitrag zur gesetzlichen Kranken- und Pflegeversicherung von bis zu 18,5 % der Bruttorente ab. Außerdem müssen sie im Gegensatz zu den Spitzenverdienern (Bruttogehalt ab 6.500,- €) mit einer anteiligen Kürzung der gesetzlichen Rente rechnen. Diese doppelte Belastung in der Rentenphase wiegt schwer und kann die Entgeltumwandlung unrentabel machen, sofern es vom Arbeitgeber keinen Zuschuss gibt.

Dem vollen Pflichtbeitrag zur gesetzlichen Kranken- und Pflegeversicherung können nur privat krankenversicherte Rentner ausweichen oder gesetzlich krankenversicherte Rentner, deren monatliche Betriebsrente 148,19 € (Mindestbemessungsgrundlage 2018) nicht übersteigt. Alle anderen Betriebsrentner müssen den hohen Kranken- und Pflegekassenbeitrag wohl oder übel in Kauf nehmen.

Die **Kürzung** der gesetzlichen Rente erfolgt, wenn Arbeitnehmer und Arbeitgeber bei der Brutto-Entgeltumwandlung ihren Anteil zur gesetzlichen Rentenversicherung sparen. Bei einem höchstmöglichen Bruttobeitrag von 260,- € wären dies aktuell 48,36 € an Ersparnis im Monat. In der Rentenphase muss ein heute 50-jähriger Arbeitnehmer, der 17 Jahre lang jeweils 3.120,- € in die Entgeltumwandlung gesteckt hat, mit einer Kürzung der gesetzlichen Rente um rund 50,- € brutto pro Monat rechnen. Es handelt sich also fast um ein Nullsummenspiel: Was in der Beitragsphase erspart wurde, wird in der Rentenphase auch nicht ausgezahlt.

Zwischenbilanz

Das Beispiel des Durchschnittsverdieners mit einem Bruttogehalt von 3.500,- € und einem monatlichen Nettobeitrag von 130,- € (also der Hälfte des Brutto-Beitrags von 260,- €) zeigt, dass die Plus-Minus-Rechnung ohne Zuschuss des Arbeitgebers nicht so recht aufgeht. Von der monatlichen garantierten Brutto-Betriebsrente in Höhe von z.B. 200,- € nach einer Beitragsdauer von 17 Jahren gehen zunächst 37,- € für den Beitrag zur gesetzlichen Kranken- und Pflegeversicherung und 50,- € für die Kürzung der gesetzlichen Rente ab, insgesamt also 87,- €. Die Betriebsrente vor Steuern liegt dann bei 113,- €.

Nach Steuern würde die Betriebsrente bei einem persönlichen Grenzsteuersatz von 20 % im Ruhestand auf 82,- € fallen. Das liegt daran, dass die von der Brutto-Betriebsrente abzuziehenden Beiträge zur gesetzlichen Kranken- und Pflegeversicherung steuerlich voll abzugsfähig sind und auch die Kürzung der gesetzlichen Rente um 50,- € Steuerersparnisse nach sich zieht.

Für **Höherverdiener** führt der Vergleich von Betriebsrente aus Entgeltumwandlung und privater Riester-Rente bei einem höheren Grenzsteuersatz von z.B. 25 % im Rentenalter zu ähnlichen Ergebnissen. Allerdings liegt der Nettobeitrag bei der Entgeltumwandlung deutlich höher, da nur der Arbeitnehmeranteil zur gesetzlichen Renten- und Arbeitslosenversicherung von rund 11 % eingespart werden kann.

Spitzenverdiener mit einem Bruttogehalt von 6.500,- € und mehr sparen zwar überhaupt keine Sozialabgaben mehr, da sie auch nach der Entgeltumwandlung von monatlich 260,- € die Beitragsbemessungsgrenze in der gesetzlichen Rentenversicherung überschreiten. Im Gegenzug bleibt ihnen jedoch auch die Kürzung der gesetzlichen Rente erspart.

1.6.3 Pro und kontra Sozialabgabenfreiheit

Für die sozialabgabenfreie Entgeltumwandlung spricht aus Sicht der Arbeitnehmer mit einem monatlichen Bruttogehalt bis zu 4.425,- € die volle Ersparnis der Sozialabgaben in Höhe von gut 20 %. Auch der Arbeitgeber spart rund 20 % endgültig, wenn er seine Sozialabgabenersparnis nicht in Form eines Zuschusses ganz oder zumindest teilweise an seine Arbeitnehmer weitergibt.

Die **Kehrseite** aus Arbeitnehmersicht ist der volle Beitrag zur gesetzlichen Kranken- und Pflegeversicherung auf die Betriebsrente aus Entgeltumwandlung sowie die anteilige Kürzung der gesetzlichen Rente in der Leistungsphase. Das führt dazu, dass die Netto-Betriebsrente nach Abzug der dreifachen Belastung (Beitrag zur GKV/GPV, Kürzung der gesetzlichen Rente und Steuern) bei alleinstehenden Rentnern nur etwa die Hälfte der Brutto-Betriebsrente ausmacht.

Besonders kritisch ist die **Beitragsfalle** für Höher- und Spitzenverdiener mit einem monatlichen Bruttogehalt ab 4.425,- € zu sehen. Diese Arbeitnehmer zahlen in der Aktivphase bereits den Höchstbeitrag zur gesetzlichen Kranken- und Pflegeversicherung und in der Rentenphase zusätzlich den vollen Kranken- und Pflegekassenbeitrag in Höhe von bis zu 18,5 % der Bruttorente, falls sie gesetzlich krankenversichert sind. Diese Doppelverbeitragung widerspricht dem Prinzip der nachgelagerten Beitragspflicht, wonach in der Rentenphase nur dann Krankenkassenbeiträge erhoben werden, falls sie in der Aktivphase auch eingespart werden können.

Diese auch von der aba (Arbeitsgemeinschaft für die betriebliche Altersversorgung) und dem GDV (Gesamtverband der Deutschen Versicherungswirtschaft) zu Recht kritisierte **Gerechtigkeitslücke** kann aus systematischen Gründen nur auf zwei Wegen beseitigt werden – entweder über die Abschaffung der Sozialabgabenfreiheit in der Aktivphase sowie der Beitragspflicht in der Rentenphase oder durch eine den Arbeitgebern durch Tarifverträge oder per Gesetz auferlegte Pflicht zur Zahlung eines Zuschusses. Die Bundesregierung hat sich mit der Verabschiedung des Betriebsrentenstärkungsgesetzes für den zweiten Weg entschieden und einen künftigen Arbeitgeberzuschuss von 15 % des umgewandelten Betrags frühestens ab 2018 für Neuverträge zur Pflicht gemacht und spätestens ab 2022 für Altverträge ermöglicht.

Der ebenfalls diskutierte dritte Weg, wonach der volle Beitragssatz zur gesetzlichen Kranken- und Pflegeversicherung von bis zu 18,5 % der Bruttorente um den fiktiven Arbeitgeberbeitrag von 7,3 % gekürzt wird und dann zu einem ermäßigten Beitrag von 11,2 % wie bei der gesetzlichen Rente führen würde, ist am Widerstand der gesetzlichen Krankenversicherer gescheitert.

Solange bei der Betriebsrente aus Entgeltumwandlung weiterhin der volle Beitrag zur gesetzlichen Kranken- und Pflegeversicherung fällig ist, müssen auch sämtliche Vergleichsrechnungen von dieser Tatsache ausgehen.

1.7 Beitrags- und Leistungsphase

Um Vor- und Nachteile der Entgeltumwandlung fair miteinander zu vergleichen, müssen sowohl die Beitragsphase als auch die Leistungs- bzw. Rentenphase unter die Lupe genommen werden.

Die Vorteile der Steuer- und Sozialabgabenersparnis in der Beitragsphase werden bei der Brutto-Entgeltumwandlung häufig durch die drei Nachteile der Besteuerung, Verbeitragung und anteiligen Kürzung der gesetzlichen Rente in der Leistungsphase vollständig wieder aufgehoben. Das gilt insbesondere für den Fall, dass der Arbeitnehmer die Entgeltumwandlung allein finanziert und keinen Zuschuss vom Arbeitgeber erhält.

Um den Nettobeitrag mit der **Nettorente** vergleichen zu können, werden im Folgenden drei typische Modellfälle für eine Entgeltumwandlung von 3.120,– € jährlich (Höchstbeitrag im Jahr 2018) gebildet.

Verdienst unterhalb der Beitragsbemessungsgrenze in der GKV

Beispiel: Durchschnittsverdiener mit einem Jahresbruttogehalt von 36.000,- € (mit voller Sozialabgaben- und Steuerersparnis in der Beitragsphase), lediger oder verheirateter Alleinverdiener

Verdienst oberhalb der Beitragsbemessungsgrenze in der GKV, aber unterhalb der Beitragsbemessungsgrenze in der GRV

Beispiel: Höherverdiener mit einem Jahresbruttogehalt von 60.000,- € (167% des Durchschnittsverdiensts, volle Steuerersparnis, aber nur Ersparnis des Arbeitnehmeranteils zur gesetzlichen Renten- und Arbeitslosenversicherung in der Beitragsphase), lediger oder verheirateter Alleinverdiener

Verdienst oberhalb der Beitragsbemessungsgrenze in der GRV

Beispiel: Spitzenverdiener mit einem Jahresbruttogehalt von 84.000,- € (233% des Durchschnittsverdiensts, nur volle Steuerersparnis, keine Sozialabgabenersparnis infolge Überschreitens der Beitragsbemessungsgrenze in der gesetzlichen Renten- und Arbeitslosenversicherung), lediger oder verheirateter Alleinverdiener

1.7.1 Nettobeitragsquote in der Beitragsphase

Die Nettobeitragsquoten als Nettobeitrag in Prozent des Bruttobeitrags von jährlich 3.120,- € bzw. monatlich 260,- € fallen wie folgt aus:

- 50% für ledige Höherverdiener
- 52% für ledige Durchschnittsverdiener
- 56% für ledige Spitzenverdiener

- 59 % für verheiratete Durchschnittsverdiener
- 61 % für verheiratete Höherverdiener
- 65 % für verheiratete Spitzenverdiener.

Dabei gilt: Je niedriger die Nettobeitragsquote, desto höher fällt die Sozialabgaben- und Steuerersparnis in Prozent des Bruttobeitrags aus. Ledige Durchschnitts- und Höherverdiener werden also relativ am stärksten in der Beitragsphase entlastet, verheiratete Höher- und Spitzenverdiener am geringsten.

1.7.2 Nettorentenquote in der Leistungsphase

Wer in der Beitragsphase besonders stark entlastet wird, muss in der Regel mit deutlich höheren Belastungen in der Leistungs- bzw. Rentenphase rechnen.

Die Nettorentenquoten als Netto-Betriebsrente in Prozent der garantierten Brutto-Betriebsrente unterscheiden sich in Abhängigkeit von der Verdiensthöhe und insbesondere dem Familienstand deutlich:

- 36 % bei ledigen Höherverdienern
- 42 % bei ledigen Durchschnittsverdienern
- 45 % bei verheirateten Höherverdienern
- 56 % bei ledigen Spitzenverdienern
- 60 % bei verheirateten Durchschnittsverdienern
- 61 % bei verheirateten Spitzenverdienern.

Verheiratete Arbeitnehmer erzielen wegen des im Rentenalter fallenden Grenzsteuersatzes deutlich höhere Nettorentenquoten als Ledige.

1.7.3 Vergleich von Nettobeitrags- und Nettorentenquote

Erst der Vergleich von Nettobeitrags- und Nettorentenquote zeigt, welche Arbeitnehmer von der Entgeltumwandlung besonders profitieren oder besonders schlecht abschneiden. Dabei kommen recht überraschende Ergebnisse laut der folgenden Plus-Minus-Rechnung heraus.

Die Gewinner sind die verheirateten Durchschnittsverdiener, da sie infolge Nicht-Versteuerung noch 60 % ihrer Brutto-Betriebsrente ausgezahlt bekommen, aber andererseits nur mit 59 % des Bruttobeitrags tatsächlich belastet werden. Die Nettorendite wird für diese Gruppe daher deutlich über der Bruttorendite liegen.

Bei den ledigen Spitzenverdienern liegen Nettobeitragsquote und Nettorentenquote auf gleicher Höhe.

Verlierer sind alle anderen ledigen oder verheirateten Verdiener, da bei ihnen die Nettorentenquote unter der Nettobeitragsquote liegt. Ihre Nettorendite der Betriebsrente wird daher unter der Bruttorendite liegen.

Fazit: Nur ein Arbeitgeberzuschuss von 15 bis 20 % des umgewandelten Betrages für Durchschnitts- und Höherverdiener, bei denen der Arbeitgeber ebenfalls Sozialabgaben einspart, hellt das Bild auf.

Bei einem Arbeitgeberzuschuss von beispielsweise 20 % würde die Brutto-Betriebsrente bei den Durchschnitts- und Höherverdienern ebenfalls um 20 % steigen. Trotz höherer Beiträge zur gesetzlichen Kranken- und Pflegekasse und höherer Steuern würde sich die Nettorentenquote bei den Durchschnittsverdienern auf 54 bzw. 76 % für Ledige bzw. Verheiratete erhöhen statt vorher nur 42 bzw. 60 %. Damit läge die Nettorentenquote nunmehr über der Nettobeitragsquote von 52 bzw. 59 % für ledige bzw. verheiratete Durchschnittsverdiener. Die Nettorendite aus Entgeltumwandlung würde dann über der Bruttorendite liegen.

Bei den Höherverdienern würde die Nettorentenquote auf 48 bzw. 59 % für Ledige bzw. Verheiratete steigen und damit nur noch ganz knapp unter der Nettobeitragsquote liegen. Die ledigen bzw. verheirateten Höherverdiener wären damit trotz des Arbeitgeberzuschusses von immerhin 20 % des umgewandelten Betrages immer noch auf der Verliererseite, sofern man nur von garantierten Betriebsrenten ausgeht und mögliche Überschüsse ausklammert.

Ohne Arbeitgeberzuschuss blieben die Spitzenverdiener, da ihre Arbeitgeber keine Sozialabgaben sparen und diese dann auch nicht an sie weitergeben. Nettobeitrags- und Nettorentenquote würden zumindest bei ledigen Spitzenverdienern weiterhin auf etwa gleicher Höhe liegen.

1.8 Nettorenditen von Betriebsrenten

1.8.1 Wann sich die Entgeltumwandlung für Sie lohnt

Eine betriebliche Altersversorgung durch Brutto-Entgeltumwandlung lohnt sich für Sie grundsätzlich, falls der Arbeitgeber einen steuerfreien Zuschuss zum Beitrag gewährt. Mindestens 25,- € pro Monat sollten es aber schon sein. Besser sind selbstverständlich höhere Zuschüsse bis zu 50,- € oder ein pauschaler Zuschuss von 20 % des umgewandelten Betrages, sofern der Arbeitgeber tatsächlich Sozialabgaben einspart.

Verheiratete Durchschnittsverdiener profitieren auch ohne Arbeitgeberzuschuss, da sie im Rentenalter nur geringe oder gar keine Steuern zahlen. Die Nettorendite ihrer Betriebsrente kann dann sogar über 3 % pro Jahr liegen, sofern man attraktive Angebote und die ferne Lebenserwartung des Statistischen Bundesamts zugrunde legt und mögliche Überschüsse mit einbezieht.

1.8.2 Wann sich die Entgeltumwandlung kaum noch lohnt

Für alle Arbeitnehmer außer den verheirateten Durchschnittsverdienern lohnt sich die Entgeltumwandlung dann nicht mehr, wenn sie mit weniger attraktiven Angeboten zur Entgeltumwandlung vorliebnehmen müssen und keinen Arbeitgeberzuschuss erhalten wie z.B. bei öffentlichen Arbeitgebern und Betriebsrenten über VBLextra oder PlusPunktRente.

Das gilt insbesondere für ledige und verheiratete Höherverdiener, da sie in der Beitragsphase nur den Arbeitnehmer-Anteil an der gesetzlichen Renten- und Arbeitslosenversicherung sparen. Die Nettorendite bei der Entgeltumwandlung wird null oder sogar negativ, wenn nur die garantierten Betriebsrenten berücksichtigt werden und mögliche Überschüsse völlig ausbleiben. Ein Arbeitgeberzuschuss in Höhe von 15 bis 20 % des umgewandelten Betrages wäre daher gerade für diese Gruppe dringend erforderlich.

Für Spitzenverdiener, die im Rentenalter gesetzlich krankenversichert sind, lohnt sich die Entgeltumwandlung ohne Arbeitgeberzuschuss kaum noch. Sie können zwar in der Beitragsphase Steuern sparen in Höhe von 44,31 % der Bruttobeiträge. In der Rentenphase müssen sie jedoch außer den Steuern noch die Beiträge zur gesetzlichen Kranken- und Pflegeversicherung aufbringen.

Gleiches gilt für Spitzenverdiener, die den zusätzlichen steuerfreien Umwandlungsbetrag von jährlich 1.800,- € bzw. 4 % der Beitragsbemessungsgrenze in der gesetzlichen Rentenversicherung ab 2018 in Anspruch nehmen wollen. In beiden Fällen liegt zwar die Steuersparquote in der Aktivphase typischerweise über der Steuerbelastungsquote in der Rentenphase. Der zusätzliche Beitrag zur gesetzlichen Kranken- und Pflegeversicherung von bis zu 18,5 % der Bruttorente macht diesen Steuervorteil jedoch wieder zunichte und führt per saldo eventuell sogar zu einem Minus.

1.9 Vorgehen bei Ausscheiden aus dem Unternehmen

1.9.1 Übertragung des Kapitals auf neuen Arbeitgeber

Beim Jobwechsel kann der ausscheidende Arbeitnehmer von seinem ehemaligen Arbeitgeber nach § 4 Abs. 3 BetrAVG verlangen, dass dieser den Wert des bereits erreichten Versorgungskapitals bzw. der erreichten Rentenanwartschaft auf den neuen Arbeitgeber überträgt. Diese Übertragbarkeit bzw. Portabilität verpflichtet den neuen Arbeitgeber aber nicht dazu, den bisherigen Vertrag über die Entgeltumwandlung zu gleichen Konditionen weiterlaufen zu lassen. Stattdessen wird er den Vertrag meist in eine von ihm ausgewählte Direktversicherung oder Pensionskasse mit möglicherweise schlechteren Konditionen überführen.

1.9.2 Beitragsfreistellung oder private Weiterführung

Der Arbeitnehmer kann seinen alten Versorgungsvertrag auch beitragsfrei stellen und beim neuen Arbeitgeber einen neuen Versorgungsvertrag abschließen. Im Rentenfall erhält er dann zwei Betriebsrenten.

Eine private Weiterführung des alten Versorgungsvertrages kann dann sinnvoll sein, wenn es sich um eine Direktversicherung handelt und ein Versicherungsnehmer-Wechsel vom alten Arbeitgeber zum ehemaligen Arbeitnehmer erfolgt. In diesem Fall werden laut Urteil des Bundesverfassungsgerichtes vom 28.9.2010 (Az. 1 BvR 1660/08) keine Beiträge zur gesetzlichen Kranken- und Rentenversicherung auf den Teil der späteren Betriebsrente erhoben, der auf die Zeit der privat weitergeführten Direktversicherung entfällt.

Führen Sie den alten Vertrag zur Direktversicherung privat weiter. Die meist günstigen Konditionen bleiben Ihnen dann erhalten. Sorgen Sie aber gleichzeitig dafür, dass Sie als neuer Versicherungsnehmer eingetragen werden, sodass Sie später keine Krankenkassenbeiträge zahlen müssen.

Die privat weitergeführte Direktversicherung ist mit einer privaten Rentenversicherung vergleichbar. Das heißt: keine Steuerersparnisse in der Beitragsphase, aber auch nur Versteuerung des niedrigen Ertragsanteils (zum Beispiel 14 % der Bruttorente bei 67-Jährigen) in der Rentenphase und Wegfall der Beitragspflicht zur gesetzlichen Kranken- und Pflegeversicherung.

Wer einen alten Vertrag bei seiner Pensionskasse privat fortführt, muss nach einem Urteil des Bundessozialgerichts vom 23.7.2014 (Az. B12 KR 28/12 R) zurzeit weiterhin mit der Beitragspflicht im Rentenalter rechnen. Möglicherweise entscheidet aber das vom VDK angerufene Bundesverfassungsgericht anders und stellt den bei der Pensionskasse privat fortgeführten Vertrag auf die gleiche Stufe wie die privat fortgeführte Direktversicherung. Dann entfiele der anteilige Beitrag zur gesetzlichen Kranken- und Pflegeversicherung für die Zeit, in der Sie die laufenden Sparbeiträge allein aufbringen.

Warten Sie erst noch das Urteil des Bundesverfassungsgerichts ab, bevor Sie sich für die private Weiterführung Ihrer Entgeltumwandlung über die Pensionskasse entscheiden.

2 Riester-Rente: Mehr Zulagen und mehr Möglichkeiten

2.1 Riester-Rente auf den Punkt gebracht

Nach der jüngsten vom Bundesministerium für Arbeit und Soziales (BMAS) veröffentlichten Statistik wuchs der Gesamtbestand der Riester-Verträge bis zum 31.12.2017 auf insgesamt 16,629 Mio. Verträge an.

Das ist keine gute, sondern eine **bedenkliche** Nachricht. Sie bedeutet, dass rund 33 Mio. Förderberechtigte, also zwei Drittel, auf die staatlichen Zulagen **verzichten** und keine zusätzliche Rente aufbauen. Die seit dem 1.1.2002 staatlich geförderte Riester-Rente soll den rund 32 Mio. sozialversicherungspflichtigen Arbeitnehmern und den knapp 2 Mio. Beamten sowie deren schätzungsweise 16 Mio. mittelbar förderberechtigten Familienmitgliedern einen Ausgleich für das sinkende Rentenniveau in der gesetzlichen Rentenversicherung bieten. Diese Riester-Abstinenz liegt vor allem an der Tücke des Objekts, um die es in diesem Beitrag geht, aber auch am mangelnden Problembewusstsein der Mehrheit aller Bürger hinsichtlich der Finanzierung ihres Ruhestands. Schließlich sinkt wegen der zunehmenden Alterung der Bevölkerung das Rentenniveau, also das Verhältnis zwischen Rente und bisherigem Einkommen, bis zum Jahr 2030 auf die gesetzlich vorgegebene Untergrenze von 43 %.

Wer einen Riester-Vertrag abschließen will, soll Angebote nun einfacher vergleichen können. Seit dem 1.1.2017 müssen Anbieter ihren Kunden ein individuelles Produktinformationsblatt zur Verfügung stellen. Auf Grundlage der individuellen Höhe und Dauer der Einzahlungen soll in dem Produktinformationsblatt der prognostizierte Vertragsverlauf bis zum Beginn der Auszahlungsphase abgebildet werden. Um den Vergleich verschiedener Produkte zu erleichtern, darf das Dokument nur zwei Seiten umfassen. Lediglich für zusätzliche Absicherungen, zum Beispiel eine Berufsunfähigkeitsversicherung, ist ein weiteres Blatt erlaubt.

Wie sicher oder riskant das Riester-Produkt ist, sollen Verbraucher ebenfalls einfacher als bislang erkennen können. Dazu werden Chancen-Risiko-Klassen angegeben, deren Spanne von 1 (geringe Chancen/geringes Risiko) bis 5 (hohe Chancen/hohes Risiko) reicht. Ausgewiesen werden müssen auch die Kosten des Produkts. Die Anbieter müssen laut Finanzministerium im Produktinformationsblatt alle anfallenden Kosten nach Art und Höhe ausweisen, beispielsweise die Abschluss- und Vertriebskosten sowie die Kosten bei Vertragskündigung. Versäumt ein Anbieter, die Kosten im Produktinformationsblatt auszuweisen, so schuldet der Kunde nach Angaben des Finanzministeriums die entsprechenden Kosten nicht.

Das heißt: Der Kunde muss nur die Kosten zahlen, die der Anbieter auf dem Blatt auch tatsächlich ausgewiesen hat.

Eine weitere gute Nachricht aus der aktuellen Politik: Die Grundzulage für die Riester-Rente beträgt seit dem 1.1.2018 175,– €, vorher waren es 154,– €. Eine weitere Änderung steht in den Startlöchern: Die Ehe für alle. Damit dürfte sich auch der Kreis der Zulagenempfänger erweitern, denn diese erhalten nun auch gleichgeschlechtliche Ehepaare.

2.1.1 Riester-Förderung im Überblick

- Förderfähig sind Arbeitnehmer und Beamte sowie deren Angehörige.

- Ansparverträge müssen zertifiziert sein, um den Förderrichtlinien zu entsprechen. Diese sind im Gesetz über die Zertifizierung von Altersvorsorge- und Basisrentenverträgen (AltZertG) geregelt.

- Die Förderung der Verträge läuft mit Renten- oder Pensionsbeginn aus oder spätestens mit dem gesetzlichen Regelalter für den Rentenbezug.

- Das Abschließen eines Riester-Vertrags geschieht freiwillig.

Riester-Rente: Mehr Zulagen und mehr Möglichkeiten

- Der Sparer erhält durch den Vertrag eine lebenslange Rente. Einzige Ausnahmen bildet eine Einmalentnahme zu Rentenbeginn in Höhe von bis zu 30 % oder das Verwenden als Wohn-Riester während der Ansparphase.
- Die Riester-Rente ist voll steuerpflichtig. Bei Pflichtversicherten entfallen aber die Beiträge zur Kranken- und Pflegeversicherung.
- Die jährliche Förderung teilt sich auf in eine Grundzulage (175,- €), eventuell eine Kinderzulage (für ab 1.1.2018 geborene Kinder 300,- €, davor 185,- €) und eventuell eine zusätzliche Steuerförderung, sofern die Zulagen nicht ausreichen, um die Riester-Beiträge steuerfrei zu stellen.
- Voraussetzung für die maximale Förderung ist ein jährlicher Mindesteigenbeitrag. Dieser muss inklusive Zulagen 4 % des rentenversicherungspflichtigen Vorjahresbruttoeinkommens betragen.
- Ein Sockelbeitrag von 60,- € im Jahr gilt seit dem 1.1.2012 als Pflicht, um in den Genuss der Zulagen zu kommen – und zwar auch für nicht direkt Zulagenberechtigte.
- Bei Arbeitslosigkeit oder einer Privatinsolvenz ist das Riester-Konto vor Zugriffen geschützt und damit pfändungssicher.
- Bei finanziellen Engpässen können Zahlungen auch ausbleiben. Wird allerdings dann nicht der jährliche Mindesteigenbeitrag/Sockelbeitrag erreicht, gibt es auch keine Zulagen.
- Ein Vertragswechsel innerhalb der Laufzeit ist möglich. Dabei sollte ein Vertrag beitragsfrei gestellt werden.
- Die Kündigung des Vertrags ist möglich. Jedoch müssen dann die gewährten Zulagen wieder zurückgezahlt werden und die Auszahlung unterliegt sofort der Einkommensteuer.
- Im Rentenfall sind auch Auszahlungen ins Ausland möglich.

2.1.2 Für wen lohnt es sich, zu riestern?

Ein Riester-Vertrag ist nicht automatisch ein gutes Altersvorsorgeprodukt. Zwar unterliegen Riester-Anbieter einer staatlichen Zertifizierung. Das heißt jedoch in erster Linie, dass die Anbieter einer Prüfung formaler Kriterien unterzogen werden und sagt noch nichts darüber aus, inwieweit das jeweilige Produkt auch wirklich sinnvoll und lohnenswert ist.

Wer jedoch einen Vertrag mit einem guten Rendite-Kosten-Verhältnis wählt, die Förderung voll ausschöpft und den Vertrag bis zur Rente bespart, erhält am Ende in jedem Fall mehr Leistungen, als er an Beiträgen eingezahlt hat. Denn selbst wenn die Geldanlage im schlimmsten Fall keine Wertentwicklung erreicht, steht dem Sparer mit Rentenbeginn das Garantiekapital – bestehend aus den eingezahlten Beiträgen plus staatlichen Zulagen – zur Verfügung.

Aufgrund der Förderung lohnt sich ein Riester-Vertrag also für fast alle, die einen Anspruch darauf haben, also für Beitragszahler in der gesetzlichen Rentenversicherung und Beamte. Das gilt auch unter Berücksichtigung der nachgelagerten Besteuerung der späteren Riester-Einkünfte in der Rentenphase. Allerdings sind die Schwankungsbreiten bezüglich der Renditen recht groß. Denn wie hoch die Netto-Rendite eines Vertrags genau ausfallen wird, hängt von vielen individuellen Faktoren ab.

Neben den Zinsen, die das Riester-Produkt erzielt, spielen das Alter beim Abschluss, die Einkommenshöhe und Einkommensentwicklung, das Geschlecht und die Anzahl der Kinder eine Rolle. Ebenso wirkt sich das Alter, in welchem der Sparer verstirbt, aus – bestimmt doch auch die Dauer des Rentenbezugs, welche Erträge sich letztendlich aus dem Riester-Vertrag ergeben.

Experten der Forschungsabteilung der Deutschen Rentenversicherung haben das anhand von »Modellrechnungen zur Rendite einer Riester-Rentenversicherung« durchgerechnet und kamen zu dem

Ergebnis, dass insbesondere Personen mit Kindern und/oder geringerem Einkommen und Frauen profitieren können.

Ebenso erzielen auch Sparer mit über dem Durchschnitt liegenden Einkommen und keinem oder einem Kind durch die höhere Steuerersparnis einen Vorteil, allerdings gilt das nicht bei sehr hohen Einkommen (aufgrund der höheren Besteuerung im Rentenalter).

Folgende Tabelle zeigt, welche Netto-Rendite eine bei Abschluss 30-jährige Frau, unter Annahme unterschiedlicher Einkommenshöhen, Anzahl der Kinder und Zinsüberschüsse, mit einer Riester-Rentenversicherung erzielen würde. Die gleichen Berechnungen führten die Autoren auch für 30-jährige Männer sowie für bei Abschluss 20-jährige, 40-jährige und 50-jährige Frauen und Männer durch.

Netto-Renditen einer Frau bei Abschluss im Alter von 30 Jahren

erwirtschafteter Zinsüberschuss (exkl. Garantiezins)	Einkommen zum Durchschnitt	Anzahl der Kinder			
		0	1	2	3
0 %	25 %	2,6 %	5,5 %	7,5 %	8,8 %
	50 %	1,4 %	2,1 %	4,3 %	6,3 %
	75 %	1,3 %	1,5 %	2,4 %	3,8 %
	100 %	1,4 %	1,4 %	1,9 %	2,6 %
	125 %	1,5 %	1,5 %	1,6 %	2,2 %
	150 %	1,5 %	1,5 %	1,6 %	2,0 %
	175 %	1,4 %	1,4 %	1,6 %	1,9 %
	200 %	1,3 %	1,3 %	1,4 %	1,8 %
1 %	25 %	3,4 %	6,5 %	8,4 %	9,7 %
	50 %	2,1 %	2,9 %	5,3 %	7,4 %
	75 %	2,1 %	2,3 %	3,3 %	4,8 %
	100 %	2,2 %	2,1 %	2,7 %	3,5 %
	125 %	2,3 %	2,2 %	2,4 %	3,0 %
	150 %	2,3 %	2,2 %	2,3 %	2,9 %
	175 %	2,2 %	2,2 %	2,3 %	2,8 %
	200 %	2,1 %	2,1 %	2,2 %	2,6 %
Quelle: Deutsche Rentenversicherung Bund					

Riester für Geringverdiener

Bisher galt: Für ältere Geringverdiener, die in der Rentenzeit keine Aussicht haben, das Niveau der Grundsicherung zu erreichen, lohnte sich Riester nicht, da die Riester-Rente auf die Grundsicherung angerechnet wird. Die Grundsicherung ist eine Art Sozialhilfe für Rentner, deren monatliches Einkommen unter 773,– € liegt. Unter Umständen hat der Sparer dann jahrzehntelang in einen Riester-Vertrag eingezahlt, erhält aber trotzdem keine höhere Rente als ohne die Riester-Auszahlung.

Angenommen, die Grundsicherungsleistung läge bei 800,– €. Erhält der Rentner nun z.B. 600,– € gesetzliche Rente und 100,– € aus einem Riester-Vertrag, dann schießt der Staat 100,– € dazu. Hätte der Rentner ausschließlich die gesetzliche Rente und keine anderen Einkünfte, erhielte er 200,– € vom Staat. Läge die Riester-Rente bei 300,– €, bekäme der Rentner keinen staatlichen Zuschuss – würde aber unterm Strich über 100,– € mehr im Monat verfügen. Für Betroffene gilt es also, genauestens zu kalkulieren, inwieweit und mit welchem Riester-Sparbetrag sie Renteneinnahmen über die Grundsicherung hinaus erzielen und ob sie die dafür notwendigen Einzahlungen in der Sparphase leisten können. Wer möglichst keine Hilfen vom Staat beanspruchen möchte, braucht diese Überlegungen selbstverständlich nicht anzustellen.

Zum 1.1.2018 ist diesbezüglich eine gesetzliche Änderung in Kraft getreten. Mit dem im Juni 2017 verabschiedeten neuen Betriebsrentenstärkungsgesetz gilt dann, dass Riester-Sparer künftig eine Riester-Rente je nach Einzelfall bis zu maximal 204,50 € im Monat anrechnungsfrei zur Grundsicherung behalten können. Damit macht es nun auch für Personen mit sehr geringem Einkommen, die einmal eine kleine Rente beziehen werden, Sinn, einen Riester-Vertrag abzuschließen, da ihre als Vorsorge gezahlten Beiträge und Zulagen ihnen im Alter zusätzliche Einnahmen bescheren.

2.2 Fast alle sind förderberechtigt

Das Positive bei der Riester-Förderung: Es gibt einen großen Kreis an Zulagenberechtigten, der vom staatlichen Obolus profitieren kann. Grundsätzlich förderfähig sind alle Pflichtversicherten in der gesetzlichen Rentenversicherung. Der Arbeitgeber spielt hierbei keine Rolle, sodass auch rentenversicherungspflichtige Selbstständige hierzu gehören, z.B. selbstständige Handwerker. Darüber hinaus förderfähig: Kindererziehende während der Kindererziehungszeit. Diese müssen durch den Rentenversicherungsträger festgestellt werden. Außerdem Wehr- oder Zivildienstleistende, Bezieher von Vorruhestandsgeldern, Behinderte in Behindertenwerkstätten, Kranken- oder Verletztengeldbezieher o.Ä., sofern sie pflichtversichert waren oder dies werden, geringfügig Beschäftigte, die auf die Versicherungsfreiheit verzichtet haben, Personen, die Angehörige mindestens 14 Stunden in der Woche pflegen, Versicherungspflichtige im Ausland, sofern die Verträge nach dem 1.1.2010 abgeschlossen wurden. Des Weiteren können folgende Personengruppen geförderte Riester-Verträge abschließen:

- Pflichtversicherte in der Alterssicherung der Landwirte und deren pflichtversicherte mithelfende Angehörige. Landwirte nach Übergang in eine andere Tätigkeit und deren Angehörige, die weiterhin Pflichtversicherte sind.

- Beamte nach dem Bundesbesoldungsgesetz einschließlich Richter, Berufssoldaten und Soldaten auf Zeit. Empfänger von Amtsbezügen z.B. in Parlamenten, sonstige Beschäftigte von Körperschaften, Stiftungen und Anstalten öffentlichen Rechts. Beurlaubte Beamte und Eltern während der Kindererziehungszeit(en).

- Versicherungsfrei Beschäftigte und von der Versicherungspflicht befreite Beschäftigte. Das betrifft: satzungsmäßige Mitglieder kirchlicher Genossenschaften, Diakonissen, sofern eine Versorgung bei Erwerbsminderung und im Alter besteht. Lehrer oder Erzieher, denen nach kirchen- oder institutionsrechtlicher

Grundlage eine Versorgung bei Erwerbsminderung im Alter oder für Hinterbliebene zusteht und denen die Ansprüche aufgrund der Schaffung des Altersvermögensgesetzes gekürzt wurden und so eine Versorgungslücke entstanden ist.

- Personen, die eine Rente wegen voller Erwerbsminderung der gesetzlichen Rentenversicherung oder eine Beamtenversorgung wegen Dienstunfähigkeit erhalten, wenn sie unmittelbar vor dem Bezug der Rente pflichtversichert waren, egal ob aufgrund der Berufstätigkeit oder von Anwartschaften oder unmittelbar vor dem Bezug der Versorgung wegen Dienstunfähigkeit Anspruch auf Anwartschaften bestanden.

In all diesen Fällen kann sowohl ein neuer Riester-Vertrag abgeschlossen oder ein bereits geförderter Vertrag fortgesetzt werden.

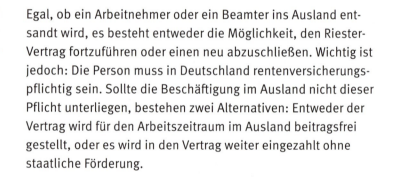

Egal, ob ein Arbeitnehmer oder ein Beamter ins Ausland entsandt wird, es besteht entweder die Möglichkeit, den Riester-Vertrag fortzuführen oder einen neu abzuschließen. Wichtig ist jedoch: Die Person muss in Deutschland rentenversicherungspflichtig sein. Sollte die Beschäftigung im Ausland nicht dieser Pflicht unterliegen, bestehen zwei Alternativen: Entweder der Vertrag wird für den Arbeitszeitraum im Ausland beitragsfrei gestellt, oder es wird in den Vertrag weiter eingezahlt ohne staatliche Förderung.

Auch für Besserverdienende ist ein Riester-Vertrag eine Überlegung wert. Wer privat krankenversichert ist, hat im Alter unter Umständen das Problem hoher Beiträge. Um dem entgegenzuwirken kann der Riester-Vertrag zum Ansparen von Reserven sinnvoll genutzt werden.

Sonderfälle

- Ehegatten von Begünstigten, die nicht selbst zum förderberechtigten Personenkreis gehören (§ 79 Satz 2 Einkommensteuergesetz). Dabei gibt es jedoch Einiges zu beachten. Die Ehepartner dürfen nicht dauerhaft getrennt leben. Der Wohnsitz ist in einem Mitgliedstaat der Europäischen Union. Der geförderte Beitrag zur Altersversorgung muss von dem Betreffenden selbst erbracht werden und entspricht mindestens dem jährlichen Sockelbeitrag von 60,– € (seit 1.1.2012). Zulagenberechtigt sind neben den zertifizierten Verträgen zur Altersversorgung auch Verträge im Rahmen von Pensionskassen, Pensionsfonds oder Direktversicherung.

- Den Zulagenanspruch gibt es nicht bei eingetragenen Lebenspartnerschaften. Allerdings ändert sich gerade die Lage. Der Bundestag hat am 30.6.2017 die Ehe für alle beschlossen, das heißt, die gleichgeschlechtliche Ehe wurde eingeführt.
Die gleichgeschlechtliche Ehe ist jetzt rechtlich der Hetero-Ehe gleichgestellt, und damit wird auch die Zulagenberechtigung auf den Ehepartner einer gleichgeschlechtlichen Ehe ausgedehnt.

Arbeitsuchende ohne Leistungsbezug wegen mangelnder Bedürftigkeit. Auch das gibt es: Arbeitslose, die aufgrund eines ehemals zu hohen Einkommens oder zu großen Vermögens kein Arbeitslosengeld erhalten. In diesem Fall hat die Person jedoch einen Anspruch auf die Riester-Förderung. Sie werden in diesem Fall den Pflichtversicherten der Rentenversicherung gleichgestellt. Die Arbeitslosenmeldung muss bei der deutschen Arbeitsagentur vorliegen.

Bezieher von ArbeitslosengeldII, sofern sie vor der Arbeitslosigkeit rentenversicherungspflichtig waren. Hier muss außerdem eine Anrechnungszeit in der gesetzlichen Rentenversicherung bestehen. Keine Förderung erhalten z.B. Arbeitslose, die die Leistungen auf Darlehensbasis erhalten.

Gerade die Berechtigung bei ALG II ist sehr kompliziert. Hier sollte man sich in der Arbeitsagentur beraten lassen oder die Infos über die Deutschen Rentenversicherungsträger einholen, ob ein Riester-Vertrag gefördert wird oder nicht.

Beim Bezug von ALG II (Hartz 4) gibt es einige Besonderheiten, die ein weiteres Besparen des Riester-Vertrags als durchaus sinnvoll erscheinen lassen. Die Zeit zählt seit 2011 nicht mehr zur Rentenversicherungspflicht, es werden damit auch keine Beiträge mehr an die Rentenversicherung überwiesen, dass Rentenniveau sinkt dadurch ab. Somit kann über die Hartz-4-Regelung der Riester-Vertrag noch freiwillig bespart werden. Mindestens 5,– € monatlich, also 60,– € (Sockelbetrag) im Jahr sind hierfür notwendig, um die volle Förderung zu erhalten.

Bei Verheirateten gibt es einige förderfähige Konstellationen. Sind beide rentenversicherungspflichtig berufstätig, ist jeweils ein förderfähiger Vertrag möglich, auch kann bei beiden Verträgen der Sonderabzug bei der Einkommensteuer geltend gemacht werden. Ist nur einer der Partner rentenversicherungspflichtig, so kann der andere Partner mittelbar profitieren und einen eigenen Vertrag abschließen, sofern bestimmte Kriterien erfüllt sind (s.o.). Die Förderung entfällt allerdings bei Trennung oder falls der andere Ehepartner nicht mehr rentenversicherungspflichtig ist. In jedem Fall gilt bei mittelbarer Zulagenberechtigung, dass kein Sonderausgabenabzug für diesen Vertrag bei der Einkommenssteuer möglich ist. Nimmt der andere Ehepartner selbst eine rentenversicherungspflichtige Tätigkeit auf, entsteht ein eigener Anspruch auf die Zulagen.

Zudem sind Berufstätige mit einer berufsständischen Zusatzversorgung **förderberechtigt**:

- Arbeitnehmer des öffentlichen oder kirchlichen Diensts, welche als Pflichtversicherte einem Zusatzversorgungssystem angehören und bei denen der Anspruch weiterhin im Wege der Umlage finanziert und als beamtenähnliche Gesamtversorgung geleistet wird;

- Pflichtversicherte in berufsständischen Versorgungseinrichtungen, die von der Versicherungspflicht in der gesetzlichen Rentenversicherung befreit sind. Hierzu zählen u.a. Anwälte und Steuerberater.

Nicht förderberechtigte Personen:

- Freiwillig Versicherte in der gesetzlichen Rentenversicherung;

- Selbstständige ohne Vorliegen von Versicherungspflicht in der gesetzlichen Rentenversicherung;

- Selbstständige, die als geringfügig Beschäftigte tätig sind und deswegen versicherungsfrei sind;

- geringfügig Beschäftigte, die den Arbeitgeberbeitrag zur Rentenversicherung nicht durch eigene Beiträge aufstocken;

- Bezieher einer Rente wegen Alters. Hierunter fallen dann auch Personen, die vom Jobcenter mit 63 in die Zwangsrente geschickt wurden

- Bezieher einer Leistung der Grundsicherung bei Erwerbsminderung oder Alter gemäß SGB XII;

- ehrenamtlich tätige Beamten und Richter, Beamte auf Widerruf, die nebenbei eingesetzt werden.

> ❗ Sollte von einer rentenversicherungspflichtigen Tätigkeit in eine ohne Rentenversicherungspflicht (Selbstständigkeit) gewechselt werden, kann der Riester-Vertrag beitragsfrei gestellt werden.

2.3 Qual der Produktwahl

Fünf förderfähige Riester-Vertragsvarianten gibt es:
- die Riester-Rentenversicherung,
- die fondsgebundene Riester-Rentenversicherung,
- den Riester-Fondssparplan,
- den Riester-Banksparplan und
- den Wohn-Riester aus einem Riester-Bausparvertrag, Riester-Baudarlehen oder aus einer der anderen vier Riester-Vertragsvarianten.

Alle Vertragsvarianten sind mit spezifischen Vor- und Nachteilen verbunden, und es hängt von Ihrer individuellen Situation – Alter, Einkommen, Zahl der Kinder, Lebenserwartung usw. – ab, welche Produktart für Sie als Sparer infrage kommt und welche Rendite zu erwarten ist. Innerhalb einer Vertragskategorie gelten die gleichen gesetzlichen Vorgaben, doch können die Konditionen der Produkte je nach Anbieter sehr unterschiedlich ausgestaltet sein und es gibt gute und schlechte Angebote. Deshalb gilt es, die verschiedenen Offerten hinsichtlich der garantierten Auszahlungen zu vergleichen.

Bevor Sie sich entscheiden zu riestern, sollten Sie gut abwägen, ob für Sie ein solcher Vertrag überhaupt infrage kommt. Weil Anbieter für Riester-Verträge höhere Kosten als für einen vergleichbaren ungeförderten Vertrag erheben und weil Sie über das angesammelte Kapital vor Rentenbeginn nur unter Rückzahlung der staatlichen Förderung verfügen können, kann für Sie möglicherweise eine ungeförderte Altersvorsorgeform die bessere Lösung darstellen.

2.3.1 Riester-Rentenversicherung

Sie ist das am häufigsten vermittelte Riester-Produkt: die Riester-Rentenversicherung. Wenn Sie eine solche abschließen, zahlen Sie Beiträge ein, welche während der gesamten Ansparphase mit einem garantierten Zinssatz verzinst werden. Dabei handelt es sich um den gleichen Zinssatz, den die Assekuranzen für ungeförderte private Lebensversicherungen bieten und der in den vergangenen Jahren immer weiter gesunken ist. Seit dem 1.1.2017 beträgt der Garantiezins 0,9 % p. a.

Zusätzlich zum Sparkapital stellt der Versicherer noch Überschussbeteiligungen in Aussicht. Diese werden aber nicht garantiert. Mit dem Vertragsende beginnt die Auszahlphase. Dann wird das angesammelte Vorsorgekapital in eine lebenslange Rente umgewandelt, die sich ebenfalls durch eine Überschussbeteiligung noch steigern kann. Das Kapital legt der Versicherer konservativ an, überwiegend in (fest)verzinslichen Werten wie Anleihen.

Der besondere Vorteil einer Riester-Rentenversicherung besteht darin, dass der Sparer bereits bei Vertragsschluss weiß, wie hoch seine spätere Rente mindestens sein wird. Diese Gewissheit lässt sich der Versicherer aber auch teuer bezahlen: So fallen vergleichsweise hohe Abschlusskosten für Riester-Rentenversicherungen an. Diese Gebühren werden mit den Beiträgen des Sparers in den ersten fünf Jahren der Vertragslaufzeit verrechnet. Das senkt nicht nur insgesamt die Rendite, sondern führt auch dazu, dass der Vertragsinhaber bei einem frühen Ausstieg über weniger Guthaben verfügt, als er in Form von Beiträgen und Zulagen eingezahlt hat.

Grundsätzlich gibt es sehr große Unterschiede von Anbieter zu Anbieter bezüglich der Gebühren und dem Anlageerfolg für die eingezahlten Spargelder.

Klassische Riester-Rentenversicherungen sind aufgrund des ungünstigen Preis-Leistungsverhältnisses eigentlich nicht empfehlenswert. Infrage kommen können sie allenfalls für sehr sicherheitsorientierte Personen, die sich nach Vertragsabschluss nicht mehr aktiv um ihre Altersvorsorge kümmern möchten. Voraussetzung dabei ist jedoch, dass der Sparer sicher davon ausgehen kann, die vereinbarten Beiträge auch bis zum Ende der Vertragslaufzeit einzahlen zu können.

Aufgrund der hohen Kosten, der geringen Garantieverzinsung (seit dem 1.1.2017 0,9 % p. a.) und der fallenden Überschussbeteiligungen bieten sie den Kunden aber nur vergleichsweise wenig Rendite. Im ungünstigsten Fall werden die Garantiezinsen von den Abschluss- und Verwaltungskosten aufgezehrt. Somit bleibt am Laufzeitende nur das garantierte Riester-Kapital übrig. Das ist umso wahrscheinlicher, je älter der Sparer bei Vertragsabschluss ist.

2.3.2 Fondsgebundene Riester-Rentenversicherung

Im Unterschied zur klassischen Riester-Rente gehen fondsgebundene Riester-Renten nicht mit einer Garantieverzinsung, dafür aber mit einer höheren Rendite-Chance einher. Einen Teil des Sparguthabens – in der Regel oft weniger als 50 % – legt die Versicherung bei diesem Produkt nämlich in Investmentfonds, vorzugsweise in Aktienfonds, aber auch z. B. in Renten-, Geldmarkt- und Dachfonds an. Der andere Teil wandert in Anleihen. Bei vielen Produkten können die Kunden zwischen verschiedenen Aktienfonds auswählen. Häufig handelt es sich auch um kostengünstige Indexfonds. Am Ende der Laufzeit werden die Fondsanteile verkauft und das Kapital in eine lebenslange Rente umgewandelt. Bei ungünstiger Entwicklung der Märkte können sich aus den Fondsanteilen aber auch Verluste ergeben. Allerdings ist das Risiko begrenzt, denn dem Riester-Sparer verbleibt in jedem Fall – wie bei allen Riester-Produkten – das garantierte Riester-Kapital.

Je höher der Aktienfondsanteil bei einer fondsgebundenen Riester-Rente, desto größer die Rendite-Chancen.
Ein gewichtiger Nachteil des Produkts sind jedoch auch hier – wie bei der klassischen Riester-Rentenversicherung – die hohen Abschlusskosten. Diese fallen in den ersten fünf Jahren an, sodass in dieser Zeit weniger Kapital zur Anlage zur Verfügung steht.

Viele Sparer wissen nicht, dass sie eine fondsgebundene Riester-Rente abgeschlossen haben bzw. dass sie die Fonds selbst auswählen können. Wenn Sie über eine solche verfügen, sollten Sie in die jährliche Standmitteilung Ihres Anbieters schauen und überprüfen, wie die Fonds abgeschnitten haben und diese mit als »gut« getesteten Fonds vergleichen. Schneiden die bisherigen Fonds schlecht ab, sollten Sie zu den besseren wechseln. Für einen Tausch zahlen Sie nichts.

Dieses Produkt ist aufgrund der hohen Kosten für die Versicherungslösung und zusätzlich für die Verwaltung der Fonds in erster Linie für jüngere Sparer geeignet. Infrage kommen jedoch nur Angebote von einigen Spezialanbietern. Für ältere Sparer ist die Wahrscheinlichkeit, dass aufgrund der Kostenstruktur ihre Rendite dahinschmilzt, zu hoch.

2.3.3 Riester-Fondssparplan

Beim Riester-Fondssparplan werden die Sparbeiträge und die staatlichen Zulagen in Investmentfonds-Anteilen angelegt. Je nach Anbieter zahlt der Kunde für die Fondsanteile Ausgabeaufschläge, zudem fallen noch jährliche Verwaltungskosten an. Alles in allem liegen diese Kosten aber deutlich geringer als bei der Riester-Rentenversicherung bzw. bei der fondsgebundenen Riester-Rentenversicherung.

Ein Riester-Fondssparplan bringt für den Sparer die Chance auf eine höhere Rendite mit sich. Gleichzeitig beschränken die Fondsgesellschaften das Risiko durch unterschiedliche Strategien, um die Riester-Garantie einhalten zu können. Bei manchen ist die Aktienquote umso höher, je jünger der Kunde ist. Im Laufe der Zeit werden dann immer mehr Anteile in Rentenfonds umgetauscht. Bei anderen Anbietern erfolgt eine Umschichtung, wenn die Aktienkurse einbrechen. Das ist z.B. bei den DWS-Produkten (Fondsgesellschaft der Deutschen Bank) der Fall.

Gleiches galt auch für den Riester-Fondssparplan der Union Investment. Kam es zu starken Börseneinbrüchen, konnte das für ältere Sparer mit sich bringen, dass die Aktienfondsanteile ihres Depots in Rentenfondsanteile umgeschichtet wurden. Ein späterer Rücktausch war dann jedoch ausgeschlossen und somit auch die Chance, in der Zukunft von der nächsten Börsenhausse zu profitieren. Diese Praxis hatte in der Vergangenheit viele Kunden verärgert.

Um ihre Kapitalgarantie angesichts der niedrigen Zinsen auch in Zukunft einhalten zu können, tauschte die Union Investment im August 2015 den Aktienfonds Uniglobal gegen den neuen Fonds Uniglobal Vorsorge. Letzterer investiert nicht mehr zu 100 % in Aktien, sondern je nach Marktlage zwischen 51 und 120 %. Ermöglicht wird das durch Finanzinstrumente wie Futures. Ziel der Anpassung ist auch, Kunden so gut wie möglich davor zu bewahren, dass Geld aus Aktienfonds in Rentenfonds umgeschichtet wird.

Riestern mit einem Fondssparplan kommt für Sie infrage, wenn Sie nicht älter als Mitte 40 sind und ein gewisses Risiko für die Chance auf eine höhere Rendite in Kauf nehmen. Denn nur eine Laufzeit von noch mindestens 20 Jahren oder mehr erhöht die Aussicht, dass sich mögliche negative Kursentwicklungen bis zum Rentenbeginn wieder ausgleichen. Allerdings: Wie hoch Ihre Rentenbezüge tatsächlich einmal sein werden, kann niemand vorhersagen, sondern hängt von der Entwicklung der Märkte und dem Können des Fondsmanagers ab. Läuft es gut, erzielen Sie im Vergleich zu den anderen Riester-Produkten eine deutlich höhere Rendite. Bei schlechtem Verlauf bleibt Ihnen das garantierte Kapitalguthaben aus Ihren Einzahlungen und den Zulagen. Achtung: Verluste sind möglich, falls Sie entgegen Ihrer Planung Kapital vorzeitig aus dem Vertrag entnehmen müssen.

2.3.4 Riester-Banksparplan

Eine Alternative mit hoher Sicherheit, aber geringeren Rendite-Chancen sind Riester-Banksparpläne. Beim Riester-Banksparplan zahlt der Sparer monatlich in den Vertrag ein und erhält darauf eine Verzinsung, die sich an einem Referenzzins orientiert und in der Regel vier Mal pro Jahr angepasst wird. Die Kosten sind gering. Sie orientieren sich am Referenzzins. Zurzeit werden meist etwa 0,5 % p.a. vom Guthaben abgezogen.

Die momentanen Niedrigzinsen sprechen nicht gegen den Abschluss eines solchen Banksparplans, da ein niedriger Anfangszins für das Endergebnis eine geringe Bedeutung hat. Steigen die Zinsen, profitieren Riester-Banksparer automatisch davon, da der Basiszins ihrer Verträge an das allgemeine Zinsniveau gekoppelt ist. Zudem gilt: Allein durch die staatlichen Riester-Zulagen erzielt ein Durchschnittsverdiener mit einem Banksparplan schon eine lohnenswerte Rendite.

In der Auszahlungsphase wird die lebenslange Rente über eine Rentenversicherung garantiert, sodass ein Teil des Guthabens für die Versicherungskosten verloren geht.

Ein Riester-Banksparplan lohnt sich für Sie, wenn Sie über 50 Jahre alt sind und Ihnen bis zum Beginn Ihrer Rente nur noch 10 oder 15 Jahre zum Ansammeln des Guthabens bleiben. Die anderen Sparprodukte wären dann aufgrund der hohen Kosten (Riester-Rentenvertrag und fondsgebundener Riester-Rentenvertrag) oder des zu hohen Risikos (Riester-Fondssparplan) weniger für Sie geeignet. Die staatliche Förderung bringt Ihnen selbst dann eine hohe persönliche Rendite, wenn der Sparplan nur bescheidene Erträge abwirft. Für junge Sparer kommen Banksparpläne infrage, wenn sie besonderen Wert auf Sicherheit legen oder noch nicht wissen, was sie mit dem Geld anfangen wollen. So lässt sich das angesparte Guthaben später z.B. ohne Einbußen problemlos für die Eigenheimfinanzierung verwenden oder in einen Bausparvertrag einzahlen.

Riester-Banksparpläne sind aufgrund ihrer einfachen Struktur und geringen Kosten ein empfehlenswertes Produkt. Jedoch hat sich die Zahl der Angebote deutlich verringert. Viele Anbieter haben ihre überregionalen und regionalen Produkte zum Ende des Jahres 2016 eingestellt. Dies liegt daran, dass sie aufgrund der anhaltenden Niedrigzinsen mit den Kundengeldern nicht mehr so viel verdienen und sie einträglichere Riester-Formen, wie Riester-Rentenversicherung oder -Bausparverträge, im Programm führen. Auch die zu erwartenden Kosten für die Erstellung und Genehmigung der Produktinformationsblätter senkte aus Sicht der Banken die Attraktivität der Riester-Banksparpläne. Zurzeit ist es also recht schwierig, einen solchen Vertrag abzuschließen, da kaum Angebote am Markt sind und diese zum Teil nur in der jeweiligen Region wohnenden Sparern zur Verfügung stehen. Hinzu kommt, dass es Anbieter gibt, die für bestehende Verträge erst kürzlich nachträglich neue Gebühren, wie z.B. Verwaltungskosten, eingeführt beziehungsweise bisherige Gebühren erhöht haben.

> Wenn Sie in der Vergangenheit bereits einen Riester-Banksparplan abgeschlossen haben und Sie nun neue oder höhere Gebühren zahlen sollen, sollten Sie überprüfen, welche Alternativangebote auf dem Markt existieren und gut vergleichen. Stehen keine günstigeren Bankspar-Produkte zur Wahl, sollten Sie den bisherigen Vertrag aufrechterhalten. Denn: Zum Rentenbeginn stehen Ihnen in jedem Fall Ihre Beiträge inklusive der Förderung zur Verfügung.

2.3.5 Wohn-Riester zur Finanzierung einer Immobilie

Durch das seit 2008 gültige Eigenheimrentengesetz wurde die Riester-Vorsorge – üblicherweise wird dafür auch der Begriff Wohn-Riester verwendet – auch auf Immobilieneigentum ausgeweitet. Seither besteht für Bauherren und Immobilieneigentümer die Möglichkeit, die staatliche Riester-Förderung für die Finanzierung einer selbst genutzten Immobilie einzusetzen.

> Wohn-Riester ist die einzige geförderte Altersvorsorge, die Sie bereits während der Erwerbsphase nutzen können.
> Selbst genutztes Wohneigentum stellt einen wichtigen Baustein der Ruhestandsplanung dar, weil Sie dadurch die Mietkosten sparen und die Darlehenstilgungen wie ein Tresor für Ihr Geld fungieren.

Bei Wohn-Riester gibt es zwei Varianten: Entweder entnimmt der Eigentümer bereits erspartes Guthaben aus einem vorhandenen Riester-Renten-Vertrag und steckt dieses in die Baufinanzierung. Oder er schließt ein von den Kreditgebern angebotenes spezielles Riester-Darlehen ab.

Eine Wohnung muss folgende Voraussetzungen erfüllen, damit der Eigentümer eine Förderung erhält:

- Die geförderte Wohnung muss in einem Mitgliedsstaat der Europäischen Union liegen oder in einem Staat, auf den das Abkommen über den Europäischen Wirtschaftsraum anwendbar ist.

- Die Wohnung muss als Eigentum zu eigenen Wohnzwecken genutzt werden.

- Bei der Wohnung muss es sich um die Hauptwohnung oder um den Lebensmittelpunkt des Eigentümers handeln.

Beleihen eines bestehenden Riester-Vertrags

Zur Finanzierung des Eigenheims lassen sich die angesammelten Ersparnisse aus einem bereits besparten Riester-Vertrag – Banksparr-, Lebensversicherungs- oder Fondsvertrag – für die Entschuldung oder Anschaffung einer eigenen Immobilie jederzeit komplett oder in Teilbeträgen entnehmen. Auch für den Erwerb von Genossenschaftsanteilen kann das Guthaben verwendet werden. Als Mindestentnahmebetrag ist eine Summe von 3.000,- € festgelegt.

Entscheiden Sie sich für eine Teilentnahme, müssen Sie mindestens 3.000,- € auf dem Vertrag belassen. Möchten Sie Ihre Immobilie altersgerecht umbauen, beträgt die Mindestentnahmesumme 20.000,- €, in den ersten drei Jahren nach Erwerb mindestens 6.000,- €. Die Hälfte des entnommenen Kapitals muss in Umbauten investiert werden, die den Vorgaben für barrierefreies Bauen (DIN 18040-2) entsprechen. Der Rest wird eingesetzt, um eventuelle Barrieren zu beseitigen. Beides ist von einem Gutachter zu bescheinigen.

> **!** Der Vorteil der Entnahme besteht darin, dass Sie auf diese Weise Ihr Eigenkapital erhöhen und eine geringere Summe an Fremdkapital aufnehmen müssen.

Ebenso können Sie das Geld für die Tilgung von einem bereits bestehenden Hypothekendarlehen verwenden. Das gilt auch für Kredite für begünstigte Wohnungen oder Häuser bzw. Genossenschaftsanteile, die bereits vor dem 1.1.2008 aufgenommen wurden, vorausgesetzt, das Wohneigentum wird zum Zeitpunkt der Tilgung selbst genutzt. Zudem muss die Tilgung in einem unmittelbaren zeitlichen Zusammenhang mit der Entnahme des angesparten, geförderten Kapitals erfolgen. Eine solche Tilgung bewirkt, dass Sie Ihr Darlehen schneller zurückzahlen und auf diese Weise insgesamt weniger Zinsen zahlen.

Haben Sie Guthaben entnommen, können Sie Ihren alten Riester-Fonds, Banksparplan oder die Rentenversicherung weiter besparen, müssen es aber nicht. Verbleibt noch Geld in dem Riester-Vertrag, lässt sich dieser beitragsfrei stellen. Das Guthaben liegt bis zum Rentenbeginn auf dem bisherigen Konto beim Anbieter. Später wird es dann in Form einer Rente ausgezahlt.

Alternative: Sie können weiterhin Beiträge in Ihren alten Riester-Vertrag einzahlen und parallel ein riestergefördertes Darlehen tilgen oder einen Riester-Bausparvertrag besparen. Für den alten Riester-Vertrag bekommen Sie dann aber keine Förderung mehr.

> **!** Ihren alten Riester-Vertrag sollten Sie nicht kündigen. Dadurch könnten Verluste entstehen. Sie müssten dann alle gewährten Riester-Zulagen und eventuellen Steuererstattungen zurückzahlen.

Einen Wohn-Riester-Vertrag abschließen

Möchten Sie eine neue Immobilie finanzieren und selbst bewohnen, kann sich für Sie die Aufnahme eines Riester-Darlehens oder eines Riester-Bausparvertrags lohnen. Anbieter solch zertifizierter Verträge sind Banken, Bausparkassen und Versicherer. Wenn Sie einen solchen Vertrag abschließen, erhalten Sie für die Tilgung die gleichen Zulagen und Steuervorteile wie für einen herkömmlichen Riester-Sparvertrag. Für Wohn-Riester-Darlehen gilt außerdem: Spätestens bis zum 68. Lebensjahr muss es der Darlehensnehmer getilgt haben.

Wohn-Riester-Darlehen

Wohn-Riester-Darlehen sind klassische Annuitätendarlehen mit direkter Tilgung und einer Zinsbindung von bis zu 20 Jahren und länger. Ihre Konditionen gleichen auch ansonsten denen ungeförderter Darlehen. Unter den Riester-Annuitätendarlehen gibt es einige günstige Angebote. Manche Finanzinstitute verlangen aber auch höhere Zinsen als für Darlehen ohne Förderung.

Letztendlich ist der Kostenunterschied entscheidend, ob sich ein solches Darlehen rechnet. Zwar können sich aufgrund der Förderung sogar Riester-Darlehen mit einem etwas höheren Zinssatz als bei herkömmlichen Darlehen lohnen. Je größer dieser Zinsabstand ausfällt, desto geringer sind dann aber auch die Vorteile durch die Förderung.

Kombidarlehen der Bausparkassen

Als besonders günstig zur sofortigen Finanzierung haben sich die Kombidarlehen der Bausparkassen – bestehend aus einem tilgungsfreien Vorausdarlehen und einem Bausparvertrag – erwiesen. Dank der Förderung, welche der Bausparer vom Staat erhält, können diese Verträge um einiges günstiger liegen als Annuitätendarlehen mit vergleichbar langfristiger Zinsbindungszeit. Tests haben gezeigt, dass Bauherren und Immobilienerwerber durch geförderte Kombiprodukte – je nach Einkommen, Familienstand und Finanzierung – bis zu mehreren 10.000,- € sparen können, und das unter Berücksichtigung der später im Rentenalter auf die vom Staat geleisteten Wohn-Riester-Förderungen anfallenden Steuer.

Kombidarlehen sind mit einem festen Zinssatz während der gesamten Laufzeit ausgestattet. Durch das Vorausdarlehen steht dem Bauherrn die Bausparsumme sofort für die Baufinanzierung zur Verfügung. Für dieses Darlehen zahlt er zunächst nur die Zinsen und spart gleichzeitig das Guthaben für den Bausparvertrag an. Nach der Zuteilung – z.B. nach zehn Jahren – löst er dann das Vorausdarlehen mit dem Bauspardarlehen ab und leistet dafür mit seinen monatlichen Raten die anfallenden Tilgungs- und Zinszahlungen. Für beide Darlehen gelten über die gesamte Vertragslaufzeit feste Zinssätze. Die Anbieter sind verpflichtet, für das Produkt einen Gesamteffektivzins anzugeben.

Nur Kunden mit ausreichend Eigenkapital kommen in den Genuss der Riester-Kombiprodukte. Denn Bausparkassen vergeben in der Regel nur Darlehen bis zu 72 oder 80 % des Beleihungswerts der Immobilie. Wer mehr Fremdkapital benötigt, muss entweder ein überdurchschnittliches sicheres Einkommen vorweisen können oder zusätzlich ein anderes Produkt wählen.

Wohn-Riester-Bausparverträge

Möchten Sie zu einem späteren Zeitpunkt eine Immobilie finanzieren, besteht auch die Möglichkeit einen Wohn-Riester-Bausparvertrag abzuschließen. Diese bieten Bausparkassen in vielen Tarifvarianten an. Welche am günstigsten ist, lässt sich nicht einfach durch einen Vergleich von Guthaben- und Sollzinsen feststellen, sondern viele andere Parameter wirken sich aus. So kann sogar ein Angebot mit einem Habenzins von 0,5 % und 2,8 % Sollzins günstiger sein als die Kombination 1,0 und 2,9 %. Ein Angebotsvergleich ist nur durch aufwendige Rechnungen möglich. Die Unterschiede zwischen guten und schlechten Offerten sind groß. Die besten Riester-Bausparverträge können über die gesamte Dauer der Finanzierung und unter Einbeziehung der späteren Besteuerung einen deutlichen Kostenvorteil bedeuten.

Bausparer müssen das in Anspruch genommene Darlehen in recht kurzer Zeit zurückzahlen. Die monatliche Tilgung liegt deshalb in der Regel vergleichsweise hoch. Ob Sie eine solche bewältigen können, sollten Sie vorab genau durchrechnen.

2.3.6 Was bieten Produktinformationsblätter?

Seit Anfang dieses Jahres müssen Anbieter von Riester- sowie Rürup-Rentenverträgen jedem Kunden vor Abschluss des Vertrags ein Produktinformationsblatt (PIB) aushändigen. Zudem sind sie verpflichtet für Verbraucher im Internet für jedes Produkt vier Muster-Produktinformationsblätter zur Verfügung zu stellen. Dies soll es Kunden ermöglichen, sich im Vorfeld einer Beratung informieren zu können.

Höhere Transparenz für Verbraucher

Das Produktinformationsblatt soll es Verbrauchern erleichtern, ein steuerlich gefördertes privates Altersvorsorgeprodukt auszuwählen. Auf dem Blatt sind alle für den Kunden wichtigen Informationen zu Leistungen, Garantien, Kosten und Risiken des geplanten Vertrags übersichtlich zusammengefasst. Insbesondere sollen eine einheitliche Kostenkennziffer – »Effektivkosten« – sowie die »Chancen-Risiko-Klasse« für höhere Transparenz sorgen.

Das Produktinformationsblatt ist im Detail gesetzlich vorgegeben, das heißt, es ist für alle Produkte gleich gestaltet. Das gilt sowohl für die optische Ausgestaltung, wie beispielsweise die Reihenfolge der dargestellten Informationen, als auch für die Vorgaben zu den Inhalten, die der Anbieter auf dem Blatt machen muss.

Aus folgenden Abschnitten – sogenannten Modulen – setzt sich das PIB zusammen.

- Produktbeschreibung: Hier ist kurz das Produkt beschrieben.

- Chancen-Risiko-Klasse: Das Produkt wird in diesem Abschnitt einer der Chancen-Risiko-Klassen zugeordnet. Da auf dem PIB alle fünf möglichen Chancen-Risiko-Klassen beschrieben werden, kann der Kunde die Chancen-Risiko-Klasse seines Produkts im Verhältnis zu den anderen Chancen-Risiko-Klassen besser einschätzen. Die Basisdaten geben einen kurzen Überblick über die Vertragsinhalte

- Steuerliche Förderung: Hier erhält der Kunde einen kurzen Hinweis zu einer möglichen steuerlichen Förderung des Produkts. In der Verantwortung des Kunden liegt es selbstverständlich weiterhin, vor Vertragsschluss zu überprüfen, ob er die Voraussetzungen für die steuerliche Förderung erfüllt.

- Beispielrechnung: Die Beispielrechnung zeigt, welches Kapital bzw. welche monatliche Altersleistung sich für den Kunden nach Ablauf der Ansparphase, also zu Beginn der Auszahlungsphase des Vertrags, ergeben könnte, wenn er seine Einzahlungen wie geplant vornimmt. Dazu werden unterschiedliche Wertentwicklungen unterstellt. In Einzelfällen ist stattdessen eine Modellrechnung angegeben.

- Darlehen: Bei Wohn-Riester-Produkten gibt es ein Modul »Darlehen«, in dem der Kunde spezifische Informationen zu dem geplanten Wohn-Riester-Produkt erhält.

- Ihre Daten: Auf der zweiten Seite des Produktinformationsblatts werden die Daten des Kunden – Angaben zur Person, die geplanten Einzahlungen und die geplante Dauer der Ansparphase – tabellarisch dargestellt. Diese Annahmen bilden die Grundlage für die Angaben zum Preis-Leistungs-Verhältnis des Vertrags.

Ändern sich diese Annahmen während der Vertragslaufzeit, ergeben sich andere Werte.

- Anbieterwechsel/Kündigung: Hier ist dargestellt, inwieweit bei dem Produkt die Möglichkeit besteht, den Anbieter zu wechseln oder sich das angesparte Kapital auszahlen zu lassen, und welche Konsequenzen sich daraus ergeben.

- Effektivkosten: Diese Kostenkennziffer gibt an, wie sich die Kosten (z.B. für den Abschluss oder die Verwaltung) des Vertrags auf die Rendite auswirken. Die Berechnungsmethode der Kostenkennziffer ist vorgegeben, sodass die Kennziffer einen Vergleich verschiedener Angebote erlaubt. Anhand der Effektivkosten lässt sich – wenn dieselben Annahmen für einen Vertragsverlauf gelten – herausfinden, bei welchem Vertrag die Rendite aufgrund von Kosten stärker gemindert wird. Je höher die Effektivkosten-Kennziffer ist, desto mehr wird die Vertragsrendite durch Kosten geschmälert. Beim Vergleich der Kostenkennziffer sollten Kunden auch berücksichtigen, welche garantierte absolute Leistung bzw. welches garantierte Kapital (in Euro) der Anbieter für die Verwendung für die Altersvorsorge zusagt.

- Einzelne Kosten: Hier muss der Anbieter alle auf den Vertrag anfallenden expliziten Kosten ausweisen. Für den Kunden bedeutet dies, dass der Anbieter vertraglich nur diese auf dem Produktinformationsblatt ausgewiesenen Kosten berechnen darf.

- Absicherung bei Anbieterinsolvenz: In diesem Abschnitt sind, für den eher unwahrscheinlichen Fall der Insolvenz des Anbieters, die dafür vorgesehenen Absicherungsmechanismen angegeben.

Welche Module genau der Anbieter auf dem Produktinformationsblatt auszuweisen hat, hängt immer auch vom gewählten Produkt ab. So sind z.B. bei einem reinen Darlehen die Module »Chancen-Risiko-Klasse«, »Beispielrechnung« und »Effektivkosten« nicht aufzunehmen. Das PIB besteht insgesamt aus zwei DIN-A-4-Seiten für die Hauptabsicherung. Wählt der Kunde einen Riester- oder Rürup-

Vertrag mit zusätzlicher Absicherung, beispielsweise gegen Erwerbsminderung oder zum Schutz der Hinterbliebenen, findet er die Informationen dazu auf dem Zusatzblatt »Zusatzabsicherung«.

Das PIB fasst die für Sie als Kunden die ausschlaggebenden Produktmerkmale zusammen und gibt Ihnen einen Überblick über die Art, die Kosten sowie die möglichen Ertragschancen und Risiken. Das ermöglicht Ihnen, das Angebot mit anderen Riester-Verträgen zu vergleichen. Sie können so auf einen Blick sehen, wie sich verschiedene Produkte unterscheiden. Insbesondere die Darstellung der Kosten und die Zuordnung der Produkte zu einer Chancen-Risiko-Klasse vereinfachen die Auswahl. Grundsätzlich gilt: Das Blatt bietet eine gute erste Orientierung, wichtige Details stehen aber weiterhin nur in den Vertragsbedingungen. Eine fachkundige unabhängige Beratung ist deshalb trotzdem empfehlenswert – zumal die Produktbeschreibungen nicht selten mit Fachwörtern gespickt sind.

Die Überschussbeteiligung nach Rentenbeginn erfolgt in der Form einer zusätzlichen Gewinnrente. Bei einer vereinbarten garantierten Rentensteigerung wird während der Rentenphase die garantierte Rente erhöht. Es bleibt Ihnen also nicht erspart, sich mit den jeweiligen Begrifflichkeiten vertraut zu machen beziehungsweise sich diese im Beratungsgespräch genau erläutern zu lassen.

Vor der Beratung: das Muster-Produktinformationsblatt

Für Verbraucher, die sich bereits vor einer Beratung informieren wollen, müssen Anbieter für jedes geförderte Altersvorsorgeprodukt Muster-Produktinformationsblätter erstellen und im Internet veröffentlichen. Die Muster-PIB beziehen sich auf einheitlich vorgegebene Musterkunden. Eine Unterscheidung des Musterkunden in weiblich oder männlich müssen die Anbieter nicht vornehmen, da für zertifizierte Riester- und Basisrentenverträge Unisex-Tarife gelten.

Riester-Rente: Mehr Zulagen und mehr Möglichkeiten | 2

Für den Musterkunden wird ein Vertragsbeginn am 1. Januar des betreffenden Jahres unterstellt. Die Berechnungen erfolgen auf vier verschiedene Laufzeiten – 12, 20, 30 und 40 Jahre. Da die Auszahlungsphase des Vertrags immer mit der Vollendung seines 67. Lebensjahrs beginnt, ergibt sich jeweils ein Muster-Produktinformationsblatt für einen 27-, 37-, 47- und 55-jährigen Musterkunden. Bei Basisrentenverträgen gilt die Annahme, dass der Kunde monatlich 100,- € in seinen Vertrag einzahlt. Für den Riester-Musterkunde wird eine monatliche Beitragszahlung oder Tilgungsleistung in Höhe von 87,- € zugrunde gelegt. Außerdem fließt in die Rechnung ein, dass der Sparer jährlich am 15. Mai eine staatliche Grundzulage in Höhe von 175,- € erhält.

Die Muster-Produktinformationsblätter sind auf den Internetseiten des jeweiligen Anbieters zu finden. Allerdings stehen sie meistens nicht deutlich erkennbar auf der Startseite, sondern befinden sich auf Unterseiten. Es gibt jedoch eine Linksammlung, die zu den jeweiligen Internetseiten der Anbieter führt. Sie finden sie auf der Internetseite des Bundeszentralamts für Steuern unter: www.bzst.de/DE/Steuern_National/Zertifizierungsstelle/Muster_PIB/muster_pib_node.htm

Die staatliche Förderung bleibt dem Sparer weitestgehend erhalten, wenn er insbesondere auf die Vertragsbedingungen im Auszahlungsfall achtet. Die Umwandlung des fälligen Kapitalertrags in eine monatliche Rente können die Anbieter mit zusätzlichen Kosten hinterlegen, denn sie ist real mit zusätzlichem Aufwand für die Bank verbunden. Verbraucher sollten sich vorab genau darüber informieren, wie die Bank im Auszahlungsfall verfährt, welche eventuellen Kosten sie vom gesparten Kapital in Abzug bringt. Gerade bei langfristig angelegten Sparverträgen sind vorhergehende genaue Angebotsvergleiche ratsam.

2.3.7 Den Anbieter wechseln

Viele Riester-Sparer sind unzufrieden mit ihrem Vertrag. Dies kann darin begründet liegen, dass ihr gewähltes Produkt mit zu hohen Kosten oder zu niedrigen Renditeaussichten einhergeht. In anderen Fällen passt vielleicht der abgeschlossene Vertrag nicht mehr zur Lebenssituation. Wer beispielsweise einmal einen Riester-Bausparvertrag abgeschlossen hat und sich dann doch gegen ein Eigenheim entscheidet, benötigt diesen nicht mehr. Entschließt sich hingegen ein Sparer mit einem Riester-Banksparplan eine Immobilie zu erwerben, möchte er vielleicht das Sparguthaben als Eigenkapital im Rahmen der Finanzierung verwenden.

Wer nun seinen Vertrag nicht mehr weiterführen möchte, kann ihn kündigen oder zu einem Produkt eines anderen Anbieters wechseln. Die Kündigung eines Riester-Vertrags ist jedoch die denkbar ungünstigste Entscheidung, denn dann muss der Sparer die gesamte bereits erhaltene **Förderung** – also Zulagen und Steuervorteile – zurückzahlen. Ein Wechsel des Anbieters kann sich hingegen durchaus auszahlen. Es gibt grundsätzlich zwei Möglichkeiten zu wechseln: Entweder der Kunde stellt seinen alten Vertrag beitragsfrei und schließt einen neuen ab oder er nimmt sein Guthaben aus dem alten Vertrag mit und überträgt es auf den neuen Kontrakt. Im ersten Fall zahlt der Kunde nicht mehr in das alte Produkt ein, sondern nur noch in das neue und kassiert dafür die Zulagen und Steuervorteile, während die alten Zulagen erhalten bleiben. Schließt er kein neues Riester-Produkt ab, erhält er auch keine weitere Förderung. Überträgt der Kunde sein bisher gespartes Guthaben in einen neuen Riester-Vertrag, bleiben die alten Förderungen ebenfalls erhalten und die zukünftigen beziehen sich auf den Neuvertrag.

Der Anbieterwechsel kann jedoch mit zusätzlichen Kosten verbunden sein. Für seit 2014 abgeschlossene Verträge gilt: Beim alten Anbieter dürfen maximal 150,– € Wechselkosten anfallen, der neue Anbieter darf maximal 50 % des übertragenen geförderten Kapitals für die Berechnung von Vertriebs- und Abschlusskosten heranziehen.

Bei früher abgeschlossenen Verträgen bleibt es bei den damaligen Vereinbarungen und somit können die Kosten höher ausfallen.

Vor der Entscheidung sollten Sparer Folgendes beachten: Für alle Riester-Produkte gilt eine Beitragsgarantie. Der Anbieter garantiert, dass dem Kunden zu Rentenbeginn mindestens die eingezahlten Beiträge und staatlichen Zulagen zur Verfügung stehen. Das gilt auch für das übertragene Guthaben. Im Laufe der Zeit kann, je nach Vertragsart, das Guthaben jedoch zwischenzeitlich auch mal ins Minus rutschen. Vor allem bei Riester-Rentenversicherungen kommt dies zu Beginn der Laufzeit häufig vor, da die Kunden in den ersten fünf Jahren häufig die Abschlusskosten gebündelt zahlen. Ist das Konto deutlich ins Minus gerutscht, kann es sich also lohnen, den Vertrag beitragsfrei zu stellen, statt das Guthaben auf den neuen Vertrag zu übertragen. Aufgrund der Kapitalerhaltungsgarantie, ist der Anbieter verpflichtet, dass der Vertrag spätestens beim Rentenbeginn wieder aus dem Minus herauskommt, ohne neue Einzahlungen seitens des Kunden.

Was tun mit unrentablen Rentenversicherungsverträgen?

Wer seinen Riester-Rentenvertrag nicht mehr weiterführen möchte, sollte gut überlegen, von welcher Produktart der neue Vertrag sein soll. Riester-Rentenverträge werden mit einem Garantiezins abgeschlossen. Lag dieser bis 2011 noch bei 2,25 %, so haben die Lebensversicherer ihn in den folgenden Jahren immer weiter abgesenkt – seit Anfang 2017 beträgt er nur noch 0,9 %. Der Wechsel zu einem Rentenversicherungsvertrag eines anderen Anbieters lohnt entsprechend nicht, es sei denn der Sparer hat seinen Vertrag innerhalb der letzten fünf Jahre abgeschlossen und noch nicht alle Abschlusskosten gezahlt. Dann kann sich ein neuer Vertrag rentieren – und zwar umso mehr, je kürzer die Vertragslaufzeit des bisherigen Produkts war.

Allerdings: Riester-Rentenverträge sind aufgrund ihrer Kostenstruktur nicht empfehlenswert. Es gibt bessere Produkte.

Liegt Ihr Rentenbeginn nicht mehr in weiter Ferne, können Sie auf einen Banksparplan umsteigen. Ein solcher Vertrag ist kostengünstig und flexibel. Abschlusskosten fallen nicht an und Sparer profitieren von dem Banksparplan, sobald die Zinsen wieder steigen, denn der Zins orientiert sich an den Kapitalmarktzinsen. Eine andere Alternative sind Riester-Fondssparpläne. Deren Kosten sind ähnlich hoch oder günstiger als bei Rentenversicherungsverträgen. Dafür können sie aber auch lukrativer sein. Auf einen Riester-Fondssparplan umzusteigen, empfiehlt sich für Sie allerdings nur, wenn Sie noch mindestens 15 oder 20 Jahre in Ihren Vertrag einzahlen. Dann kann der Anbieter noch einen großen Teil Ihres Kapitals in Aktien anlegen und die Chancen, dass Sie vom Auf und Ab der Aktienmärkte profitieren, sind ausreichend.

Was tun mit unrentablen Fondssparplänen?

Es gibt eine große Bandbreite an Riester-Fondssparplänen. Bei den besten Anbietern stehen Kosten und Renditechancen in einem annehmbaren Verhältnis. Auch gute Verträge können sich jedoch infolge der Finanzkrise seit den 2000er-Jahren nachteilig entwickelt haben. Die Anbieter haben die Aktienquote für diese Sparpläne gesenkt und stattdessen in Anleihen investiert, um die Beitragsgarantie zu sichern.

Wer über einen solchen Vertrag mit niedrigem Aktienanteil verfügt und keine Aussicht hat, dass der Anbieter diesen Anteil wieder erhöht, sollte über einen Wechsel zu einem anderen Fondssparplan nachdenken. Das gleiche gilt auch für Sparer, die einen Vertrag mit schlechter Kosten-Chance-Struktur abgeschlossen haben, der entsprechend in Vergleichstests negativ abgeschnitten hat.

Hat sich Ihr Riester-Fondssparvertrag sehr gut entwickelt und ihr Guthaben liegt deutlich über Ihren eingezahlten Beiträgen, können Sie durch den Übertrag Ihren Gewinn sichern. Denn: Der Übertrag gilt als Einmalzahlung, dies bedeutet, dass der neue Anbieter Ihnen also das gesamte übertragene Kapital garantieren muss.

2.4 Einzahlungsphase

2.4.1 Zulagen für Arbeitnehmer und deren Kinder

Um die zusätzliche private Altersvorsorge anzukurbeln, gewährt der Staat einige Förderleistungen. Diese teilen sich auf in eine Grundzulage und eine Kinderzulage. Über die Grundzulage kann jeder Sparer profitieren, über die Kinderzulage nur all jene, die auch eigene Kinder haben. Deshalb gilt, dass diese Förderung besonders für kinderreiche Familien interessant ist, da für jedes Kind der Förderbetrag anfällt. Für Geringverdiener sind die Verträge interessant, da durch die Grundzulage das Sparen finanziell erträglich gemacht wird. Damit finanziert der Staat dann sogar einen wesentlichen oder sogar den überwiegenden Teil der Aufwendungen für die Altersvorsorge. Grundsätzlich ist es dem Gesetzgeber egal, ob ein Riester-Vertrag oder mehrere Riester-Verträge gleichzeitig bespart werden, doch die Zulage gibt es nur einmal. Für Berufseinsteiger bis zum 25. Lebensjahr gibt es außerdem noch einen Zusatzbonus.

Es empfiehlt sich, möglichst nur einen Vertrag pro Person zu besparen. Aufgrund der Verwaltungskosten der Riester-Verträge macht das Aufsplitten auf mehrere Verträge keinen Sinn.

Ebenfalls ausgeschlossen: die Doppelförderung. Erhalten Sie bereits eine Förderung durch vermögenswirksame Leistungen (VL) oder die Wohnungsbauprämie respektive Arbeitnehmersparzulage auf einen Bausparvertrag, gibt es keine weitere Riester-Förderung.

Um der Doppelbesteuerung zu entgehen, ist es der richtige Schritt zwei oder mehr Verträge abzuschließen, nur so kann die staatliche Förderung komplett ausgeschöpft werden.

Grundzulage für jeden Erwachsenen

Um die Grundzulage zu bekommen, müssen Sie folgende Voraussetzungen erfüllen:

- Sie gehören zum geförderten Personenkreis.
- Sie haben einen zertifizierten Altersvorsorgevertrag abgeschlossen.
- Sie haben auf Ihren Altersvorsorgevertrag den Mindesteigenbeitrag abzüglich Zulagen eingezahlt.
- Sie haben einen (Dauer-)Antrag auf Zulage gestellt oder dieser ist über den Versicherer respektive Produktpartner gestellt worden. Dieser beantragt dann auch jährlich neu den Förderbeitrag.

Grundsätzlich gilt: Jeder Förderberechtigte, egal ob ledig oder verheiratet, bekommt eine Grundzulage für den eigenen Altersvorsorgevertrag. Die Grundzulage beträgt pro Jahr ab dem 1.1.2018 175,– € (bis 31.12.2017 154,– €) bei Singles oder falls nur ein Ehepartner zulagenberechtigt ist. Bei zwei förderberechtigten Ehepartnern beträgt die Summe seit 2018 350,– € (vorher 308,– €).

Auch während der Kindererziehungszeit, jedoch maximal für 36 Monate, besteht eine eigenständige Zulagenberechtigung. Werden mehrere Kinder in dieser Zeit geboren, werden die Kindererziehungszeiten zusammengerechnet.

Berufseinsteiger-Bonus

Den Berufseinsteiger-Bonus erhalten alle Personen, die nach § 79 Satz 1 Einkommensteuergesetz unmittelbar zulagenberechtigt sind. Dieser Bonus gilt bis zum vollendeten 25. Geburtstag. Die Zulage beträgt einmalig 200,- € im ersten Jahr des Riester-Vertrags. Mittelbar zulagenberechtigte Ehepartner erhalten die Bonuszahlung nicht. Der Bonusbeitrag ist Bestandteil der Grundzulage und wird auch so auf den Bescheinigungen ausgewiesen. Der Betrag wird im Zusammenhang mit der Günstigerprüfung des Finanzamts bei der Steuer außen vor gelassen.

Um den Berufseinsteiger-Bonus in vollem Umfang zu erhalten, ist es notwendig, den Mindesteigenbeitrag abzüglich Zulagen zu sparen. Sonst kommt es nur zu einer anteiligen Zahlung.

Kinderzulagen

Grundsätzlich gelten hier die gleichen Fördervoraussetzungen wie bei der Grundzulage. Ohne Grundzulage besteht kein Anspruch auf die Kinderzulage. Die Kinderzulage gibt es für jedes Kind, für das Anspruch auf Kindergeld zusteht. Für jedes Kind wird pro Jahr nur eine Kinderzulage gezahlt. Das gilt auch dann, wenn beide Elternteile jeweils einen eigenen Vertrag abgeschlossen haben.

Die Höhe der Kinderzulage richtet sich nach dem Geburtsjahr des Kindes. Sie beträgt:

- für jedes bis zum 31.12.2007 geborene Kind 185,- €,
- für ab dem 1.1.2008 geborene Kinder jeweils 300,- €.

Wird das Kindergeld für einen Veranlagungszeitraum zurückgefordert, z.B., weil ein kindergeldschädliches Einkommen des Kindes vorlag, entfällt auch der Anspruch auf die Kinderzulage. Eine bereits gezahlte Kinderzulage wird zurückgefordert.

> Für die Kinderzulage gelten die Regelungen für das Kindergeld. Am 1.1.2012 entfielen die Einkommensgrenzen, dafür gelten nun bestimmte Einkunftsarten als schädlich. Wird ein eigenes Einkommen nach der Ausbildung erzielt, selbst wenn noch eine weitere Ausbildung angehängt wird, so ist das kindergeldschädlich. Werden Einkünfte aus Vermietung oder Kapitalerträge erzielt, ist das konform und das Kindergeld wird in voller Höhe gezahlt.

Eine Besonderheit ist, dass der Anspruch auf Kindergeld nur einen Monat pro Jahr bestehen muss. So erhalten Eltern auch die Kinderzulage in dem Jahr, in dem z.B. der Wehrdienst abgeleistet wurde.

Wenn die Eltern verheiratet sind

Bei verheirateten Eltern bekommt grundsätzlich die Mutter die Kinderzulage. Dabei spielt es keine Rolle, an welchen Elternteil das Kindergeld tatsächlich fließt.

Soll der Vater die Kinderzulagen auf seinen Vertrag erhalten, muss das durch beide Elternteile beantragt werden. Das ist dann der Fall, wenn nur der Vater einen Riester-Vertrag hat oder dieser Vertrag eine bessere Rendite erwirtschaftet.

> Der Antrag sollte unbedingt gestellt werden, da sonst im Rahmen der Günstigerprüfung die Kinderzulage unter den Tisch fällt und so keine Steuerermäßigung zustande kommt. Außerdem muss die Anlage AV zur Steuererklärung entsprechend ausgefüllt werden.

Wenn die Eltern nicht verheiratet sind

Sind die Eltern nicht verheiratet, leben sie getrennt oder sind sie geschieden, bekommt der Elternteil die Kinderzulage, dem der Anspruch auf das Kindergeld zusteht.

Mindesteigenbeitrag und die Auswirkungen

Um in den Genuss der vollständigen Förderung zu kommen, ist der Antragsteller verpflichtet, einen Mindesteigenbeitrag zu leisten. Dieser beträgt zurzeit 4 % der Einkünfte mit einer Obergrenze von jährlich 2.100,- € inklusive der Zulagen. Grundlage hierfür bildet das letztjährige Jahreseinkommen.

> Frau Hartmann ist geschieden und lebt mit einem Kind, das 2008 geboren wurde, zusammen. Sie verfügt im Jahr 2018 über ein Jahreseinkommen von 45.000,- €. Daraus ergibt sich folgende Berechnung:
>
> | | | |
> |---|---|---|
> | 4 % von 45.000,- € | | 1.800,- € |
> | ./. Grundzulage | ./. | 175,- € |
> | ./. Kinderzulage | ./. | 300,- € |
> | Mindesteigenbeitrag | | 1.325,- € |

Frau Hartmann muss im Jahr 2018 1.325,- € aufwenden, um in den vollen Genuss der Förderung zu kommen. Wichtig dabei ist, dass Frau Hartmann nicht das ganze Jahr Einkünfte erzielt haben muss. Entscheidend ist nur, dass der Mindesteigenbeitrag eingezahlt wurde.

Der Sockelbeitrag von 60,- € bildet das untere Niveau des Mindesteigenbeitrags. Das heißt, um überhaupt eine Riester-Förderung zu erhalten, muss mindestens der Sockelbeitrag auf das Riester-Konto eingezahlt werden, selbst wenn der Mindesteigenbeitrag niedriger liegen sollte.

> Frau Fischer ist alleinerziehende Lehrerin mit einem einjährigen Kind. 2018 hatte sie Einnahmen von 12.500,- €. Ihr Mindesteigenbeitrag beträgt im Jahr 2018 grundsätzlich 4 % der Einnahmen abzüglich ihrer Zulagen (=4 % von 12.500,- € ./. 175,- € Grundzulage ./. 300,- € Kinderzulage), also 25,- €. Dieser Betrag liegt jedoch unter dem Sockelbeitrag von 60,- €. Frau Fischer muss deshalb den Sockelbeitrag von 60,- € auf den Altersvorsorgevertrag einzahlen, um die Förderung zu bekommen.

> Wenn kein Anspruch auf Kinderzulage besteht oder diese der Ehepartner erhält und so nur 175,- € plus 60,- € Sockelbeitrag auf das Riester-Konto fließen, erwarten einige Anbieter trotzdem eine Mindesteinzahlungssumme von 250,- €. Diese Verträge sind kritisch zu betrachten, da sie finanziell meist nicht ratsam und allenfalls interessant sind, wenn nur kurzfristig der Sockelbeitrag und künftig wieder ein eigener höherer Mindesteigenbeitrag gezahlt wird.

Ein weiterer wichtiger Punkt: Gerade bei den nicht förderberechtigten Ehepartnern spielt der Sockelbeitrag eine große Rolle, um das Förderziel zu erreichen. Der Sockelbeitrag ist zurzeit auf 60,- € im Jahr festgelegt und gilt seit 2012. In diesen Fällen bekommt dann der nicht förderberechtigte Ehepartner die 175,- € überwiesen, sofern der Zulagenberechtigte den Mindesteigenbeitrag erbracht hat. Ist das nicht der Fall, wird auch die Zulage des Nichtzulagenberechtigten anteilig gekürzt.

> Herr und Frau Müller besparen jeweils einen Riester-Vertrag. Frau Müller ist zulagenberechtigt, Herr Müller nicht. Frau Müller spart nur 3 % vom Bruttoeinkommen in Höhe von 50.000,- €. Herr Müller zahlt den Sockelbeitrag von 60,- € im Jahr ein. Die Grundzulage wird bei beiden Ehepartnern entsprechend des fehlenden Eigenbeitrages gekürzt. In diesem Fall erhalten beide Ehepartner 1/4 weniger Zulage. Bei 175,- € ab 2018 sind das jeweils rund 130,- € an Zulagen.

Ermittlung des Einkommens als Basis zur Berechnung

Bei rentenversicherungspflichtigen Personen gelten alle Einnahmen, für die Sie Beiträge zur gesetzlichen Rentenversicherung zahlen, als Einnahmen, und zwar bis maximal 52.500,- €. Das ergibt den Förderhöchstwert von 4 % des Einkommens (=2.100,- €). Bei Beamten werden entweder die Einnahmen aus der Besoldung oder Amtsbezüge herangezogen. In den meisten Fällen entsprechen die Einnahmen dem auf der Lohnsteuerkarte ausgewiesenen Bruttogehalt.

Bei Rentnern wegen Erwerbs- oder Dienstunfähigkeit gelten die Renten oder Versorgungsbezüge als die zur Berechnung des Mindesteigenbeitrags relevanten Einkünfte. Bei Arbeitslosen oder Behinderten in Werkstätten ist dies der ausgezahlte Betrag. Grundsätzlich wird zur Berechnung das Einkommen des vergangenen Kalenderjahrs als Basis genommen, ganz egal, ob im aktuellen Jahr nun mehr oder weniger verdient wird. Deshalb kann es zu Schwankungen bei den Einzahlungen in den Riester-Vertrag kommen, wenn man weniger als 52.500,- € verdient.

Wichtig ist für Ehepaare, dass die Einkünfte separat gezählt werden, das heißt, es werden keine gemeinsamen Durchschnittseinkünfte berechnet, sondern für jeden Ehepartner eigenständig der Mindesteigenbeitrag anhand der Einkünfte festgelegt.

Berechnung des Mindesteigenbeitrags, wenn nur ein Ehepartner förderberechtigt ist

Gehört nur ein Ehepartner zum geförderten Personenkreis, wird der Mindesteigenbeitrag nur für den förderberechtigten Ehepartner berechnet. Dabei mindern aber die beiden Ehepartnern zustehenden Zulagen seinen Mindesteigenbeitrag.

Die Eheleute Lohse haben zwei Kinder. Frau Lohse gehört zum geförderten Personenkreis, Herr Lohse nicht. Frau Lohse hatte im Jahr 2017 beitragspflichtige Einnahmen in Höhe von 30.000,- €. Sie erhält die Kinderzulagen. Der Mindesteigenbeitrag von Frau Lohse für 2018 wird so berechnet:

4 % von 30.000,– €	1.200,– €
./. Zulagen beider Ehepartner	./. 950,– €
(1 × 175,– € Grundzulage für Frau Lohse,	
1 × 175,– € Grundzulage für Herrn Lohse,	
2 × 300,– € Kinderzulagen für zwei ab dem	
1.1.2008 geborene Kinder)	
Mindesteigenbeitrag für Frau Lohse im Jahr 2017	250,– €
Sockelbeitrag für Herrn Lohse	60,– €
Gesamtsumme Eheleute Lohse	310,– €

Wenn Frau Lohse den Mindesteigenbeitrag von 250,– € auf ihren Vertrag eingezahlt hat, bekommt sie eine Grundzulage von 175,– € und zwei Kinderzulagen (2×300,– €) gutgeschrieben. Herr Lohse erhält für seinen Vertrag eine Grundzulage von 175,– €, sofern er den Sockelbeitrag von 60,– € im Jahr leistet.

Maximale Förderhöhe und Überriestern

Die maximale Förderhöhe beträgt 2.100,– € abzüglich der zustehenden Zulagen. Das gilt auch, wenn das rentenversicherungspflichtige Jahreseinkommen höher als 52.500,– € sein sollte.

Herr Jung hat im Jahr 2018 Einnahmen von 60.000,– €. Er muss im Jahr 2019 dennoch nicht 2.246,– € (=4 % von 60.000,– € ./. 175,– € Grundzulage) einzahlen, um die volle Zulage zu bekommen. Durch die Begrenzung des Mindesteigenbeitrags auf höchstens 2.100,– € abzüglich Zulagen muss er nur einen Eigenbeitrag von (2.100,– € Höchstbetrag ./. 175,– € Grundzulage=) 1.925,– € einzahlen.

Möglich ist es aber auch, den Riester-Vertrag zu **übersparen,** ohne dafür weitere Fördermittel zu bekommen. Das heißt, es wird mehr Geld eingezahlt als erforderlich ist, um die volle Zulage zu erhalten.

> Den Anteil der Riester-Rente, der sich aus Überzahlungsbeiträgen ergibt, müssen Sie nicht voll, sondern lediglich mit dem Ertragsanteil versteuern. Die Höhe des Ertragsanteils richtet sich nach dem Lebensalter bei Renteneintritt.

Doch ist das überhaupt sinnvoll? Zwar bieten z.B. Riester-Fondssparpläne im Vergleich zu ungeförderten Fondssparplänen eine Kapitalgarantie, d.h., das eingezahlte Geld bleibt grundsätzlich erhalten, doch sind Riester-Verträge mit höheren Verwaltungskosten belastet als Investmentfonds. Deshalb lohnt sich das »**Überriestern**« meist nicht. Neuere Angebote auf Basis von Indexfonds bieten jedoch auch hier inzwischen eine geringere Verwaltungsgebühr. Diese liegt aber immer noch oberhalb des freien Kaufs von Indexfonds.

> Falls Sie eine höhere Sparleistung anstreben, ist es schon aufgrund der Risikostreuung sinnvoll, andere Verträge wie Indexfonds, Zertifikate oder Mischfonds zu wählen. Häufig liegen bei diesen die Verwaltungskosten deutlich niedriger. Und aufgrund eines anderen Vermögensbildungsansatzes lassen sich hier auch häufig bessere Renditen erzielen.

Bei zu geringem Eigenbeitrag: nur gekürzte Zulage

Zahlen Sie auf Ihren Riester-Vertrag nicht den vollen Mindesteigenbeitrag bzw. den Sockelbeitrag ein, werden die Zulagen im Verhältnis »tatsächlich gezahlter Beitrag zu Mindesteigenbeitrag« gekürzt.

> Zahlen Sie immer den Mindesteigenbeitrag. Aufgrund der staatlichen Zulagen lohnen sich die Riester-Verträge erst richtig. Verringerte Zulagen nagen an der Rendite des Vertrags.

Das Wichtigste: Der Antrag auf Riester-Zulage

Um die Zulagen zu bekommen, müssen Sie einen Antrag stellen. Das machen Sie bei der Versicherung, Bank, Investmentgesellschaft oder Bausparkasse, bei der Sie den Riester-Vertrag abgeschlossen haben. Regelmäßig wird Ihnen Ihr Anbieter ein bereits vorausgefülltes Antragsformular zuschicken. Wichtig sind hierbei die Steueridentifikationsnummer und die Sozialversicherungsnummer für Rentenversicherungspflichtige. Bei anderen Berufsgruppen wie z.B. Landwirten wird statt der Sozialversicherungsnummer die Mitgliedsnummer der landwirtschaftlichen Alterskasse angegeben. In einem weiteren Bogen werden die Kinder eingetragen, sofern für diese ein Kindergeldanspruch besteht.

Der Antrag muss spätestens im übernächsten Kalenderjahr eingehen, das auf die Förderung folgt, z.B. bis Ende 2017 für das Jahr 2015, sonst verfällt der Anspruch auf die Riester-Zulagen.

Alles Weitere erledigt Ihr Anbieter für Sie. Er teilt z.B. der Zentralen Zulagenstelle für Altersvermögen (ZfA) bei der Deutschen Rentenversicherung Bund Ihre Vertragsdaten mit. Anhand der übermittelten Daten berechnet die ZfA Ihre Zulage. Diese wird an Ihren Anbieter überwiesen, der die Zulage Ihrem Vertrag gutschreibt. Die ZfA ist für alle förderberechtigten Personen zuständig, auch für Beamte.

Um sich die Mühe mit dem jährlichen Antrag zu sparen, können Sie schon bei Vertragsabschluss den Antrag auf Zulage stellen und Ihren Anbieter beauftragen, dass er für Sie künftig jährlich den Antrag stellt (Dauerzulagenantrag). Die Bevollmächtigung Ihres Anbieters können Sie jederzeit zum Jahresende widerrufen. Haben Sie z.B. Ihren Anbieter beauftragt, den Zulagenantrag zu stellen, können Sie das bis Jahresende widerrufen.

Auch bei einem Dauerzulagenantrag müssen Sie alles, was Auswirkungen auf den Vertrag hat, dem Anbieter mitteilen. Sei es, dass sich das Einkommen ändert, Sie für Kinder kein Kindergeld mehr bekommen oder weil durch eine Geburt die Kinderzulage hinzukommt oder sich auf ein weiteres Kind erweitert.

Wurde vergessen, Änderungen zu melden, kann über einen Festsetzungsbeschluss eine Neuberechnung vorgenommen werden.

2.4.2 Eventuell Steuerersparnisse zusätzlich

Neben der Zulage fördert der Staat die private Altersvorsorge auch mit Steuervorteilen. Naturgemäß profitieren davon nur Sparer, die von ihrem Einkommen Steuern entrichten. Und es gilt: Je höher der individuelle Steuersatz, desto höher der Steuervorteil, zusätzlich zur Förderung über die Zulagen.

Vergessen Sie nicht, Ihre Zulagen zu beantragen, selbst wenn Sie durch die steuerliche Förderung besser dastehen, sonst geht Ihnen ein Teil der Riester-Förderung verloren, weil das Finanzamt immer davon ausgeht, dass Sie die Zulagen erhalten haben.

Abzug der Eigenbeiträge als Sonderausgaben

Die Zulagen für den Riester-Vertrag sind nur ein Teil der staatlichen Förderung. Darüber hinaus können Sie Ihre Eigenbeiträge als Sonderausgaben geltend machen (§ 10a EStG). Dieser Sonderausgabenabzug ist auf einen Höchstbetrag von 2.100,– € beschränkt. Eine eventuelle Steuerermäßigung wird nicht dem Riester-Konto gutgeschrieben, sondern als Steuererstattung ausgezahlt bzw. von der Steuerschuld abgezogen.

> Erwarten Sie eine Steuererstattung zusätzlich zu den Zulagen, müssen Sie die Anlage AV zur Einkommensteuererklärung ausfüllen. Wichtig dabei ist die Bescheinigung des Anbieters über die Höhe der gezahlten Beiträge.

Günstigerprüfung durch das Finanzamt

Ob für Sie die Zulage oder der Sonderausgabenabzug vorteilhafter ist, prüft das Finanzamt bei der Veranlagung zur Einkommensteuer mithilfe einer Günstigerprüfung. Der über die Zulage hinausgehende Steuervorteil wird ausgezahlt. Die Zulage wird dabei wie eine bereits erfolgte Steuervergütung gewertet und verrechnet.

» Herr Baumhauer verdient 55.000,– € im Jahr. Er muss somit die Förderhöchstsumme von 2.100,– € abzüglich 175,– € Grundzulage (= 1.925,– €) auf seinen Vertrag einzahlen. Er trägt eine Grenzsteuerlast von 35 %:
2.100,– € × 0,35 = 735,– € ./. 175,– € = 560,– €.
Der Steuervorteil beträgt damit 560,– €.

> Vom Sonderausgabenabzug profitieren aufgrund ihrer höheren Steuerbelastung vor allem Alleinstehende ohne Kinder und Besserverdienende mit wenigen Kindern. Andererseits sind bei Familien mit Kindern die Zulagen und damit die Förderquote insgesamt höher.

Sonderausgabenabzug, wenn beide Ehepartner förderberechtigt sind

Der Sonderausgabenabzug steht jedem Ehepartner gesondert zu und wird deshalb auch getrennt betrachtet, egal wie der familienrechtliche Güterstand ist. Jeder Ehepartner kann nur die eigenen Altersvorsorgeaufwendungen im Rahmen des Höchstbetrags (2.100,– €) geltend machen. Nicht ausgeschöpfte Höchstbeträge des einen Ehepartners können also nicht auf den anderen übertragen werden; der nicht genutzte Steuervorteil verfällt.

Sonderausgabenabzug, wenn nur ein Partner förderberechtigt ist

Der nicht förderberechtigte Ehepartner mit eigenem Riester-Vertrag kann seine Eigenbeiträge und seine Zulagen nicht selbst als Sonderausgaben geltend machen. Die Aufwendungen fallen aber nicht unter den Tisch. Denn beim förderberechtigten Ehepartner werden die Eigenbeiträge und Zulagen beider Ehepartner beim Sonderausgabenabzug bis zum Höchstbetrag mit berücksichtigt. Es kommt somit bei zusammen veranlagten Ehepaaren für den Sonderausgabenabzug nicht darauf an, welcher der Partner die Eigenbeiträge gezahlt hat. Durch die Zusammenveranlagung kann es jedoch schneller passieren, dass die Sonderausgabenabzugsgrenze von 2.100,- € überschritten wird.

Herr Schmidt erzielt als Angestellter im Jahr 2018 Einnahmen in Höhe von 40.000,- €. Frau Schmidt ist als nicht rentenversicherungspflichtige Selbstständige tätig und verdient 12.000,- €. Das Ehepaar hat zwei Kinder, die nach dem 1.1.2008 geboren sind. Herr Schmidt zahlt einen Eigenbeitrag von 1.600,- € (inklusive seiner Grundzulage von 175,- €), Frau Schmidt bekommt eine Grundzulage und zwei Kinderzulagen von insgesamt 775,- € und zahlt den Sockelbeitrag von 60,- €. Insgesamt fließen auf die Riester-Verträge der Eheleute Schmidt (1.600,- € + 775,- € + 60,- €=) 2.435,- €. Damit liegen die Gesamtzahlungen oberhalb des Sonderausgabenabzugs von 2.100,- €. Wegen der Begrenzung können die Schmidts in ihrer Steuererklärung für das Jahr 2016 aber nur 2.100,- € als Sonderausgaben geltend machen. Den restlichen Betrag von (2.435,- € ./. 2.100,- €=) 335,- € können die Ehepartner nicht absetzen.

2.5 Auszahlungsphase

Das angesparte Kapital auf dem Riester-Vertrag ist dafür gedacht, dass Sie Ihre Alterseinkünfte aufbessern und Versorgungslücken schließen. Doch auch zur Tilgung oder Finanzierung einer selbst genutzten Wohnimmobilie dürfen Sie Geld aus Ihrem Riester-Vertrag einsetzen. Verwenden Sie das Kapital außerhalb dieser gesetzlich zulässigen Auszahlungen, bedeutet das jedoch eine schädliche Verwendung und zieht die Konsequenz nach sich, dass Sie die Zulagen und Steuerersparnisse zurückerstatten müssen.

2.5.1 Auszahlung in der Rentenphase

Die Auszahlungsphase bei Riester-Verträgen beginnt in der Regel mit dem Eintritt in die gesetzliche Regelaltersrente, in der Regel also zwischen dem 65. und 67. Lebensjahr. Doch auch ein früherer Bezug ist möglich, jedoch erst ab 60 Jahren. Bei Verträgen, die nach dem 31.12.2011 abgeschlossen wurden und werden, gilt als frühester Auszahlungsbeginn das vollendete 62. Lebensjahr. Ebenso ist es möglich, dass sich der Rentner die Riester-Rente erst später als seine Altersrente auszahlen lässt. Geht z.B. jemand einige Jahr vor seiner regulären Altersrente in den Ruhestand, kann er auch weiterhin in seinen Riester-Vertrag einzahlen und somit die erste Auszahlung hinausschieben – und erhöht dadurch seine Riester-Bezüge.

Zu Beginn der Rentenzahlungen steht Ihnen mindestens die Summe Ihrer Einzahlungen und der erhaltenen Zulagen zur Verfügung. Haben Sie einen Fonds- oder Banksparplan, erhalten Sie Ihre Riester-Rente aus einem Auszahlungsplan. Verfügen Sie über eine Riester-Versicherung, bekommen Sie eine Rente. Ab dem 85. Lebensjahr müssen alle Sparer eine lebenslange Rente aus einer Rentenversicherung beziehen, deshalb schließen Fondsgesellschaften und Banken mit Beginn der Riester-Auszahlungen zusätzlich eine entsprechende Versicherung für ihre Kunden ab. Ein Teil des Guthabens fließt dann in diesen Vertrag. Ob der Sparer das Alter von 85 Jahren erreicht, ist dabei unerheblich.

Und: Die Höhe des Betrags, der in die Rentenversicherung fließt, verringert entsprechend die Auszahlung in der Zeit vor dem 85. Lebensjahr.

Dass die Anbieter dabei mit einer sehr hohen Lebenserwartung kalkulieren, ist vom Gesetzgeber so vorgegeben und soll Sicherheit für die Auszahlungen schaffen, verringert aber die Höhe der Rente. Somit muss der Riester-Rentner ein überdurchschnittliches Alter erreichen, damit sich seine Einzahlungen letztendlich rentiert haben.

Die Einnahmen aus dem Auszahlungsplan bzw. der Rente müssen Sie mit Ihrem dann geltenden Steuersatz versteuern.

> **!** Alternativ haben Sie auch die Möglichkeit, zu Beginn der Auszahlungsphase bis zu 30 % des Kapitals auf einmal zu entnehmen. Doch Achtung: Das kann dazu führen, dass sich Ihr Steuersatz in dem Jahr deutlich erhöht.

> **»** Liegt das Riester-Guthaben zum Auszahlungsbeginn bei 23.462,– €, könnte sich der Rentner gleich rund 7.039,– € auf einen Schlag auszahlen lassen. Diesen Teilkapitalbetrag müsste er voll versteuern. Bei einem Grenzsteuersatz von z.B. 25 % blieben dann nur 5.279,– € nach Steuern übrig.

Kleinbetrags-Riester-Rente

Sollte Ihre monatliche Riester-Rente einen Betrag von 30,45 € (=1 % der monatlichen Bezugsgröße von 3.045,– € im Jahr 2018) nicht übersteigen, dürfen Sie sich diese **Kleinbetragsrente** durch eine Einmalzahlung voll auszahlen lassen. Doch Achtung: Sie müssen diese Einmalzahlung im Jahr ihrer Auszahlung versteuern. Dabei gilt seit dem 1.1.2018 die günstigere Fünftelregelung, sodass die Steuerprogression eines Fünftels der Auszahlung auf die gesamte Auszahlungssumme angewandt wird.

Vor der Auszahlung: Wechsel zu einem anderen Anbieter?

Auch zur Auszahlungsphase besteht für Riester-Sparer die Möglichkeit, mit ihrem Riester-Vermögen zu einem günstigeren Anbieter zu wechseln. Das kann sich lohnen, weil manche Anbieter in der Anspar- und Auszahlphase unterschiedliche Konditionen bieten. Oftmals wissen Sparer bei Abschluss eines Sparplanes nicht, wie teuer die Versicherung, mit der später einmal das Langlebigkeitsrisiko abgesichert wird, sein wird. Wer vor der Auszahlungsphase eine Assekuranz mit besseren Bedingungen wählt, kann eine höhere Rente erzielen.

Gesetzlich vorgegeben ist, dass der Sparer drei Monate vor Beginn der Auszahlung ein Schreiben erhält, in dem die bisherige Bank oder der Versicherer ihn über die Auszahlungsbeträge informiert. Solange muss der Kunde jedoch nicht warten, sondern kann sich auch schon einige Monate zuvor die erwartete Rentenleistung sowie den Übertragungswert ausrechnen lassen. Mit Letzterem tritt er dann an andere Anbieter heran und bittet diese, ihm ein Angebot zu erstellen. Anhand der garantierten Rente lassen sich die verschiedenen Offerten vergleichen.

Das Problem: Bisher akzeptieren nur wenige Versicherer kurz vor Rentenbeginn Riester-Sparer, die für eine klassische Riester-Rentenversicherung zu ihnen wechseln wollen, als neue Kunden. Viele Unternehmen haben Höchstaltersgrenzen und Mindest-Ansparzeiten festgelegt, die verhindern, dass ein älterer Kunde einen Vertrag bei ihnen bekommt. Offenbar stellen die Abschlüsse in Zeiten niedriger Zinsen für die meisten Unternehmen kein lukratives Geschäft dar. Zudem fehlt vielen Anbietern ein automatisches System, mit dem sich der Vertrag des Neukunden umrechnen lässt. Somit bedeutet es für sie einen vergleichsweisen hohen Aufwand, ein Angebot zu erstellen. Doch noch ein weiterer Umstand kann es Sparern erschweren, ein besseres Angebot ausfindig zu machen. Für einen Neuabschluss dürfen die Anbieter Kosten erheben, was ihre Offerten aus Sicht des Kunden verschlechtert. Trotzdem: Wer kurz vor Rentenbeginn steht oder wessen Einzahlungsphase nur noch ein paar Jahre umfasst, sollte versuchen Angebote einzuholen und zu vergleichen. Ein besserer Vertrag kann sich bei der Höhe der Rentenzahlungen deutlich bemerkbar machen.

Wenn Sie über eine Riester-Rentenversicherung verfügen oder eine fondsgebundene Riester-Rentenversicherung abgeschlossen haben und ihr Rentenbeginn steht bald bevor, bleiben Sie am besten bei Ihrem alten Versicherer. Hintergrund ist, dass die alten Garantiezinsen über den derzeitigen liegen und bei den meisten Verträgen erhalten bleiben. Verfügen Sie über einen Banksparplan berechnet Ihr Anbieter bei Rentenbeginn zwei Varianten: eine Rente über einen Auszahlungsplan und eine in Form einer Sofortrente über eine Versicherung.

Zusätzlich sollten Sie aber auch Angebote anderer Versicherungsgesellschaften einholen und die garantierte Rente vergleichen. Sind Sie Fondsparer, macht Ihnen die Fondsgesellschaft ein Angebot für einen Auszahlungsplan. Die darin garantierte Auszahlung wird unter der einer Versicherungslösung liegen, allerdings besteht aufgrund der Fondsstruktur die Chance, dass Sie mehr als die Garantielösung erhalten. Legen Sie jedoch Wert auf eine höhere Garantiezahlung, sollten Sie Angebote bei einigen Versicherern einholen.

2.5.2 Kapitalverwendung für ein Eigenheim

Riester-Sparer können als Eigenkapital für die Entschuldung ihres bestehenden Eigenheims oder für die Finanzierung eines neuen Eigenheims (Wohn-Riester) ihr gesamtes Riester-Kapital oder einen Teil davon aus ihrem Riester-Vertrag entnehmen. Wichtige Voraussetzung ist, dass sie die gesetzlich vorgegebenen Mindestentnahmebeiträge einhalten und bei einer Teilentnahme mindestens 3.000,- € auf dem Vertrag belassen. Ebenso ist auch die Finanzierung eines altersgerechten Umbaus der eigenen Immobilie möglich.

Die Entnahme ist bei der Zentralen Zulagenstelle für Altersvermögen (ZfA) unter Beifügung der entsprechenden Nachweise spätestens zehn Monate vor dem Beginn der Auszahlungsphase zu beantragen.

In der Auszahlungsphase ist die Entnahme eines Altersvorsorge-Eigenheimbetrags auch neben der Entnahme von bis zu 30 % des zur Verfügung stehenden Kapitals möglich.

2.5.3 Schädliche Kapitalverwendung

Lassen Sie sich Ihr Guthaben nicht im Rahmen der oben genannten zulässigen Kapitalverwendungen auszahlen, gilt das als schädliche Verwendung. Das ist z.B. dann der Fall, wenn Sie den Vertrag kündigen und sich das Kapital voll auszahlen lassen oder wenn Sie Kapital entnehmen, um dieses für die Finanzierung von Wohneigentum, das nicht zur Altersvorsorge dient, zu verwenden. Die Folge: Der Staat verlangt seine Förderung zurück. Sie müssen also sowohl die erhaltenen Grund- und Kinderzulagen als auch die gewährten Steuerersparnisse zurückerstatten. Zudem muss das ausgezahlte Kapital als »sonstige Einkünfte« voll versteuert werden.

Stirbt der Sparer in der Ansparphase, ist das Guthaben vererbbar. Es treten jedoch ebenfalls die Rechtsfolgen der schädlichen Verwendung ein. Die Förderung muss zurückgezahlt werden und eventuelle Erträge oder Zinsen des Vertrags sind zu versteuern.

2.5.4 Nachgelagerte Besteuerung

Bei Riester-Verträgen gilt eine nachgelagerte Besteuerung – während die Einzahlungen in den Riester-Vertrag zunächst steuerlich gefördert werden, müssen die Auszahlungen mit dem persönlichen Steuersatz voll versteuert werden. Dieser hängt vom Gesamteinkommen ab. Wie hoch die steuerliche Belastung ausfallen wird, lässt sich – zumindest für junge Sparer – schwer abschätzen, da sie die Höhe ihres Alterseinkommens nur schwer prognostizieren können. In den meisten Fällen wird dieses Einkommen jedoch niedriger liegen als noch zu Zeiten der Erwerbstätigkeit. Und somit werden auch die Steuerbelastungen entsprechend geringer sein als während des Arbeitslebens.

Beiträge zur gesetzlichen Kranken- und Pflegeversicherung sind nach geltendem Recht auf Renten aus privaten Riester-Verträgen grundsätzlich nicht zu zahlen, es sei denn, der Riester-Rentner ist in der gesetzlichen Krankenversicherung freiwillig versichert, weil er vorher privat krankenversichert war, z.B. als Selbstständiger oder Beamter.

2.5.5 Besteuerung von Wohn-Riester

Auch auf einen Wohn-Riester-Sparer kommt eine nachgelagerte Besteuerung zu. In der Ansparphase sind die Zulagen und Wohn-Riester-Tilgungen steuerfrei, bei Renteneintritt wirken sich diese dann steuerlich aus. Da es zu keinen Auszahlungen kommt, auf welche Steuer erhoben werden kann, wie dies bei den anderen Riester-Renten-Produkten der Fall ist, werden alle in die Finanzierung geflossenen Beträge addiert. Zu diesem Zweck erfasst das Finanzamt im Laufe der Jahre auf einem fiktiven Konto alle staatlich geförderten Tilgungsleistungen und die darauf gewährten Zulagen sowie ggf. den Betrag, der aus einem Riester-Sparvertrag zum Wohn-Riestern entnommen wurde. Am Ende jeden Jahres wird der Stand des Wohnförderkontos jeweils um 2 % erhöht. Die Steuer fällt dann auf das so ermittelte in die Immobilie investierte Kapital an.

Zum Renteneintritt kann der Ruheständler entscheiden, ob er die Steuerschuld komplett oder in Raten zahlen möchte. Wer die Steuerschuld sofort begleicht, dem erlässt das Finanzamt 30 % des Betrags. Ansonsten wird zu Beginn der Auszahlungsphase des Wohn-Riester-Vertrags der Stand des Wohnförderkontos durch die Anzahl der Jahre bis zum 85. Lebensjahr des Förderberechtigten geteilt und der sich ergebende Jahresbetrag dem zu versteuernden Einkommen des Förderberechtigten hinzugerechnet. Ob dann tatsächlich

Steuern anfallen, hängt von den übrigen Einkünften und persönlichen Umständen des Förderberechtigten ab. Auch nachträglich kann sich der Sparer noch zur Einmalbesteuerung entschließen – auch dann wird der der Besteuerung zugrunde liegende Kontostand des Wohnförderkontos um 30 % rabattiert.

> **!** Bedenken Sie, dass bei der Einmalzahlung Ihr Steuersatz deutlich ansteigt und Sie trotz des Rabatts unterm Strich oft mehr zahlen. Deshalb ist in der Regel eine jährliche Besteuerung von Vorteil. Lediglich ab einem Jahreseinkommen von etwa 33.000,– € im Rentenalter rechnet sich die Einmalzahlung.

Die nachgelagerte Besteuerung kann nach sich ziehen, dass man im Rentenalter möglicherweise recht hohe Zahlungen leisten muss. Trotzdem liegen in der Regel die Vorteile aus der Riester-Förderung während der Immobilienfinanzierung höher als die Steuern, die man im Rentenalter auf das Wohnförderkonto zahlen muss. Das gilt umso mehr, wenn man es schafft, die gewährten Steuervorteile zusätzlich zu den Zulagen in die Darlehenstilgung zu stecken.

> **!** Die Finanzierung der Immobilie sollte allerdings nicht Spitz auf Knopf gerechnet sein. Können Sie sich die Immobilie nur aufgrund der Zulagen und Steuervorteile leisten, sollten Sie die Finger davon lassen. Denn wichtig ist, bei der Planung immer genügend finanziellen Spielraum einzurechnen und möglichst schon während der Finanzierung damit zu beginnen, ausreichend Rücklagen für später – für anfallende Reparaturen am Haus, höhere Energiekosten usw. – zu bilden. Da Sie ein Wohn-Riester-Darlehen eher abbezahlt haben als ein ungefördertes Darlehen, sollten Sie außerdem ab diesem Zeitpunkt die ersparten Tilgungsraten für die in der Zukunft anfallenden Steuerzahlungen zurücklegen. Ansonsten könnte es in der Rentenzeit finanziell eng für Sie werden.

Haltepflichten beachten

Die finanziellen Vorteile aus der Eigenheimrente bleiben dem Geförderten nur erhalten, wenn er das Haus oder die Wohnung bis in die Rentenzeit selbst nutzt und nicht vorzeitig wieder verkauft oder vermietet. Ansonsten geht das Finanzamt von einer schädlichen Verwendung aus und fordert Einkommensteuern nach. Die nachgelagerte Besteuerung erfolgt im selben Jahr der Feststellung. Der Eigentümer muss dann die bis dahin erfasste Wohnförderkonto-Summe mit seinem Grenzsteuersatz versteuern. Das gilt jedoch nicht, wenn der Eigentümer sein Objekt verkauft und innerhalb von fünf Jahren eine neue Immobilie oder ein Dauerwohnrecht an einer Senioreneinrichtung erwirbt bzw. den Erlös in einen anderen Riester-Vertrag einzahlt (nicht möglich in der Rentenphase). Auch wer bei Rentenbeginn die Einmalzahlung leistet, ist weitere 20 Jahre an das Objekt gebunden und darf es nicht verkaufen. Es sei denn, er reinvestiert das Geld aus der Veräußerung innerhalb von fünf Jahren.

2.5.6 Riester-Vertrag im Erbfall

Das Vermögen aus dem Riester-Vertrag kann vererbt werden. Bei Banksparplänen und Fondssparplänen erhalten die Erben das angesparte Kapital. Das gilt allerdings nicht, wenn der Verstorbene die Restverrentungsphase – diese beginnt ab dem 85. Lebensjahr – bereits erreicht hatte.

Bei der Riester-Rentenversicherung ist die Vertragsgestaltung ausschlaggebend. So kann der Riester-Sparer eine Rentengarantiezeit vereinbaren, in welcher der Versicherer die Rente mindestens leisten muss. Stirbt der Versicherte vor Ablauf, erhält der Berechtigte (z.B. der Ehegatte) die Rente bis zum Ende der Garantiezeit weiterhin ausgezahlt. Hatte der Versicherte keine Garantiezeit vereinbart oder stirbt er nach deren Ablauf, bekommen die Erben nichts. Möglich ist es auch, festzulegen, dass im Fall eines Versterbens in der Ansparphase die gezahlten Beiträge und Überschüsse an die Erben gehen.

Für Ehegatten und Kinder kann per Vertrag auch eine Hinterbliebenenrente vereinbart werden.

Wichtig beim Vererben: Nur der Ehegatte kann das gesamte Riester-Kapital förderunschädlich – also einschließlich der gewährten Förderungen – erhalten. Und zwar dann, wenn er das ererbte Altersvermögen auf einen eigenen zertifizierten Riester-Vertrag übertragen lässt.

Das ist auch möglich, wenn der Vertrag erst zum Zweck der Übertragung abgeschlossen wird. Sollte der Anbieter einen solchen Vertrag nicht offerieren, steht es dem Ehegatten frei, auf andere zertifizierte Produkte zurückzugreifen.

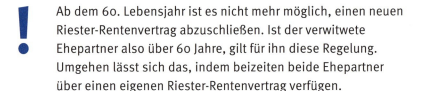

Ab dem 60. Lebensjahr ist es nicht mehr möglich, einen neuen Riester-Rentenvertrag abzuschließen. Ist der verwitwete Ehepartner also über 60 Jahre, gilt für ihn diese Regelung. Umgehen lässt sich das, indem beizeiten beide Ehepartner über einen eigenen Riester-Rentenvertrag verfügen.

Bei Riester-Rentenversicherungen räumen manche Verträge ein, dass das angesparte Kapital im Todesfall förderunschädlich in eine Hinterbliebenenrente für den verwitweten Ehepartner umgewandelt wird. Seltener möglich ist die Umwandlung in eine Waisenrente, außerdem gilt das nur, solange das erbende Kind Anspruch auf Kindergeld hat.

Verstirbt der Partner während der Einzahlungsphase und möchte der hinterbliebene Ehepartner den geerbten Riester-Vertrag nicht fortführen, kann er ihn jederzeit beitragsfrei stellen.

Erben andere Personen als der Ehegatte, z.B. entfernte Verwandte oder der nichteheliche Lebenspartner, in der Einzahlungsphase das Riester-Guthaben, ist das grundsätzlich eine förderschädliche Verwendung und der Erbe muss die auf die Beiträge gewährten Zulagen und Steuervorteile an den Staat zurückzahlen. In der Auszahlungsphase gilt das auch, wenn der Erbe – sowohl der verwitwete Ehegatte oder andere Erben – vom Versicherer eine einmalige Todesfallsumme oder die Gesamtsumme der abgezinsten Renten bis zum Ende der Rentengarantiezeit ausbezahlt bekommt. Auch ist der Rentenbezug bis zum Ende der Garantiezeit nur unter Rückerstattung der Förderung möglich.

Möchten Sie eine Riester-Rentenversicherung abschließen, können Sie auch einen zusätzlichen Todesfallschutz vereinbaren. Das ist allerdings eher nicht empfehlenswert. Mit einer Risikolebensversicherung sichern Sie Ihre Hinterbliebenen günstiger ab.

Auf den vererbten Riester-Vertrag kann Erbschaftsteuer anfallen. Erben nahe Verwandte, trifft das jedoch in aller Regel nicht zu, da hier die Freibeträge relativ hoch liegen. Anders sieht es für die entfernte Verwandtschaft oder den nichtehelichen Lebenspartner aus. Für sie gelten deutlich niedrigere Freibeträge.

Wohn-Riester-Vertrag im Erbfall

Verstirbt der Wohn-Riester-Geförderte nach Erwerb der Immobilie, endet mit seinem Tod die Selbstnutzung der Wohnimmobilie. Infolge ist das Wohnförderkonto aufzulösen und von den Erben zu versteuern. Allerdings erfolgt keine Rückforderung von Zulagen und/oder Steuerermäßigung. Ehepartner und kindergeldberechtigte Kinder können die Immobilie (sowie das Wohnförderkonto) innerhalb von einem Jahr übernehmen und selbst bewohnen und müssen den Betrag dann erst bei Rentenbeginn regulär versteuern.

Stirbt der Wohn-Riester-Sparer nach Rentenbeginn, muss von den Erben das restliche Wohnförderkonto ebenfalls versteuert werden, sofern keine einmalige Besteuerung – also eine ratierliche Versteuerung – vereinbart war.

2.6 Betriebliches Riestern

Kaum bekannt, weil auch öffentlich nicht propagiert, ist riestern mithilfe des Arbeitgebers. Allerdings: Der Riester-Vertrag über den Arbeitgeber fristet ein Stiefmutterdasein. Die Gründe für diese Entwicklung sind vielfältig: Es gibt nur wenige Angebote auf dem Markt, die es Arbeitnehmern ermöglichen sowohl Riester als auch die betriebliche Altersversorgung unter einen Hut zu bringen. Aber auch andere Faktoren spielen eine Rolle: zum einen die starke Ausrichtung auf einen Arbeitgeber und damit verbundene Probleme beispielsweise bei Arbeitslosigkeit, zum anderen die bis Ende 2017 geltende Doppelverbeitragung in den Sozialversicherungen während der Anspar- und der Auszahlungsphase. Dieses Problem wurde zwar zum 1.1.2018 behoben, dennoch dürfte es nicht zu einem starken Anwachsen der Riester-Verträge über die betriebliche Altersversorgung führen, da immer noch zahlreiche Hindernisse bestehen bleiben. Zuallererst gibt es kaum Arbeitgeber, die ein zertifiziertes Riester-Modul für ihre Arbeitnehmer zur Verfügung haben. Und es kommt noch schlimmer: Die Beiträge für den Riester-Vertrag muss der Sparer von seinem Nettogehalt leisten. Das macht das Riester-Sparen über die betriebliche Altersversorgung praktisch uninteressant.

Das gilt auch für privat Krankenversicherte, die zwar die Krankenkassenbeiträge auf die Riester-Förderung einsparen können, aber dennoch meist schlechter fahren als mit den privat organisierten Verträgen. Der einzige Vorteil könnte darin liegen, dass der Arbeitgeber über einen Gruppenvertrag besondere Konditionen bei der Riester-Anlage erhält, doch dies dürfte im besten Fall nur annähernd die Vorteile einer privaten Riester-Anlage aufwiegen.

Doch damit nicht genug. Bei Arbeitslosigkeit droht weiteres Ungemach: Der ehemalige Arbeitnehmer kann nicht so einfach wie bei den herkömmlichen Verträgen einen Sockelbeitrag in den Riester-Vertrag einzahlen, dies ist beispielsweise nur bei Formen der Direktversicherung möglich, aber bei anderen Formen wie bei

Pensionsfonds schon schwieriger, da hier der Arbeitgeber für den Arbeitnehmer direkt einzahlt. Bei Arbeitslosigkeit müsste man also den ehemaligen Arbeitnehmer bitten, dies fortzuführen. Eine Alternative gäbe es nur, wenn dies über eine entsprechende Absichtserklärung im Vorfeld des Vertrages geklärt wäre. Bei so vielen Unsicherheiten stellt sich die Frage, für wen überhaupt ein Riestern über die betriebliche Altersversorgung interessant wäre? Wahrscheinlich nur für Arbeitnehmer, die auf anderen Wegen, beispielsweise aufgrund von Vorerkrankungen, keine gute Hinterbliebenenversorgung aufbauen oder den eigenen Invaliditätsschutz sichern können.

Bislang war das Riestern über die betriebliche Altersversorgung uninteressant. Das hatte besonders einen Grund: Die Versorgungsbezüge unterlagen eine doppelten Verbeitragung in der Kranken- und Pflegeversicherung. Zum einen fiel der entsprechende Betrag während der Einzahlungsphase an und außerdem bei den Versorgungsbezügen in der Auszahlungsphase. Das bedeutete eine deutliche Schlechterstellung gegenüber privat abgeschlossenen Verträgen, bei denen der Sparer nur einmal die Beiträge während der Auszahlungsphase zahlt. Diese Ungerechtigkeit wollte man nun beenden. Seit dem 1.1.2018 sind beide Vertragsvarianten gleichgestellt. Über diesen Weg erhofft sich der Gesetzgeber eine breitere Akzeptanz von Riester-Verträgen auch im Rahmen der betrieblichen Altersversorgung.

Das Fazit lautet eindeutig: Lassen Sie die Finger vom Riestern über die betriebliche Altersversorgung. Die Unsicherheiten im Vertragsverlauf sind zu groß, das Angebot an solchen Riester-Modulen gering und der Ertrag am Ende der Laufzeit hängt vom Arbeitsverhältnis mit dem jetzigen Arbeitgeber ab.
Daher gilt: Der private Riester-Vertrag ist die bessere Lösung.

3 Rürup-Rente: Altersvorsorge als Steuersparmodell

3.1 So funktioniert die Rürup-Rente

Mit rund 2,0 Mio. Verträgen liegt die am 1.1.2005 eingeführte **Basisrente** ganz weit hinter den rund 16,629 Mio. Riester-Verträgen. »Rürup-Rente« wird sie meist genannt, weil Professor Bert Rürup damit eine neue kapitalgedeckte und steuerlich geförderte Rente aus der Taufe gehoben hat. Rürup war damals Vorsitzender einer Sachverständigenkommission zur steuerlichen Neuregelung der Alterseinkünfte und bis Ende Februar 2009 auch Vorsitzender des Sachverständigenrats.

Der reine Zahlenvergleich zwischen Rürup-Rente und Riester-Rente ist jedoch nicht ganz fair. Die bereits ab Anfang 2002 in Kraft getretene Riester-Rente sollte den rund 34 Mio. sozialversicherungspflichtigen Arbeitnehmern und knapp 2 Mio. Beamten sowie ihren mittelbar förderberechtigten Familienmitgliedern einen Ausgleich für das sinkende Rentenniveau in der gesetzlichen Rentenversicherung bieten.

Die erst mit Inkrafttreten des Alterseinkünftegesetzes ab 1.1.2005 mögliche Rürup-Rente soll sich indes insbesondere an die Selbstständigen richten, die nicht in der gesetzlichen Rentenversicherung pflichtversichert sind und daher nicht »riestern« dürfen.

Für **Selbstständige** und **Freiberufler** bietet die Rürup-Rente oft die einzige Möglichkeit staatlich geförderter Altersvorsorge. Nur ganz wenige selbstständig Tätige sind in der gesetzlichen Rentenversicherung versicherungspflichtig. Freiberufler wie Ärzte, Apotheker, Anwälte, Architekten, Steuerberater oder Notare gehören fast immer einem berufsständischen Versorgungswerk an und sind von der Versicherungspflicht in der gesetzlichen Rentenversicherung befreit.

3 | Rürup-Rente: Altersvorsorge als Steuersparmodell

Selbstständige und Freiberufler, die nicht in der gesetzlichen Rentenversicherung pflichtversichert sind, können jedoch **freiwillige Beiträge zur gesetzlichen Rente** leisten. Das ist für Über-50-Jährige oft **rentabler** als die Rürup-Rente.

Andererseits ist die Schlussfolgerung, die Rürup-Rente komme nur für Selbstständige und Freiberufler infrage, nicht dagegen für **Arbeitnehmer und Beamte,** nicht richtig: Die Rürup-Rente steht allen Erwerbstätigen offen. »Riestern« können lediglich Arbeitnehmer und Beamte sowie deren Ehepartner, »rürupen« kann aber jeder.

Die Rürup-Rente ist wie die gesetzliche Rente eine **reine Leibrente,** die bis ans Lebensende des Rentners gezahlt wird. Im Unterschied zur umlagefinanzierten gesetzlichen Rente ist sie jedoch kapitalgedeckt. Das heißt, die monatlich oder jährlich gezahlten und nach Abzug der Kosten verzinsten Rürup-Beiträge wandern in einen Kapitalstock (»Rürup-Kapital«), aus dem bei Rürup-Rentenversicherungen dann die lebenslange Rürup-Rente geleistet wird.

Die Rürup-Rente kann bei ab 2012 abgeschlossenen Verträgen bereits mit 62 Jahren beginnen, also auch vor Erreichen der Regelaltersgrenze von z.B. 67 Jahren in der gesetzlichen Rentenversicherung. Der Beginn kann prinzipiell auch über die Regelaltersgrenze hinausgeschoben werden, sodass auch noch Rentner Rürup-Beiträge zahlen können. Einige Anbieter legen einen spätesten Rentenbeginn fest, der meist beim 67. Lebensjahr liegt. Der Direktversicherer Europa hingegen bietet Ruheständlern sogar bis zum 77. Lebensjahr noch die Möglichkeit zum Abschluss einer Rürup-Rente mit 10-jähriger Rentengarantie.

Legen Sie sich bei Abschluss des Rürup-Vertrags nicht sofort auf einen sehr späten Renteneintritt fest, schließlich können jederzeit gesundheitliche Probleme auftreten. Sinnvoller ist es, einen flexiblen Renteneintritt zu vereinbaren.

Rürup-Verträge werden als klassische Rentenversicherung, fondsgebundene Rentenversicherung oder in Form eines Fondssparplans angeboten. Bei der klassischen Rentenversicherung wird das Kapital der Versicherten zum überwiegenden Teil in verzinslichen Anlagen investiert. Wie bei der Riester-Versicherung oder der privaten Rentenversicherung gibt es auch bei der Rürup-Versicherung eine **Garantieverzinsung,** die sich nach dem Jahr des Vertragsabschlusses richtet und für die gesamte Dauer der Vertragslaufzeit gilt. Sie beträgt für Neuabschlüsse ab dem 1.1.2017 jährlich 0,90 % auf den nach Abzug der Kosten verbleibenden Sparanteil der Rürup-Beiträge. Erwirtschaftet der Versicherer mehr als die Garantieverzinsung, werden die Versicherten in Form von zusätzlichen **Gewinngutschriften** (Überschussbeteiligung genannt) daran beteiligt.

Bei der fondsgebundenen Rentenversicherung und dem Fondssparplan wird das Geld der Versicherten in Investmentfonds, und zwar meistens in Aktienfonds angelegt. Bei dieser Form der Rentenversicherung bzw. des Fondssparplans gibt es keine Garantieverzinsung. Das Ergebnis der Police hängt vielmehr von der Wertentwicklung der Investmentanteile ab. Anders als bei der Riester-Rente gibt es in der Regel auch keinen garantierten Erhalt des eingezahlten Kapitals. Der Versicherte trägt bei der fondsgebundenen Rürup-Rente und dem Rürup-Fondssparplan das **Verlustrisiko** alleine.

Wie die gesetzliche Rente ist auch die in § 10 Abs. 3 Ziffer 1b EStG geregelte Rürup-Rente nicht vererblich, nicht übertragbar, nicht beleihbar, nicht veräußerbar und auch nicht kapitalisierbar. Infolge dieser **Einschränkungen** ist sie z.B. nicht so flexibel wie eine private Rentenversicherung mit Kapitalwahlrecht oder eine Riester-Rente, bei der zumindest 30 % des Riester-Kapitals zum Rentenbeginn zulagen- und steuerunschädlich entnommen werden können.

Tatsächlich hat die Rürup-Rente schon von der Entstehungsgeschichte her mit der gesetzlichen Rente viel mehr gemeinsam als mit der Riester-Rente. Sie gehört wie die gesetzliche Rente zur **Basisversorgung in der ersten Schicht der Altersvorsorge.** Für die

Basis- bzw. Rürup-Rente gelten die exakt gleichen Steuerregeln wie für die gesetzliche Rente, also z.B. den für 2018 auf 23.808,– € bzw. 47.616,– € heraufgesetzten Höchstbeitrag für Altersvorsorgeaufwendungen bei Ledigen bzw. Verheirateten gem. § 10 Abs. 3 EStG.

3.2 Steuerregeln wie bei der gesetzlichen Rente

Was die **Besteuerung** betrifft, bietet das **Drei-Schichten-Modell,** das dem Alterseinkünftegesetz von 2005 zugrunde liegt, eine recht gute Orientierung. Hinsichtlich der steuerlichen Behandlung von Beiträgen und Rentenleistungen unterscheidet dieses Modell drei Schichten.

Drei Schichten der Altersvorsorge

Schichten	Grundsystem	Zusatzsysteme
Basisversorgung (1. Schicht)	gesetzliche Rentenversicherung	Basis- bzw. Rürup-Rente
kapitalgedeckte Zusatzversorgung (2. Schicht)	betriebliche Altersversorgung	Riester-Rente
übrige Zusatzversorgung (3. Schicht)	private Rentenversicherung	Kapitallebensversicherung auf den Todes- und Erlebensfall, fondsgebundene Versicherungen

In der **ersten Schicht** (gesetzliche Rente und Rürup-Rente) erfolgt eine **schrittweise Erhöhung** des steuerfreien Anteils in der Beitragsphase und des steuerpflichtigen Anteils in der Rentenphase. Die gezahlten Beiträge sind zwischen 60 % im Jahr 2005 und 100 % ab 2025 im Rahmen des Höchstbeitrags für Altersvorsorgeaufwendungen nach § 10 Abs. 3 EStG steuerlich abzugsfähig. Andererseits werden die Renten in Abhängigkeit vom Alter bei Rentenbeginn zwischen 50 % (Rentenbeginn im Jahr 2005 oder früher) und 100 % (Rentenbeginn ab 2040) besteuert.

Im Jahr 2018 liegt der steuerlich abzugsfähige Anteil des Rürup-Beitrags z.B. bereits bei 86 %, während der steuerpflichtige Anteil der Rürup-Rente bei Rentenbeginn in 2018 noch bei 76 % verharrt. Diese Asymmetrie eröffnet steuerliche Vorteile für eine **Rürup-Sofortrente gegen Einmalbeitrag**. Wer z.B. 20.000,- € auf einen Schlag in eine klassische Rürup-Rentenversicherung im Jahr 2018 einzahlt, kann dann 86 % davon und somit 17.200,- € steuerlich abziehen. Andererseits müsste er die ab 2018 beginnende Rürup-Rente in Höhe von z.B. 800,- € nur zu 76 % versteuern. Per saldo sind also 16.592,- € steuerlich im gleichen Jahr abziehbar.

3.2.1 Steuerlicher Höchstbeitrag für Altersvorsorgeaufwendungen

Gefördert wird die Rürup-Rente durch Steuervorteile im Rahmen des § 10 EStG. Zu den steuerlich besonders begünstigten Aufwendungen der ersten Schicht der Altersvorsorge zählen Beiträge zur:

- **gesetzlichen Rentenversicherung,**
- privaten **Rürup-Rente,**
- **berufsständischen Versorgung,** die vergleichbare Leistungen erbringt wie die gesetzliche Rentenversicherung,
- **landwirtschaftlichen Alterskasse.**

Der **Höchstbeitrag** der steuerlich absetzbaren Altersvorsorgeaufwendungen liegt im Jahr 2018 bei jährlich 23.712,- € (ledig) bzw. 47.424,- € (verheiratet). Nach 2018 steigt dieser Höchstbeitrag weiter, sofern die Beitragsbemessungsgrenze in der knappschaftlichen Rentenversicherung weiter steigt. Wenn z.B. die Beitragsbemessungsgrenze in der für Bergleute geltenden knappschaftlichen Rentenversicherung um 8.000,- € auf 100.000,- € im Jahr 2022 steigt und der Gesamtbeitragssatz wie geplant auf gleicher Höhe (2018: 24,8 %) bleiben würde, läge der Höchstbetrag bei 24.800,- € bzw. 48.000,- €. Der Höchstbeitrag für steuerlich abzugsfähige Altersvorsorgeaufwendungen wird somit ab 2015 dynamisiert.

3 | Rürup-Rente: Altersvorsorge als Steuersparmodell

Wichtig: Bei sozialversicherungspflichtigen Arbeitnehmern vermindert sich der Höchstbeitrag um den Gesamtbeitrag zur gesetzlichen Rentenversicherung, z.B. um bis zu 14.508,- € (= 18,6 % von 78.000,- € Beitragsbemessungsgrenze in der gesetzlichen Rentenversicherung West) in 2018. Ähnliches gilt für nicht sozialversicherungspflichtige Beamte, bei denen ein fiktiver Beitrag von 18,6 % des Jahresbruttogehalts bis zur Beitragsbemessungsgrenze von 78.000,- € abgezogen werden muss. Freiberufler müssen den Gesamtbeitrag zur berufsständischen Versorgung vom Höchstbeitrag abziehen.

Der **verbleibende Höchstbeitrag** (also der Höchstbeitrag nach Abzug von tatsächlichen oder fiktiven Beiträgen zur gesetzlichen Rentenversicherung bzw. nach Abzug von Beiträgen zur berufsständischen Versorgung) kann für freiwillige Beiträge zur Rürup-Rente oder zur gesetzlichen Rente genutzt werden. Er ist ab dem Jahr 2025 steuerlich voll abzugsfähig. Im Jahr 2018 sind es 86 % und 2020 immerhin 90 %. Somit wirken sich im Jahr 2018 bei Ledigen bis zu 20.392,32 € steuermindernd aus, bei Ehepaaren bis zu 40.784,64 €. Der steuerlich abzugsfähige Anteil steigt also jedes Jahr um zwei Prozentpunkte, wie auch folgende Tabelle zeigt.

3.2.2 Steuerlich abzugsfähiger Beitragsanteil und Besteuerungsanteil der Rürup-Rente

In der Tabelle wird zusätzlich aufgeführt, wie Rürup-Rente oder gesetzliche Rente in Abhängigkeit vom Jahr des Rentenbeginns besteuert werden. Wer die Rürup-Rente oder gesetzliche Rente ab 2018 bezieht, muss 76 % der Bruttorente versteuern. Im Jahr 2020 sind es 80 %. Anschließend steigt der Besteuerungsanteil jedes Jahr um jeweils einen Prozentpunkt bis zu 100 % bei Rentenbeginn ab 2040. Rürup-Renten und gesetzliche Renten werden also beim Rentenbeginn ab dem Jahr 2040 voll besteuert. Von der Jahresbruttorente wird nur eine jährliche Werbungskostenpauschale von 102,- € abgezogen.

Rürup-Rente: Altersvorsorge als Steuersparmodell | 3

Sonderausgabenabzug und Besteuerung der Basisversorgung in der Auszahlungsphase

Jahr	Sonderausgabenabzug der Beiträge in %	Besteuerungsanteil der Rente in %	Jahr	Sonderausgabenabzug der Beiträge in %	Besteuerungsanteil der Rente in %
2005	60	50	2023	96	83
2006	62	52	2024	98	84
2007	64	54	2025	100	85
2008	66	56	2026	100	86
2009	68	58	2027	100	87
2010	70	60	2028	100	88
2011	72	62	2029	100	89
2012	74	64	2030	100	90
2013	76	66	2031	100	91
2014	78	68	2032	100	92
2015	80	70	2033	100	93
2016	82	72	2034	100	94
2017	84	74	2035	100	95
2018	86	76	2036	100	96
2019	88	78	2037	100	97
2020	90	80	2038	100	98
2021	92	81	2039	100	99
2022	94	82	2040	100	100

Beachten Sie: Laufende Rentenerhöhungen, die sich bei der dynamischen Rürup-Rente sowie bei der gesetzlichen Rente infolge Rentenanpassungen am jeweiligen 1. Juli eines Jahres ergeben, sind immer in vollem Umfang steuerpflichtig. Das gilt also auch für Rürup-Renten oder gesetzliche Renten, die z.B. bereits im Jahr 2018 oder 2025 beginnen. Nur bei Rentenbeginn ab 2040 werden sowohl die anfängliche Rürup-Rente oder gesetzliche Rente als auch sämtliche darauffolgenden Rentensteigerungen voll besteuert. Die Steuerregeln für die Rürup-Rente sind denen bei der gesetzlichen Rente vollständig nachgebildet und somit im Prinzip bis auf folgende Besonderheit identisch.

3 | Rürup-Rente: Altersvorsorge als Steuersparmodell

Besonderheit: Lediglich für Pflichtbeiträge in der gesetzlichen Rentenversicherung, die von Arbeitgeber und Arbeitnehmer zu gleichen Teilen aufgebracht werden, gilt eine Sonderregelung. Der Arbeitgeberanteil zur gesetzlichen Rentenversicherung war auch für alle Rentenzugänge bis 2005 steuerlich voll abzugsfähig. Dadurch steigt der Besteuerungsanteil für den Arbeitnehmeranteil zur gesetzlichen Rentenversicherung von anfangs 20 % im Jahr 2005 in jährlichen Schritten von vier Prozentpunkten auf z.B. 72 % im Jahr 2018 (statt 86 % für den freiwilligen Beitrag zur gesetzlichen Rente), 80 % im Jahr 2020 (statt 90 % für freiwillige Beiträge) bis auf 100 % im Jahr 2025 an. Erst ab 2025 sind alle Pflichtbeiträge und freiwilligen Beiträge zur gesetzlichen Rente zu 100 % steuerlich abzugsfähig.

3.3 Rürup-Rente im Vergleich zur gesetzlichen Rente

Die weitverbreitete These, dass sich der Neuabschluss einer Rürup-Rente auch im Jahr 2018 vor allem für ältere Besserverdiener unter den Selbstständigen, Freiberuflern und Beamten eignet, ist falsch. Offensichtlich wollen die Befürworter der Rürup-Rente aus dem Lager der privaten Versicherer und insbesondere viele Versicherungsvermittler nicht einsehen, dass die gesetzliche Rente aus freiwilligen Beiträgen gerade für diese Gruppe die weitaus bessere Alternative ist. Für privat krankenversicherte und nicht in der gesetzlichen Rentenversicherung pflichtversicherte Selbstständige, Freiberufler und Beamte mit einem Alter ab 50 Jahren (Gruppe 50plus) und einem überdurchschnittlich hohen Einkommen gilt mittlerweile: »Gesetzliche Rente schlägt Rürup-Rente«.

Noch bis Mitte 2010 galt das zumindest nicht in dieser Deutlichkeit. Seit Herbst 2010 ticken die Uhren jedoch anders. Ab dem 11.8.2010 können nach einer Änderung des § 7 Abs. 1 SGB VI alle Personen, die nicht versicherungspflichtig in der gesetzlichen Rentenversicherung sind, von der Vollendung des 16. Lebensjahrs an freiwillige Beiträge zur gesetzlichen Rente leisten. Von dieser **freiwilligen Versicherung** profitieren somit alle Selbstständigen, Freiberufler und Beamte, die bisher keine Pflichtbeiträge oder nur Pflichtbeiträge für weniger als fünf Jahre in die gesetzliche Rentenversicherung eingezahlt haben. Bis zum 10.8.2010 konnte sich diese Gruppe nicht freiwillig versichern.

Im September 2010 begann dann – bedingt durch die Staatsschuldenkrise insbesondere in Griechenland – auch eine **Niedrigzinsphase,** die bis heute anhält und höchstwahrscheinlich noch einige Jahre andauern wird. Die Jahresrendite der 10-jährigen Bundesanleihe fiel im Herbst 2010 auf 3 %, in 2012 auf rund 2 % und in 2015 auf unter 1 %. Auch die Garantiezinsen für private Rentenversicherungen, Riester-Rentenversicherungen und Rürup-Rentenversicherungen sowie Kapital-Lebensversicherungen gingen zurück von 2,25 % in 2010 auf 1,75 % ab 2012 und schließlich auf 0,9 % ab 1.1.2017. Ebenso fiel die durchschnittliche laufende Verzinsung (sog. Überschussbeteiligung) von 4,2 % in 2010 auf 3,9 % in 2012, 3,4 % in 2014 und vermutlich auf nur noch 2,6 % in 2017.

3.3.1 Gesetzliche Rente besser als Rürup-Rente für Beamte ab 50 Jahren

Durch diese beiden, nahezu zeitgleich eingetretenen Änderungen – Einführung der freiwilligen Versicherung für alle nicht in der gesetzlichen Rentenversicherung pflichtversicherten Personen und Beginn einer lang anhaltenden Niedrigzinsphase – werden die Karten völlig neu gemischt. Wer freiwillige Beiträge zur gesetzlichen Rente nach § 7 Abs. 1 SGB VI leisten darf, privat krankenversichert ist und zur Gruppe 50plus zählt, für den ist die gesetzliche Rente deutlich besser als die Rürup-Rente.

3 | Rürup-Rente: Altersvorsorge als Steuersparmodell

 Ein privat krankenversicherter Beamter ist in 1967 geboren (z.B. am 1.8.1967) und zahlt ab seinem 50. Geburtstag 17 Jahre lang 6.000,– € in die Rürup-Rentenversicherung. Beim kostengünstigsten Direktversicherer Europa macht die garantierte Rürup-Rente 403,– € ab 1.10.2034 aus (ohne Rentengarantiezeit sowie ohne Absicherung der Hinterbliebenen mit Rentengarantiezeit und bei Erwerbsminderung). Die garantierte gesetzliche Rente liegt aber bereits bei monatlich 501,– € einschließlich 7,3 % Zuschuss zur privaten Krankenversicherung, und zwar mit Anspruch auf Hinterbliebenen- und Erwerbsminderungsrente.

Die Summe der gezahlten garantierten **gesetzlichen Renten** beträgt nach einer 20-jährigen Rentendauer rund 120.000,– € und liegt damit 1.800,– € über der Beitragssumme von 102.000,– €. Die **garantierten Rürup-Renten** würden nach 20 Jahren nur insgesamt knapp 97.000,– € ausmachen, also 23.000,– € weniger im Vergleich zur gesetzlichen Rente und sogar 5.000,– € weniger als die Beitragssumme.

Bei andauernden Mini-Zinsen am Kapitalmarkt und ansehnlichen Lohnsteigerungen am Arbeitsmarkt werden auch die möglichen gesetzlichen Renten für die älteren Jahrgänge bis 1967 höher ausfallen als die prognostizierten Rürup-Renten.

Für die gesetzliche Rente spricht zudem, dass sie neben der reinen Altersrente automatisch noch den Anspruch auf eine Hinterbliebenen- und Erwerbsunfähigkeitsrente enthält. Wer beim klassischen Rürup-Vertrag noch zusätzlich eine Hinterbliebenenabsicherung oder eine Berufsunfähigkeitsversicherung mit einschließen will, zahlt einen höheren Beitrag oder erhält bei gleichem Beitrag eine entsprechend niedrigere Rente.

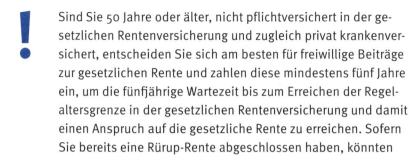

Sind Sie 50 Jahre oder älter, nicht pflichtversichert in der gesetzlichen Rentenversicherung und zugleich privat krankenversichert, entscheiden Sie sich am besten für freiwillige Beiträge zur gesetzlichen Rente und zahlen diese mindestens fünf Jahre ein, um die fünfjährige Wartezeit bis zum Erreichen der Regelaltersgrenze in der gesetzlichen Rentenversicherung und damit einen Anspruch auf die gesetzliche Rente zu erreichen. Sofern Sie bereits eine Rürup-Rente abgeschlossen haben, könnten Sie diese – wenn möglich – beitragsfrei stellen und die nun ersparten Beiträge in die gesetzliche Rente investieren.

3.3.2 Rürup-Rente schlägt gesetzliche Rente für Arbeitnehmer unter 50 Jahren

Umgekehrt gilt aber auch: Sind Sie Arbeitnehmer und jünger als 50 Jahre, desto eher schlägt die Rürup-Rente die gesetzliche Rente. Das liegt am **Zinseszinseffekt,** den es in der gesetzlichen Rentenversicherung nicht gibt. Als pflichtversicherter Arbeitnehmer haben Sie zudem gar nicht die Möglichkeit, laufend zusätzliche freiwillige Beiträge zur gesetzlichen Rente zu leisten. Nur einmalige Ausgleichsbeiträge wie z.B. zum Ausgleich von Rentenabschlägen sind erlaubt.

Als Arbeitnehmer bleibt Ihnen daher nur die Wahl zwischen einer Rürup-Rente, Riester-Rente, Betriebsrente oder Privatrente aus der privaten Rentenversicherung – oder einer Kombination dieser vier Möglichkeiten.

Falls Sie als Höher- oder Spitzenverdiener ein zu versteuerndes Jahreseinkommen von z.B. 50.000,– € als Lediger (Grundtabelle) oder 100.000,– € als Verheirateter (Splittingtabelle für zusammen veranlagte Eheleute) haben und daher relativ hoch besteuert werden, kann für Sie als Arbeitnehmer ein Neuabschluss zur Rürup-Rentenversicherung auch bei einem Garantiezins von nur 0,9 % ab 2017 interessant sein.

3 | Rürup-Rente: Altersvorsorge als Steuersparmodell

Ein am 1.10.1977 geborener Arbeitnehmer zahlt ab seinem 40. Geburtstag über 27 Jahre jährlich 6.000,– € in eine Rürup-Rente ein. Die garantierte Rürup-Rente beim Direktversicherer Europa liegt nach einer 27-jährigen Beitragsdauer und einer Beitragssumme von 162.000 € vor Steuern ab Rentenbeginn zum 1.10.2044 bei monatlich 646,– € einschließlich einer 10-jährigen Rentengarantiezeit. Die mögliche dynamische Rürup-Rente läge bei 1.012,– € plus jährlicher Rentensteigerungen, falls die Überschussbeteiligung auch künftig auf der aktuellen Höhe bliebe.

Zwar würde die Beitragssumme durch die garantierten Rürup-Renten erst nach rund 21 Jahren erreicht (dann wäre der Rürup-Rentner fast 88 Jahre alt). Die Summe der möglichen Rürup-Renten einschließlich einer jährlichen Rentensteigerung läge aber bereits nach 20 Jahren bei rund 243.000,– € vor Steuern und damit immerhin 50 % über der Beitragssumme vor Steuern. Die Rendite der Rürup-Rente würde deutlich steigen, wenn die individuelle Steuerprogression (sog. Grenzsteuersatz) in der Aktivphase deutlich höher wäre im Vergleich zur Rentenphase (z.B. 42 % als Arbeitnehmer im Vergleich zu nur 29 % als Rentner in diesem Beispiel).

Sind Sie Arbeitnehmer, jünger als 50 Jahre und zählen Sie zu den Höherverdienern mit einer hohen Steuerprogression in der Aktivphase? Dann kann die Rürup-Rente für Sie attraktiv sein. Das gilt mit Einschränkungen auch für jüngere Beamte, Freiberufler und Selbstständige, falls freiwillige Beiträge zur gesetzlichen Rente wegen des fehlenden Zinseszinseffekts weniger einbringen und das Rentenniveau in Zukunft stark sinken sollte.

3.4 Wer von der Rürup-Rente besonders profitieren kann

Für wen sich die Rürup-Rente tatsächlich rechnet und wer davon besonders profitieren kann, hängt von einer Reihe von Kriterien ab. Eine pauschale Antwort kann es nicht geben. Wie so häufig hängt die Antwort von der Beurteilung im Einzelfall ab.

3.4.1 Fünf Kriterien zur Prüfung, ob sich die Rürup-Rente für Sie lohnt

Beruflicher Status: rentenversicherungspflichtige Arbeitnehmer oder nicht rentenversicherungspflichtige Beamte, Freiberufler und Selbstständige. Frage: Sind Sie in der gesetzlichen Rentenversicherung versicherungspflichtig oder nicht?

Wirtschaftliche Entwicklung: Lohnsteigerungen oder Zinsniveau am Kapitalmarkt. Frage: Setzen Sie mehr auf Lohnzuwächse oder mehr auf Zinssteigerungen?

Alter: Jüngere (z.B. 35 bis 49 Jahre alt) oder Ältere (ab 50 Jahre). Frage: Sind Sie noch relativ jung (U 50) oder nicht (50plus)?

Einkommen: hohes, mittleres oder niedriges zu versteuerndes Einkommen bzw. Spitzen-, Höher- oder Durchschnittsverdiener. Frage: Erzielen Sie ein relativ hohes Einkommen oder nicht?

Individuelle Steuerprogression bzw. Grenzsteuersatz: hoch, mittel oder niedrig bzw. Vergleich von Grenzsteuersatz in Aktivphase und Rentenphase. Frage: Haben Sie einen hohen Steuersatz oder nicht?

Wer seine Entscheidung pro oder kontra Rürup-Rente allein unter dem Gesichtspunkt möglicher hoher Steuerersparnisse trifft, verstößt gegen die Grundregel »**nicht nur nach Steuern steuern**«. Am Anfang Ihrer Überlegungen sollten daher die oben genannten ersten drei Kriterien stehen. Erzielbare Steuerersparnisse in der Aktivphase stellen nur das Sahnehäubchen bei Ihrer Entscheidung pro Rürup-Rente dar und dürfen keinesfalls ganz allein im Vordergrund stehen. Wer eine Anlageentscheidung allein unter steuerlichen Gesichtspunkten trifft und die wirtschaftlichen sowie rechtlichen Knackpunkte darüber vernachlässigt, kann leicht Schiffbruch erleiden.

Angesichts der anhaltenden Niedrigzinsphase ist eine Rürup-Rentenversicherung vor Steuern zurzeit weniger attraktiv, als von Versicherern und Versicherungsvermittlern behauptet wird. Da die Versicherer mit einer **extrem langen Lebenserwartung** kalkulieren, fallen die garantierten Rürup-Renten recht mager aus. Die möglichen Rürup-Renten unter Einrechnung der Überschussbeteiligung stehen nur auf dem Papier. Meist wird noch mit einem laufenden Zins von 2,80 % oder mehr gerechnet. Dabei ist aber zu beachten, dass dieser laufende Zins in den letzten Jahren ständig gesunken ist und in Zukunft möglicherweise noch weiter sinken wird.

Gegen die Rürup-Rente spricht auch der Verzicht auf eine Kapitalauszahlung. Wie bei der gesetzlichen Rente handelt es sich bei der privaten Rürup-Rente um eine lebenslange Rente und damit letztlich um eine **Wette auf ein langes Leben.** Wer sehr lange lebt und möglicherweise 100 Jahre alt wird, profitiert. Wer jedoch bereits einige Jahre nach Rentenbeginn verstirbt, hat nichts mehr von der Leibrente.

Trotz dieser grundsätzlichen Bedenken kann sich die Rürup-Rente aber für Sie lohnen. Das gilt vor allem dann, wenn Sie im Jahr 2015 zu einer der folgenden drei Gruppen zählen:

- **Jüngere** (unter 50 Jahre alt, also im Jahr 2018 ab Jahrgang 1969), höher verdienende und **hoch besteuerte Erwerbstätige,** die mehr auf künftige Zinssteigerungen setzen als auf Lohnsteigerungen.

- **Ältere** (50- bis 59-Jährige, also Jahrgänge 1959 bis 1968 in 2018), höher verdienende und **hoch besteuerte Arbeitnehmer,** die als Pflichtversicherte in der gesetzlichen Rentenversicherung keine zusätzlichen freiwilligen Beiträge zur gesetzlichen Rente zahlen dürfen.

- Kurz vor oder schon im Ruhestand stehende **Senioren** (ab 60 Jahre alt, also Jahrgänge bis 1958 in 2018) mit **hohem Einkommen und hoher Steuerprogression,** für die eine laufende oder einmalige Nachzahlung von freiwilligen Beiträgen zur gesetzlichen Rente nicht mehr infrage kommt.

Ob Sie der umlagefinanzierten gesetzlichen Rente künftig mehr zutrauen als der kapitalgedeckten Rürup-Rente, ist fast schon eine Glaubensfrage. Die euphorischen Befürworter einer kapitalgedeckten Rente, die jahrelang zu Unrecht den Niedergang der gesetzlichen Rente herbeigeredet haben, müssen angesichts der seit 2010 anhaltenden Niedrigzinsphase deutlich Federn lassen.

Die gesetzliche Rente ist besser als ihr Ruf. Das geben Versicherungsunternehmen und Versicherungsvermittler sowie die zum Teil in ihren Diensten stehenden Finanzprofessoren nur ungern zu. Schließlich verdienen sie nichts daran, wenn sie die gesetzliche Rente in einem besseren Licht erscheinen lassen. Alle Zahlen sprechen momentan aber dafür, dass die gesetzliche Rente gegenüber der kapitalgedeckten Rente aus rein ökonomischer Sicht wieder deutlich aufgeholt hat.

Mit diesem Grundwissen lässt sich abwägen, für wen sich die Rürup-Rente trotz Magerzinsen rechnet. Allerdings sind praxisnahe Berechnungen erforderlich, um die garantierte und mögliche Rürup-Rendite vor und nach Steuern zu ermitteln. Das soll im Folgenden für drei Musterfälle (jüngere Arbeitnehmer, ältere Arbeitnehmer, Senioren) erfolgen.

3.4.2 Rürup-Rente für jüngere Arbeitnehmer

Für Arbeitnehmer ist eine Rürup-Rente oft nicht die erste Wahl. Sie fahren mit einer Riester-Rente möglicherweise besser. Das gilt insbesondere für Familien mit Kindern wegen der zusätzlichen Förderung durch die Kinderzulage. Allerdings liegen die geförderten Beitragssummen bei der Rürup-Rente wesentlich höher als bei der

Riester-Rente, wo der maximal förderfähige Beitrag nur bei jährlich 2.100,– € einschließlich Riester-Zulage liegt.

> Ein am 1.8.1970 geborener lediger Arbeitnehmer mit einem Jahresbruttogehalt von 59.000,– € und einem entsprechend zu versteuernden Einkommen von rund 50.000,– € zahlt ab 2015 einen jährlichen Rürup-Beitrag von 6.000,– € über 22 Jahre, also insgesamt 132.000,– €. Bei einer Steuerprogression von knapp 42 % in der Aktivphase kann er unter Berücksichtigung der steuerlich abzugsfähigen Rürup-Beiträge (80 % in 2015 bis 98 % in 2024 und 100 % ab 2025) insgesamt rund 52.000,– € an Steuern sparen. Seine Beitragssumme nach Steuern liegt daher nur bei rund 80.000,– €.

Die **garantierte Rürup-Rente** liegt bei monatlich 521,– € (Tarif Europa Versicherung bei 10-jähriger Rentengarantiezeit) und wird ab Rentenbeginn in 2037 zu 97 % versteuert. Bei einem zu versteuernden Einkommen von 20.000,– € in der Rentenphase und einer entsprechenden Steuerprogression von 30 % fällt eine jährliche garantierte Rürup-Rente von 4.433,– € nach Steuern an. Sofern die Rentenbezugsdauer 20 Jahre beträgt, errechnet sich eine garantierte Rentensumme nach Steuern von rund 88.700,– €. Das sind 8.700,– € mehr, als die Beitragssumme nach Steuern ausmacht. Die garantierte Rürup-Rendite liegt in diesem Fall allerdings bei nur 0,7 % pro Jahr nach Steuern.

Ein anderes Bild ergibt sich, wenn man eine **dynamische Rürup-Rente** von monatlich 737,– € mit gleichbleibender laufender Verzinsung von 3,5 % wie in 2015 annimmt (wiederum Tarif Europa). In diesem Fall steigt die Rentensumme für 21 Jahre auf rund 239.000,– € und damit auf fast das Dreifache der Beitragssumme von 80.000,– € nach Steuern. In diesem optimistischen Fall macht die mögliche Rürup-Rendite nach Steuern immerhin 2,9 % pro Jahr aus. Höhere Renditen von 4 % und mehr nach Steuern wären nur denkbar, wenn die Überschussbeteiligung künftig stark steigen oder die Steuerprogression in der Rentenphase deutlich unter 30 % fallen würde.

Die **laufende Verzinsung** setzt sich zusammen aus dem Garantiezins von 1,25 % in 2015 und der Überschussbeteiligung. Die meisten Lebens- und Rentenversicherer legten für 2015 eine laufende Verzinsung von 3,25 % zugrunde. Cosmos und Debeka gehen z.B. von 3,4 % aus, Europa und Allianz von 3,5 %.

Ähnliche Ergebnisse wie beim alleinstehenden Arbeitnehmer stellen sich ein bei verheirateten Arbeitnehmern mit einem auf 100.000,– € verdoppelten zu versteuernden Einkommen und einem auf 12.000,– € verdoppelten Rürup-Beitrag pro Jahr. Unter sonst gleichbleibenden Bedingungen sind auch hier Rürup-Renditen nach Steuern von garantierten 0,7 % bis möglichen 2,9 % pro Jahr zu erwarten.

Für Beamte, Freiberufler und Selbstständige, die im Jahr 1970 geboren sind und ein zu versteuerndes Jahreseinkommen von 50.000,– € bzw. 100.000,– € aufweisen, könnte alternativ zur Rürup-Rente auch eine **gesetzliche Rente aus freiwilligen Beiträgen** infrage kommen. Bei einem gleich hohen Beitrag von 6.000,– € pro Jahr könnten Sie nach 22 Jahren mit einer garantierten gesetzlichen Rente in Höhe von monatlich 535,– € und einer möglichen gesetzlichen Rente von 657,– € rechnen, sofern Sie als Ruheständler privat krankenversichert sind und daher von der gesetzlichen Rentenversicherung noch einen Zuschuss von 7,3 % zu Ihrer privaten Krankenversicherung erhalten. Die garantierte und mögliche gesetzliche Rente werden in etwa so hoch liegen wie die garantierte Rürup-Rente von 521,– € und eine vergleichbare dynamische Rürup-Rente von 737,– € im Monat.

3.4.3 Rürup-Rente für ältere Arbeitnehmer

Für ältere Arbeitnehmer (z.B. Jahrgang 1958 mit neun Rürup-Beitragsjahren und jährlichen Rürup-Beiträgen von 6.000,– € bis zum Rentenbeginn mit 66 Jahren) sieht die steuerliche Situation etwas besser aus. Sie können im Durchschnitt 88 % der gezahlten Rürup-Beiträge steuerlich absetzen, müssen später aber nur 84 % der Rürup-Rente versteuern. Schon ab Jahrgang 1968 liegt der Besteuerungsanteil der Rente höher als der durchschnittlich abzugsfähige Anteil der Beiträge.

Allerdings kann dieser ältere Arbeitnehmer bei nur neun Rürup-Beitragsjahren nicht so stark vom Zinseszinseffekt profitieren und muss zudem befürchten, dass die mögliche Rürup-Rente bei einer länger anhaltenden Niedrigzinsphase sinkt.

Bei einer Beitragssumme von 54.000,- € vor Steuern kann der in 1958 geborene ledige Arbeitnehmer mit einem zu versteuernden Einkommen von 50.000,- € in der 9-jährigen Beitragsphase immerhin 15.800,- € an Steuern sparen, sodass die Beitragssumme auf 38.200,- € nach Steuern sinkt.

Die garantierte Rürup-Rente von monatlich 201,- € (Europa Versicherung) führt bei einer 21-jährigen Rentenlaufzeit zu einer Rentensumme von 48.200,- € vor Steuern. Nach Steuern ist eine Rentensumme von knapp 39.000,- € bei einer Steuerprogression von 30 % im Rentenalter zu erwarten, da die Rürup-Rente bei Beginn in 2024 nur zu 84 % versteuert werden muss. Der Überschuss gegenüber der Beitragssumme nach Steuern liegt bei rund 4.500,- € und die garantierte Rürup-Rendite bei 0,9 % pro Jahr nach Steuern.

Bei einer möglichen dynamischen Rente von monatlich 226,- € steigt die Rentensumme für 21 Jahre auf 72.700,- € vor Steuern und 54.400,- € nach Steuern. Die mögliche Rürup-Rendite in diesem optimistischen Fall macht dann jährlich 2,7 % nach Steuern aus.

Im Jahr 1958 geborene Beamte, Freiberufler und Selbstständige sollten sich auf jeden Fall für **freiwillige Beiträge zur gesetzlichen Rente** entscheiden, falls sie privat krankenversichert sind. Sowohl die garantierte gesetzliche Rente von monatlich 244,- € als auch die mögliche gesetzliche Rente von anfangs 255,- € werden deutlich höher ausfallen als die garantierte Rürup-Rente von 201,- € und die vergleichbare dynamische Rürup-Rente von 226,- €.

3.4.4 Rürup-Rente für Senioren

Oft wird behauptet, dass eine Rürup-Rente vor allem für gut verdienende Arbeitnehmer kurz vor dem Ruhestand sowie für wohlhabende Senioren **mit hohem Steuersatz** geeignet sei. Arbeitnehmer, die auf den Ruhestand zugehen (z.B. heute 60-Jährige, die in 1955 geboren sind), profitieren steuerlich von der höheren Abzugsfähigkeit der Rürup-Beiträge (z.B. im Durchschnitt 85% bei insgesamt sechs Beitragsjahren beim Jahrgang 1955) im Vergleich zum Besteuerungsanteil der ausgezahlten Rürup-Rente in Höhe von nur 81% bei Rentenbeginn ab 2021.

Aus rein steuerlichen Gründen werden auch betuchte Ruheständler (z.B. Jahrgang 1950 oder 1945) profitieren, die eine Rürup-Sofortrente gegen Einmalbeitrag beziehen. Den Einmalbeitrag setzen sie im Jahr 2015 steuerlich zu 80% ab, während die im gleichen Jahr beginnende Sofortrente nur zu 70% versteuert wird.

Ob diese steuerlichen Vorteile die Rürup-Rente auch nach Steuern insgesamt hochhebeln, ist jedoch fraglich. Wer als 60-Jähriger z.B. noch sechs laufende Rürup-Beiträge von 6.000,- € pro Jahr bis zum Rentenbeginn mit 66 Jahren zahlt, kann nur auf eine garantierte Rürup-Rente von monatlich 133,- € hoffen. Die garantierte Rentensumme vor Steuern macht bei einer Rentenbezugsdauer von 20 Jahren knapp 32.000,- € vor Steuern aus und liegt bereits deutlich unter der Beitragssumme von 36.000,- €.

Nach Steuern hellt sich das Bild nur unwesentlich auf. Der Beitragssumme von 23.200,- € bei einem zu versteuernden Einkommen von 50.000,- € (Grundtabelle für Ledige) steht eine Rentensumme von gerade einmal 25.200,- € gegenüber. Die garantierte Rürup-Rendite nach Steuern liegt bei nur 0,6% pro Jahr. Bei der möglichen dynamischen Rürup-Rente von 191,- € pro Monat steigt die Rentensumme nach 20 Jahren auf 45.800,- € vor und 34.700,- € nach Steuern. Die mögliche Rürup-Rendite beträgt dann noch 2,3% nach Steuern.

Auch die **Rürup-Sofortrente** für einen 65-jährigen Neurentner (Jahrgang 1950) oder einen 70-jährigen Altrentner (Jahrgang 1945) ist nicht das Gelbe vom Ei. Bei einem Einmalbeitrag von z.B. 25.000,– € liegt die garantierte Rürup-Rente pro Monat bei nur 89,– € (Jahrgang 1950) bzw. 125,– € (Jahrgang 1945). Die garantierte Rentensumme macht 22.300,– € für Jahrgang 1950 mit einer 20-jährigen Rentenbezugsdauer bzw. für Jahrgang 1945 mit 17 Rentenjahren aus und bleibt damit noch 4.600,– € unter dem Einmalbeitrag vor Steuern.

Ob die Rechnung **nach Steuern** aufgeht, hängt ganz entscheidend von der Steuerprogression im Jahr des eingezahlten Einmalbeitrags ab. Bei allen Rechnungen wurde von den Tarifen der Europa Versicherung für eine Rürup-Rente sowie der Generationensterbetafel des Statistischen Bundesamts ausgegangen. Statt unterschiedlich langer Lebenserwartungen für Männer und Frauen wurde dabei eine durchschnittliche Lebenserwartung nach Rentenbeginn zugrunde gelegt. Eine Berechnung nach der Sterbetafel DAV 2004 R der Versicherer würde zu einer um rund zehn Jahre längeren Rentendauer führen und folglich zu höheren Rentensummen und Rentenrenditen.

3.4.5 Rürup-Rentenfalle für freiwillig Versicherte in der gesetzlichen Krankenkasse

Wer im Rentenalter nur freiwillig in der gesetzlichen Krankenversicherung versichert ist, muss hohe Beiträge von über 18 % der Rürup-Rente an seine Krankenkasse abführen. In diesem Fall lohnt sich die Rürup-Rente nicht.

Ob im Ruhestand auf die Rürup-Rente **Beiträge zur gesetzlichen Kranken- und Pflegeversicherung** erhoben werden, hängt davon ab, wie Sie im Alter kranken- und pflegeversichert sind.

Rürup-Rente: Altersvorsorge als Steuersparmodell | 3

Wenn Sie **privat krankenversichert** sind, was bei Selbstständigen und Beamten häufig der Fall ist, hängt die Höhe Ihrer Beiträge zur Kranken- und Pflegeversicherung nicht von der Höhe Ihrer Einkünfte ab, auch nicht von den Renteneinkünften, sondern nur von Gesundheit und Eintrittsalter.

Sind Sie im Ruhestand in der Kranken- und Pflegeversicherung der Rentner (KVdR) **pflichtversichert,** bleibt die Rürup-Rente beitragsfrei. Anders verhält es sich, wenn Sie bei Bezug der Rürup-Rente nicht in der KVdR und daher nur **freiwillig** gesetzlich krankenversichert sind. Dann richten sich die Kranken- und Pflegeversicherungsbeiträge nach Ihrer vollen wirtschaftlichen Leistungsfähigkeit. Auch die Rürup-Rente zählt dabei mit, genauso wie die Riester-Rente und die Privat-Rente. Dann geht ein Teil Ihrer Rürup-Rente an Ihre gesetzliche Kranken- und Pflegekasse.

In diese Rentenfalle geraten alle, die in der zweiten Hälfte ihres Berufslebens zu weniger als 90 % in der gesetzlichen Krankenversicherung versichert waren. Trifft das auf Sie nicht zu und sind Sie daher als Rentner pflichtversichert in der gesetzlichen Krankenversicherung, bleibt Ihre Rürup-Rente beitragsfrei.

Schließen Sie keinen Rürup-Vertrag ab, wenn Sie als freiwillig in der gesetzlichen Krankenversicherung versicherter Rentner von der Rürup-Rente noch Beiträge an die Krankenkasse abführen müssen.

Ähnliches **Ungemach** würde Ihnen drohen, wenn Sie den Rürup-Vertrag über eine **betriebliche** Altersvorsorgeeinrichtung abschließen.

In diesem Fall würden sogar alle gesetzlich krankenversicherten Rentner Beiträge von bis zu 18,0 % der betrieblichen Rürup-Rente abführen. Erfreulicherweise kommt die betriebliche Rürup-Rente in der Praxis so gut wie nicht vor.

3.4.6 Gesetzliche Rente als erste Wahl für pensionsnahe Beamte

Pensionsnahe Beamte oder rentennahe Freiberufler und Selbstständige bis Jahrgang 1959 sollten die gesetzliche Rente aus **freiwilligen Beiträgen** auf jeden Fall der Rürup-Rente vorziehen.

Die garantierte und mögliche gesetzliche Rente liegt insbesondere bei privat Krankenversicherten deutlich **über** der Rürup-Rente.

Da die Steuerregeln für beide Renten völlig identisch sind, gibt es keine Steuernachteile bei der gesetzlichen Rente aus freiwilligen Beiträgen, die zudem bei pensionierten Beamten – anders als vielfach behauptet – nicht auf die Pension angerechnet wird.

3.5 Anbieterwahl: Die besten Rürup-Policen

Die Europa Versicherung bietet bei Vergleichen zur Rürup-Rentenversicherung wegen der vergleichsweise geringen Abschluss- und Verwaltungskosten die höchsten garantierten Renten. Weitere kostengünstige Direktversicherer sind HUK 24, CosmosDirekt und Hannoversche Leben.

In allen Tests und Ratings von Finanztest, Franke & Bornberg, Biallo und Institut für Finanzen und Vorsorgeplanung (IVFP) im Jahr 2014 lag **Europa** auf den Plätzen 1 oder 2. Unter den besten fünf Rürup-Policen wurde dreimal die **HUK 24** genannt (Platz 1 bei IVFP, Platz 3 bei Franke & Bornberg und Platz 4 bei Finanztest).

Finanztest beurteilte die Rürup-Renten nach Rentenzusage (40%), Anlageerfolg (40%), Flexibilität (10%) und Transparenz (10%) und listete die ersten fünf Plätze wie folgt auf: 1) Europa, 2) VHV, 3) Hansemerkur, 4) HUK 24 und 5) Interrisk.

IVFP legte beim Rating der Anbieter von klassischen Rürup-Policen die Kriterien Rendite, Flexibilität und Transparenz zugrunde. Die Reihenfolge der besten fünf Policen lautete bei IVFP: 1) HUK 24, 2) Europa, 3) Debeka, 4) Allianz und 5) Cosmos.

Bei diesen Vergleichen ging es immer nur um Rürup-Policen in Form der klassischen Rürup-Rentenversicherung mit Garantiezins. Bei fondsgebundenen Rürup-Versicherungen oder Fondssparplänen ohne Garantiezins kann die Reihenfolge der besten Anbieter anders aussehen. Von den rund zwei Mio. Rürup-Verträgen entfallen aber die weitaus meisten auf die klassische Rürup-Police.

3.6 Produktwahl: Rürup-Versicherung oder Rürup-Fonds?

Seit dem 1.1.2007 können nicht nur Versicherer, sondern auch Fondsgesellschaften Rürup-Renten anbieten. Wie bei der privaten Rentenversicherung und der Riester-Rente gibt es auch bei der Rürup-Rente neben der klassischen auch die fondsgebundene Variante. Insgesamt sind daher drei Arten von Rürup-Renten zu unterscheiden:

3.6.1 Rürup-Rentenversicherung

Die **klassische Rürup-Rente** ist für sicherheitsorientierte Sparer geeignet. Das Kapital wird überwiegend in verzinsliche Anlagen (Anleihen, Schuldscheindarlehen, Geldmarktanlagen) und zu einem kleineren Teil in Immobilien und Aktien sowie alternative Anlageformen investiert. In aller Regel sind diese Policen mit einer **Garantieverzinsung** ausgestattet. Diese beträgt seit dem 1.1.2017 nur noch 0,9 % pro Jahr. Zusätzlich erhält der Rürup-Sparer Überschussanteile, die allerdings nicht garantiert sind.

3.6.2 Fondsgebundene Rürup-Rentenversicherung

Für die **fondsgebundene Rürup-Rente** entscheiden sich risikobereite Sparer, die als Ausgleich für höhere Ertragschancen bereit sind, ein höheres Risiko einzugehen. Bei dieser Form der Rürup-Rente wird das Kapital in Anteilen von Investmentfonds – überwiegend Aktienfonds – angelegt. Eine Garantieverzinsung gibt es bei dieser Policenform meistens nicht, der Versicherte trägt also das Kapitalanlagerisiko. Teilweise werden Tarife angeboten, die eine Rente aus den eingezahlten Beiträgen garantieren (Beitragsgarantie). Das ist aber sehr teuer. Ohne eine solche Garantie riskiert der Sparer, dass der Betrag des Kapitals, der zu Beginn des Ruhestands verrentet wird, geringer ist als der Betrag der geleisteten Einzahlungen.

3.6.3 Rürup-Fondssparplan

Zusätzlich gibt es auch die Möglichkeit, bei Investmentgesellschaften **Rürup-Fondssparpläne** abzuschließen. Derzeit bieten z.B. DWS (Tochter der Deutschen Bank) und DEKA (Sparkassen) solche Sparpläne an. Die Risiken sind vergleichbar denen bei fondsgebundenen Rentenversicherungen, die Kosten dagegen niedriger. Die DWS bietet ein Konzept mit Höchststandgarantie an, das ab einem bestimmten Alter bereits erreichte Kursgewinne absichert.

3.6.4 Rürup-Sparer 50plus

Insbesondere **ältere Rürup-Sparer** der Gruppe 50plus werden sich aus Sicherheitsgründen für die **klassische Rürup-Rentenversicherung** entscheiden. Wenn die Rürup-Rente Ihren Lebensunterhalt im Alter sichern und nicht nur ein kleines Zubrot darstellen soll, sollten Sie kein Risiko eingehen und daher nur einen Rürup-Vertrag mit einer Garantieleistung plus Überschussbeteiligung abschließen. Das kann nur eine klassische Rürup-Rentenversicherung leisten. Die Höhe der garantierten Rente bietet dabei eine erste Orientierung.

Nach der Absenkung der Garantieverzinsung zum 1.1.2017 auf 0,9 % wird jedoch die Bedeutung der nicht garantierten Überschussbeteiligung künftig wieder zunehmen.

Die Leistungsunterschiede bei den einzelnen Rürup-Renten sind deutlich. Außer bei der Höhe der garantierten Renten tut sich auch eine große Kluft bei den Überschussprognosen auf, die die garantierte Rente erhöhen. Unterschiede entstehen z. B. dadurch, dass die einen Anbieter optimistischere Versprechen abgeben, während andere sich bei den Gewinnaussichten eher bedeckt halten.

3.6.5 Jüngere Rürup-Sparer zwischen 30 und 45 Jahren

Für **jüngere Rürup-Sparer** in einem Alter von 30 bis 45 Jahren könnte wegen der langen Beitragsdauer auch ein **Rürup-Fondssparplan** interessant sein. Diese Fonds setzen vorzugsweise auf die Anlage in Aktien. Die Chancen auf eine höhere Rendite sind hierbei im Vergleich zu klassischen Rürup-Policen höher. Allerdings werden die höheren Chancen auch durch mehr Risiko erkauft. Bei Rürup-Fondssparplänen gibt es keine Garantieverzinsung und keinen garantierten Kapitalerhalt der eingezahlten Beiträge wie bei Riester-Fondssparplänen.

Risikobereite Rürup-Sparer könnten sich auch für Rürup-Fondssparpläne der Canada Life in Irland begeistern, die höhere Renditen verspricht als die deutschen Anbieter. Allerdings tritt die in Deutschland existierende Auffanggesellschaft Protektor bei Notfällen von ausländischen Versicherern nicht ein.

3 | Rürup-Rente: Altersvorsorge als Steuersparmodell

> **!** Die angebotene Rürup-Rente muss vom Bundeszentralamt für Steuern zertifiziert sein. Mit der Zertifizierung wird für das Finanzamt bindend festgestellt, dass der Vertrag bzw. das entsprechende Vertragsmuster die Voraussetzungen für eine Anerkennung der Abzugsfähigkeit der Beiträge als Altersvorsorgeaufwendungen erfüllt. Mehr aber auch nicht! Das Zertifikat sagt nichts darüber aus, ob der Vertrag wirtschaftlich rentabel ist oder ob die Vertragsbedingungen zivilrechtlich wirksam sind. Also handelt es sich nicht um ein staatliches Gütesiegel. Insbesondere gibt das Zertifikat keine Kapitalgarantie für die eingezahlten Beiträge wie bei der Riester-Rente. Eine Rentengarantie erhalten Sie zudem lediglich bei der klassischen Rürup-Rentenversicherung.

3.7 Rentenwahl: Reine Altersrente oder mit zusätzlicher Hinterbliebenen- oder Erwerbsunfähigkeitsrente?

Die Absicherung gegen das Risiko **Berufsunfähigkeit** kann in einer Rürup-Rente mit eingeschlossen werden. Wer über eine Rürup-Rente auch den Berufsunfähigkeitsschutz abdeckt, kann den hierfür notwendigen Beitrag zum gleichen Anteil von der Steuer absetzen wie die Rentenbeiträge. Die Zusatzabsicherung ist aber nur gegen Mehrbeitrag möglich und geht zulasten der späteren Rente. Der Anteil der Zusatzabsicherung darf höchstens 49,9 % des Gesamtbeitrags ausmachen.

Die steuerliche Absetzbarkeit gilt auch für den zweiten zusätzlichen Baustein, die **Hinterbliebenenversorgung.** Kunden können gegen einen Mehrbetrag eine Hinterbliebenenabsicherung wählen, allerdings nur für die engsten Familienangehörigen. Das sind der Ehepartner und die im Haushalt lebenden Kinder, für die ein Kindergeldanspruch besteht.

Die Rürup-Rente können Sie also um eine Berufsunfähigkeits- und/ oder Hinterbliebenenabsicherung ergänzen. Beide Zusatzversicherungen kosten aber extra Geld. Das nagt mächtig an der Rente.

 Verzichten Sie möglichst auf diese teuren Zusatzversicherungen. Schließen Sie besser eine eigenständige Berufsunfähigkeitsversicherung (bei Beamten eine Dienstunfähigkeitsversicherung mit spezieller Beamtenklausel) ab und zur Versorgung von Angehörigen eine Risikolebensversicherung. Die dafür fälligen Prämien sind meist deutlich niedriger als im Paket einer Rürup-Rentenversicherung.

Auch für die Zusatzleistungen sind im Leistungsfall lediglich Rentenzahlungen zugelassen. Eine Berufsunfähigkeitsversicherung, die im Invaliditätsfall eine Kapitalleistung vorsieht, ist daher nicht möglich.

Die Möglichkeiten zum Einschluss von Zusatzversicherungen nutzen vor allem die Versicherungsvertriebe dazu, den Selbstständigen die Rürup-Rente schmackhaft zu machen. Die Idee dabei: Beiträge zu einer Berufsunfähigkeitsversicherung (BU) gehören steuerlich zu den sonstigen **Vorsorgeaufwendungen.** Deren Abzugsfähigkeit ist aber stark begrenzt. Damit werden die Beträge meist nicht steuerwirksam. Anders bei der Rürup-Rente: Hier würde der Beitragsanteil für die Berufsunfähigkeit in jedem Fall steuerlich mit berücksichtigt und damit steuermindernd wirksam.

Gleiches gilt ab 2014 auch für eine selbstständige Berufsunfähigkeitsversicherung nach § 10 Abs. 1 Ziffer 2b) bb) EStG. Auch hierfür sind Beiträge im Rahmen des Höchstbetrags für Altersvorsorgeaufwendungen steuerlich abzugsfähig, z.B. zu 86 % im Jahr 2018. Dabei muss es sich aber um eine BUF-Rente für einen Versicherungsfall handeln, der bis zum vollendeten 67. Lebensjahr eingetreten ist.

Der steuerliche Haken dabei: Eine Leistung aus einer Berufsunfähigkeitsversicherung, die im Rahmen einer Rürup-Rente abgeschlossen wird, unterliegt den gleichen Besteuerungsregeln wie die Rürup-Rente selbst. Das hat nachteilige Konsequenzen für die Nettoleistung. Die Steuerpflicht vermindert die BU-Rentenzahlung spürbar.

Die Rente aus einer normalen selbstständigen Berufsunfähigkeitsversicherung außerhalb von § 10 EStG oder einer BU-Zusatzversicherung z.B. zu einer Risikolebensversicherung unterliegt dagegen als sog. abgekürzte Leibrente der Ertragsanteilbesteuerung. Steuerpflichtig ist dann nur ein kleiner Teil der Rentenzahlung.

> Vom Abschluss einer hohen BU-Zusatzversicherung über eine Rürup-Rente ist daher eher abzuraten. Die Besteuerung der Rürup-Rente führt zu einer niedrigeren BU-Rente nach Steuern im Leistungsfall. Zudem führt der Mehrbeitrag für die eingeschlossene BU-Rente auf jeden Fall zu einer Verringerung der Versorgungsleistung (Rürup-Rente) im Alter.

3.8 Rürup-Rente im Vergleich zu Riester-, Betriebs- und Privatrente

Kaum jemand hat unbegrenzt Geld, um alle Möglichkeiten der Altersvorsorge auszuschöpfen. Deshalb nachfolgend einige Überlegungen, die Ihnen bei der Entscheidung für eine bestimmte Form der Altersvorsorge helfen können. Beachten Sie, dass es hierbei immer auf den individuellen Einzelfall ankommt und dass die verschiedenen Formen der Altersvorsorge auch kumuliert werden können.

3.8.1 Riester-Vorteile in bestimmten Fällen

Riester-Renten sind im Fall einer hohen Förderquote erste Wahl, das gilt insbesondere für Familien mit Kindern sowie Arbeitnehmer und Beamte mit niedrigem Einkommen. Die Förderung mit Zulagen und Steuervorteilen ist auf vergleichsweise niedrige 2.100,- € pro Jahr beschränkt. Der Steuervorteil entspricht dem persönlichen Steuersatz. Die spätere Rente wird (mit Ausnahme der freiwillig gesetzlich Versicherten) nicht mit Beiträgen zur gesetzlichen Kranken- und Pflegeversicherung belastet.

Positiv bei einer Riester-Rente ist auch die Möglichkeit zur Teilauszahlung von maximal 30 % des angesparten Kapitals zu Beginn des Ruhestands. Zudem kann das Kapital zur Eigenheimfinanzierung genutzt werden. Allerdings gilt die Förderung vorrangig für Arbeitnehmer und Beamte. Für Selbstständige und Freiberufler ohne förderberechtigten Ehegatten kommt die Riester-Rente nicht infrage.

3.8.2 Vor- und Nachteile der Betriebsrente

Betriebsrenten in Form der Entgeltumwandlung sind in der Ansparphase attraktiv, weil die vom Arbeitnehmer getragenen Beiträge zur betrieblichen Altersversorgung sozialabgaben- und steuerfrei sind. Oft gibt es auch noch einen Zuschuss des Arbeitgebers in Höhe des von ihm ersparten Anteils zur Sozialversicherung. Seit dem 1.1.2004 müssen Betriebsrentner jedoch in der gesetzlichen Krankenversicherung auch für Kapitalauszahlungen und laufende Versorgungsbezüge aus der betrieblichen Altersvorsorge in Form einer Direktversicherung oder Pensionskasse Beiträge zur Kranken- und Pflegeversicherung bezahlen. Für Mitglieder der gesetzlichen Krankenversicherung rücken die betrieblichen Altersvorsorgevarianten deshalb auf die hinteren Ränge. Zudem wird die gesetzliche Rente etwas geringer ausfallen, da in Höhe der Entgeltumwandlung keine Beiträge in die gesetzliche Rentenversicherung eingezahlt werden.

3.8.3 Privatrente vorteilhaft für Rentner mit hoher Steuerbelastung

Der besondere Vorteil der **privaten Rente** ist die niedrige Besteuerung der Rentenzahlung mit dem Ertragsanteil. So sind bei Rentenbeginn z.B. im Alter von 65 Jahren nur 18 % der Rentenzahlung zu versteuern.

Ein weiterer Vorteil der privaten Rentenversicherung gegenüber der Rürup-Rente liegt in ihrer größeren Flexibilität. Bei der privaten Rente kann das Kapital bei Erreichen des vereinbarten Alters auch auf einen Schlag ausgezahlt werden.

Außerdem bleibt das eingezahlte Kapital abzüglich Vertriebs- und Verwaltungskosten im Todesfall während der Ansparphase und – je nach Vereinbarung – sogar nach Beginn der Rentenzahlung den Hinterbliebenen erhalten.

Nachteilig ist aber auf jeden Fall, dass Beiträge zu privaten Rentenversicherungen für alle Vertragsabschlüsse ab 2005 steuerlich überhaupt nicht mehr abzugsfähig sind.

3.8.4 Renditevergleich

Für Arbeitnehmer bietet sich insbesondere ein Vergleich der Renditen nach Steuern zwischen Rürup-Rente und Riester-Rente an.

Laut einer Studie der Deutschen Rentenversicherung liegt die durchschnittliche **Riester-Rendite nach Steuern** für einen alleinstehenden, männlichen Standardrentner (45 Jahre Durchschnittsverdienst und Riester-Beiträge jeweils in Höhe von 4 % des Durchschnittsverdiensts inklusive Grundzulage) bei 2,7 % und für die Standardrentnerin wegen der höheren Lebenserwartung bei 3,2 % nach Steuern.

Bei dieser Berechnung wurde von einer laufenden Verzinsung von 3,25 % ausgegangen und einer Lebenserwartung nach der aktuellen Sterbetafel des Statistischen Bundesamts. Danach kann z.B. ein heute 20-jähriger alleinstehender Mann ohne Kinder, der in 2015 bei einem günstigen Direktversicherer einen Riester-Vertrag abschließt und bis zum Rentenalter mit 67 Jahren regelmäßig 4 % seines Bruttogehalts inklusive Zulage einzahlt, 88 Jahre und 6 Monate alt werden im Gegensatz zu dem von der Versicherungswirtschaft kalkulierten Sterbealter von 99 Jahren.

Im **Vergleich zur Riester-Rente** kann die Rürup-Rente für Arbeitnehmer mit hohem Verdienst und hohem individuellem Grenzsteuersatz in etwa mithalten. Wer z.B. als Alleinstehender ohne Kinder monatlich 5.640,– € brutto verdient, kommt auf eine mögliche Riester-Rendite nach Steuern in Höhe von 2,7 % (Mann) bzw. 3,2 % (Frau) im Durchschnitt. Die mögliche Rürup-Rendite nach Steuern kann in den drei Musterfällen (Jahrgänge 1955, 1958 und 1970) bei einer laufenden Verzinsung von 3,5 % und einer Rentenlaufzeit von 20 Jahren sogar 2,3 bis 2,9 % ausmachen.

Der Privatrente aus der **privaten Rentenversicherung** ist die Rürup-Rente allein schon wegen der steuerlichen Abzugsfähigkeit der Rürup-Beiträge überlegen. Ob sie auch die aus einer Gehalts- bzw. Entgeltumwandlung stammende Betriebsrente schlägt, hängt vor allem davon ab, ob der Arbeitgeber einen Zuschuss leistet. Ist das der Fall, wird die Rendite der Betriebsrente nach Steuern in aller Regel vorne liegen.

Generelle Vergleiche mit der Riester-, Betriebs- und Privatrente greifen meist zu kurz. Für nicht in der gesetzlichen Rentenversicherung pflichtversicherte Beamte, Freiberufler und Selbstständige sind freiwillige Beiträge zur gesetzlichen Rente seit Herbst 2010 fast immer die bessere Alternative. Da die Steuerregeln für gesetzliche Rente und Rürup-Rente völlig gleich sind, kommt es beim Vergleich von Rürup-Rente und gesetzlicher Rente aus freiwilligen Beiträgen somit ausschließlich auf die absolute Rentenhöhe bzw. Beitrags- bzw. Produktrendite vor Steuern an.

4 Private Rente: Sicher, flexibel und kapitalisierbar

4.1 Vorteile einer privaten Rente

Gegenüber anderen Formen der **privaten Altersvorsorge,** die in der Beitragsphase durch Zulagen und Steuervorteile gefördert werden, weist die Privat-Rente einige Vorteile auf: Sie ist flexibler als Riester- und Rürup-Renten, beleihbar, kapitalisierbar und lediglich mit dem **Ertragsanteil** zu versteuern. Daher eignet sie sich vor allem für Gutverdiener, die auch im Ruhestand mit einem sehr hohen Steuersatz belastet sein werden.

4.1.1 Wer lange lebt, profitiert am meisten

Private Rentenversicherungen gehören zur Gruppe der Lebensversicherungen, auch als Kapitalversicherungen bezeichnet. Eine Privat-Rente schützt jedoch nicht vor dem Risiko eines frühen Todes, sondern ermöglicht die Absicherung des **Langlebigkeitsrisikos.**

Streng genommen handelt es sich bei einer Rentenversicherung nicht um eine Versicherung, sondern um eine **reine Geldanlage.** Der Kunde zahlt einen bestimmten Versicherungsbeitrag und erhält im Gegenzug lebenslang eine garantierte Rente auf sein Konto. Im Vergleich zu einer Kapitallebensversicherung ist der zu zahlende Beitrag geringer, denn im Todesfall wird üblicherweise keine Leistung an die Hinterbliebenen gezahlt. Daher spielt auch der Gesundheitszustand des Versicherten bei Vertragsabschluss grundsätzlich keine Rolle und es findet **keine Gesundheitsprüfung** statt.

Die Vereinbarung einer lebenslangen Rente, sog. **Leibrente,** ist aus Sicht des Kunden natürlich umso profitabler, je länger er lebt. Praktisch handelt es sich bei der privaten Rentenversicherung also um eine **Wette auf ein langes Leben.** »Wettpartner« ist der Rentenversicherer. Erreicht der Kunde ein biblisches Alter, hat er die Wette gewonnen. Stirbt er kurz nach Rentenbeginn, ist das für den Versicherer sehr vorteilhaft.

Der Markt der Rentenversicherungen wächst

Das Versprechen auf eine sichere Zusatzrente bis zum Tod gewinnt dank der gestiegenen Lebenserwartung einerseits und angesichts der krisengeschüttelten Finanzmärkte andererseits **zunehmend an Attraktivität.**

Im Neugeschäft der deutschen Lebensversicherer ist bereits seit einigen Jahren eine Verschiebung weg von der klassischen Kapitallebensversicherung hin zu der privaten Rentenversicherung zu beobachten. Besonders gefragt sind laut Statistiken des Gesamtverbandes der Deutschen Versicherungswirtschaft (GDV) dabei **Rentenpolicen gegen Einmalbeitrag.** Ihr Anteil am gesamten Neugeschäft der privaten Rentenversicherungen lag im Jahr 2017 bei rund 80 %. Der Anteil der Rentenpolicen am Gesamtbestand aller Lebensversicherungen hat sich innerhalb der letzten Jahre verdreifacht, von rund 12 % im Jahr 2000 auf rund 36 % im Jahr 2017. Ende 2017 bestanden insgesamt rund 34 Mio. Verträge mit rentenförmiger Auszahlung.

Riester- und Basis-Rente: Attraktiv dank staatlicher Förderung

Der Boom der privaten Rentenversicherung beruht auch auf der staatlichen Förderung dieser Form der privaten Altersvorsorge. Für Verträge, die ein lebenslanges, sicheres Einkommen im Alter zum Ziel haben, gibt es nämlich unter bestimmten Voraussetzungen **staatliche Zulagen** und **steuerrechtliche Vorteile.**

- Seit Beginn des Jahres 2002 fördert der Staat die sog. **Riester-Rente** mit Zulagen und Steuervorteilen. Die staatlichen Zulagen werden für besonders zertifizierte Altersvorsorgeverträge von Lebensversicherern, Banken, Fondsgesellschaften und Bausparkassen bezahlt. Allein im Jahr 2017 wurden bei Lebensversicherern rund 200.000 Riester-Verträge neu abgeschlossen. Von den bestehenden knapp 16,629 Mio. Riester-Verträgen entfallen rund 11 Mio. Policen auf die Versicherungsvariante. Riester-Verträge sind umso lohnender, je höher die **Förderquote** ist, also umso mehr der Beitrag vom Staat durch die Zulagen finanziert wird. Eine hohe Förderquote verzeichnen vor allem Geringverdiener und Sparer mit mehreren (kindergeldberechtigten) Kindern.

- Private Rentenpolicen sind seit 2005 außerdem über die sog. **Basis-Rente** – auch Rürup-Rente genannt – möglich. Im Jahr 2017 bestanden rund 2,0 Mio. Rürup-Policen. Interessant sind diese Verträge wegen der steuerlichen Abzugsmöglichkeit der Beiträge als Sonderausgaben insbesondere für Selbstständige, die den Förderrahmen komplett nutzen können. Außerdem kann sich ein Abschluss unter bestimmten Voraussetzungen für gut verdienende Angestellte und Beamte kurz vor dem Eintritt in den Ruhestand lohnen.

4.1.2 Fondsgebundene Rente: Chancen, aber auch Risiken

Mit dem Abschluss einer privaten Rentenversicherung beauftragen Sie den Versicherer, Ihr Kapital treuhänderisch zu verwalten, zu vermehren und in lebenslange Auszahlungen zu verteilen. Hinsichtlich der Anlagestrategie lassen sich zwei Varianten unterscheiden:

- Bei der »**klassischen**« privaten **Rentenversicherung** wird das Geld der Kunden vorwiegend in verzinsliche Wertpapiere investiert. Die Anlagestrategie der Versicherer orientiert sich an gesetzlichen Vorgaben und am Vorrang von Anlagesicherheit gegenüber Rendite.

- Die **fondsgebundene Rentenversicherung** legt den Sparanteil der Beiträge in einen oder mehrere Investmentfonds an. Es handelt sich also um eine Kombination von Rentenpolice und Fondssparplan.

Absolute Rentenhöhe kann nicht garantiert werden

Die fondsgebundene Rentenversicherung bietet Chancen, birgt aber auch Risiken, da der Kunde direkt an der Wertentwicklung der Fonds teilnimmt. Überwiegend handelt es sich bei den Fonds um **Aktienfonds** oder vermögensverwaltende Fonds. Da die Wertentwicklung dieser Fonds nicht mit Sicherheit vorauszusehen ist, kann auch die Höhe der späteren Rente nicht garantiert werden. Bei einer guten Wertentwicklung erhöht sich die Versicherungsleistung, mögliche Wertverluste führen dagegen zu geringeren Rentenansprüchen.

Bis zum Beginn der Rentenzahlung liegt das **Kapitalanlagerisiko** also beim Versicherten. Zum Rentenbeginn werden die Fondsanteile verkauft und das Kapital in eine sofort beginnende Rentenversicherung umgewandelt. Erst zu diesem Zeitpunkt geht das Kapitalanlagerisiko auf den Versicherer über.

Seit dem 1.7.2010 verlangt das Bundesfinanzministerium zumindest die Angabe eines **garantierten Rentenfaktors** in den Versicherungsbedingungen. Mit ihm berechnen die Versicherer die spätere Rente. Der Faktor gibt an, wie hoch die monatliche Rente pro 10.000,- € Fondsguthaben ist. Bei einem Rentenfaktor von 30 und einem Kapital von 150.000,- € beträgt die garantierte Monatsrente also z.B. 450,- €.

Risikostreuung durch breite Fondsauswahl

Wer sich trotz des höheren Risikos für eine fondsgebundene Rentenversicherung entscheidet, sollte darauf achten, **welche Fonds** der Versicherer anbietet. Bei vielen Versicherern hat der Kunde die Wahl zwischen verschiedenen Einzel- und/oder Dachfonds. Während der Vertragslaufzeit sind Umschichtungen grundsätzlich möglich, in der Regel mindestens ein Mal jährlich sogar kostenfrei.

Die Fonds werden meist von einer externen Kapitalanlagegesellschaft verwaltet, die das Vermögen der Versicherungskunden in einem **gesonderten Anlagestock** führen.

Der Abschluss einer fondsgebundenen Rentenversicherung zur Altersvorsorge sollte gründlich bedacht werden. Zum einen ist die Rentenhöhe nicht garantiert, zudem sind die in Rechnung gestellten Vertriebs- und Verwaltungsgebühren deutlich höher als bei einer direkten Fondsanlage. Denn zusätzlich zu den Abschluss- und Verwaltungskosten für den Versicherungsvertrag fallen auch noch Gebühren für die Verwaltung des Fondsvermögens an.

4.1.3 Vorteile der privaten Rentenversicherung

Sorgenfrei den Ruhestand genießen dank bester finanzieller Absicherung – mit diesem Versprechen werben die Lebensversicherer für die von ihnen angebotenen »klassischen« Policen der privaten Rente. Als besondere Vorteile stellen sie dabei die **hohen garantierten Leistungen** bei Rentenbeginn und die **niedrige Steuerbelastung** der Auszahlung heraus.

Garantieverzinsung: Nur ein kleiner Teil der zukünftigen Rente ist wirklich sicher

Wie viel Rente Sie erhalten, wenn Sie heute eine Police abschließen und regelmäßig einen festen Beitrag bezahlen, lässt sich – unabhängig vom gewählten Anbieter – nicht mit Sicherheit vorhersagen. Die zukünftige Rente bzw. die Verzinsung der eingezahlten (Spar-)Beiträge setzt sich nämlich aus zwei Teilen zusammen:

- **Verbindliche Rentenzusage:** Der Versicherer gibt bei Vertragsabschluss Auskunft über die **garantierte Rente,** die der Kunde mit Sicherheit bei planmäßigem Vertragsablauf bekommt. Die vom Kunden gezahlten Beiträge werden – nach Abzug von Vertriebs- und Verwaltungskosten – mithilfe finanzmathematischer Rechenverfahren in eine Rente umgerechnet, wobei ein bestimmter Mindest- bzw. **Garantiezins** und die jeweils aktuelle **Sterbetafel** zugrunde gelegt werden. Anhand der Sterbetafel wird prognostiziert, wie lange die Rente je nach Alter und Geschlecht des Kunden voraussichtlich gezahlt werden muss. Der Garantiezins ist ebenso wie die Garantierente über die gesamte Laufzeit fest zugesagt und kann nicht abgesenkt werden. Aufgrund eines Urteils des Europäischen Gerichtshofes müssen in Deutschland seit 1.12.2012 die Versicherungstarife geschlechtsneutral kalkuliert werden. Diese sog. Unisex-Tarife haben dazu geführt, dass private Renten für Männer um bis zu 20 % teurer kalkuliert werden, für Frauen dürfte sich eine leichte Verminderung der Prämien ergeben.

- **Überschussbeteiligung:** Die Lebensversicherer sind verpflichtet, Kunden an erwirtschafteten Gewinnen teilhaben zu lassen. Bei entsprechender Ausgestaltung der Police und einer positiven Gewinnsituation des Anbieters führt die Gewinnbeteiligung zu einer erheblichen Steigerung der garantierten Rente.

Die Gesellschaften legen die **Höhe der Überschussbeteiligung** jährlich neu fest; sie muss der Finanzdienstleistungsaufsicht (BaFin) spätestens bis zum Jahresende gemeldet werden. Die aus Garantiezins und Überschussbeteiligung insgesamt resultierende »laufende Verzinsung« machen die Unternehmen zugleich per Pressemitteilung öffentlich bekannt. Die höchste **Gesamtverzinsung** lag im Jahr 2015 bei 4 %, im Jahr 2016 bei 3,7 % und im Jahr 2017 bei 3,05 %. Die **durchschnittliche** Gesamtverzinsung betrug 2015 3,16 %, 2016 2,84 % und 2017 2,48 %.

Ertragsanteilbesteuerung: Vorteile gegenüber der staatlich geförderten Konkurrenz

Ein großer Vorteil der Privat-Rente gegenüber anderen Anlageformen und insbesondere auch gegenüber den steuerpflichtigen Riester- und Rürup-Renten ist ihre geringe Besteuerung. Grundsätzlich erfolgt auch die Besteuerung privater Renten bei Rentenbezug, jedoch ist nur der sog. **Ertragsanteil** mit dem persönlichen Steuersatz zu versteuern.

Das Einkommensteuergesetz sieht zur Vereinfachung der Feststellung des Ertragsanteils einer Rente feste, **pauschalierte Sätze** vor. Mit Inkrafttreten des Alterseinkünftegesetzes zum 1.1.2005 sind diese zugunsten der Steuerpflichtigen herabgesetzt worden; die neuen Prozentsätze gelten auch für Renten, die bereits vorher liefen.

Steuerpflichtige Ertragsanteile privater Rentenversicherungen (Auswahl)

Vollendetes Lebensjahr bei Rentenbeginn	Ertragsanteil in %	Vollendetes Lebensjahr bei Rentenbeginn	Ertragsanteil in %
45	34	60–61	22
46–47	33	62	21
48	32	63	20
49	31	64	19
50	30	65–66	18
51–52	29	67	17
53	28	68	16
54	27	69–70	15
55–56	26	71	14
57	25	72–73	13
58	24	74	12
59	23		

Wer ab seinem 65. Geburtstag eine Privat-Rente in Höhe von 500,- € pro Monat bezieht, muss hiervon lediglich den Ertragsanteil in Höhe von 18 %, d.h. 90,- €, versteuern. Ohne Berücksichtigung weiterer Einkünfte und des Werbungskostenpauschbetrags ergeben sich somit in jedem Jahr des Rentenbezugs »sonstige Einkünfte« in Höhe von (12 × 500,- € × 0,18 =) 1.080,- €. Bei einem Steuersatz von beispielsweise 25 % beträgt die Einkommensteuer 270,- €.

4.1.4 Trübe Aussichten für die Rentenrendite

Die beiden wichtigsten Grundlagen für die Kalkulation der privaten Rentenversicherung sind der Mindestzins und die Sterbetafeln.

=== Die Garantieverzinsung ist seit 15 Jahren auf Talfahrt

Wer eine Lebensversicherung abschließt, hat Anspruch auf eine Mindestverzinsung. In den letzten Jahren wurde der Satz allerdings mehrfach gesenkt, aktuell beträgt der garantierte Zins, mit dem das Sparguthaben verzinst wird, nur noch 0,9 %. Die **Gesamtverzinsung** kann jedoch um bis zu 1,5 bis 2 % höher liegen.

Vertragsabschluss	Mindestverzinsung in % pro Jahr
bis Juli 1986	3,0
ab Juli 1986	3,5
ab Juli 1994	4,0
ab Juli 2000	3,25
ab Januar 2004	2,75
ab Januar 2007	2,25
ab Januar 2012	1,75
ab Januar 2015	1,25
ab Januar 2017	0,9

Achtung: Entscheidend für die Höhe der Mindestverzinsung ist immer der Zeitpunkt des Vertragsabschlusses. Der Zins ist für die gesamte Laufzeit des Vertrages garantiert, also teilweise über mehrere Jahrzehnte! Der Satz in Höhe von 0,9 % gilt z.B. nur für solche Policen, die nach dem 1.1.2017 abgeschlossen wurden bzw. werden.

Der Garantiezins wird jedes Jahr im Herbst vom Bundesfinanzministerium für das Folgejahr festgelegt. Seine korrekte Bezeichnung lautet »**Höchstrechnungszins**«. Die Zinsversprechen der Assekuranz dürfen nach gesetzlicher Regelung nicht oberhalb der Zinsen liegen, die an den Finanzmärkten tatsächlich zu erzielen sind. Basis für die Berechnung ist die Umlaufrendite öffentlicher Anleihen; der Garantiezins darf maximal 60 % vom Zinssatz dieser Anleihen betragen. Der Höchstrechnungszins stimmt immer mit der garantierten Mindestverzinsung überein. Denn wegen des Konkurrenzdrucks wagt es kein Unternehmen, seinen Kunden weniger als den aktuellen Höchstsatz zu garantieren.

Die Lebenserwartung steigt

Die deutschen Rentenversicherer kalkulieren ihre Beiträge aktuell anhand der Sterbetafel »DAV 2004 R«, die ihnen die **Deutsche Aktuarvereinigung** zur Verfügung stellt. In der Vergangenheit haben die Versicherungsmathematiker bereits zweimal eine erhebliche Verlängerung der Lebenserwartung errechnet. Durch die letzte Überarbeitung der Sterbetafeln stieg beispielsweise die durchschnittliche Lebenserwartung eines – im Jahr 2004 65-jährigen Mannes von 86 Jahren (Sterbetafel DAV 1994 R) auf 89 Jahre. Bei jüngeren Jahrgängen ist die Lebenserwartung Gleichaltriger noch höher. Frauen leben im statistischen Durchschnitt immer fünf bis sechs Jahre länger als ihre männlichen Altersgenossen.

Solange kapitalbildende Policen das Geschäft der Lebensversicherer dominierten, war für sie der Anstieg der Lebenserwartung positiv. Sterben weniger Versicherte als ursprünglich kalkuliert, fallen (beim Anteil der Prämie für die Absicherung des Todesfalls) Risikogewinne an, die die Versicherer zumindest teilweise behalten dürfen. **Bei zunehmendem Anteil von Rentenpolicen** im Bestand ist jedoch Vorsicht geboten: Werden die Versicherten im Schnitt immer älter und können sie ihre Rente immer länger beziehen, **drohen dem Versicherer Verluste.**

4 | Private Rente: Sicher, flexibel und kapitalisierbar

Die Chancen auf Überschüsse sinken

Das beste Verkaufsargument der Versicherungsvertreter war über lange Jahre die hohe **Überschussbeteiligung,** die sie den Kunden in Aussicht stellen konnten. Angesichts des niedrigen Zinsumfelds und der weiter steigenden Lebenserwartung sind diese Zeiten wohl endgültig vorbei.

Bei bestehenden Verträgen müssen frühere Gewinnversprechen sogar korrigiert, d.h. die Überschussbeteiligungen gekürzt werden. Mit Spannung erwarten daher viele Inhaber von Rentenpolicen in jedem Jahr die Bekanntgabe der Überschussbeteiligung für das Folgejahr.

Für **Neuverträge** gilt: Bei einer geringeren Mindestverzinsung und/oder einer höheren Lebenserwartung kann zum gleichen Beitrag wie vor einigen Jahren heute nur eine geringere Rente vereinbart werden bzw. für die gleiche Rente wird ein vergleichsweise höherer Beitrag fällig. Die letzte Überarbeitung der Sterbetafeln verteuerte private Rentenpolicen beispielsweise je nach Vertragsgestaltung um bis zu 20 %. Aber auch dann, wenn die Kalkulationsgrundlagen unverändert bleiben, fallen die in Aussicht gestellten Rentensteigerungen aufgrund der geringeren Überschussbeteiligung von vornherein geringer aus. Damit wird der Abschluss einer privaten Rente unter Renditeaspekten noch weniger attraktiv.

> Ob sich eine private Rentenversicherung als Geldanlage noch lohnt oder nicht, hängt von den individuellen Lebensumständen ab. Sie ist grundsätzlich nur für diejenigen interessant, die sich – aufgrund ihres Gesundheitszustands und der Familienhistorie – gute Chancen ausrechnen, mindestens 85 Jahre alt zu werden, besser noch älter. Wer »schon« mit 80 Jahren stirbt, hat in den meisten Fällen über die bezogenen Renten noch nicht einmal seinen eingezahlten Beitrag zurückerhalten. Andererseits bietet die private Rente die Möglichkeit, sich lebenslang den Bezug einer Geldrente zu sichern.

4.2 Formen der privaten Rentenversicherung

Eine private Rentenversicherung kann in **drei verschiedenen Varianten** abgeschlossen werden, und zwar als

- Ansparrente,
- Sofortrente nach Einmalzahlung und
- aufgeschobene Rente nach Einmalzahlung.

4.2.1 Die Ansparrente

Die klassische Form der Rentenversicherung ist die Ansparrente. Bei ihr werden über laufende Einzahlungen Rentenansprüche für die Zukunft begründet, beispielsweise eine Rente ab dem 65. Lebensjahr. Die **Anspardauer,** auch »**Aufschubzeit**« genannt, ist frei vereinbar und kann je nach Eintrittsalter und vereinbartem Alter für den Rentenbeginn durchaus mehrere Jahrzehnte betragen.

Eine 35-jährige Frau oder ein gleichaltriger Mann zahlt ab März 2018 monatlich 100,– € in eine private Rentenversicherung. Nach einer Ansparzeit von 32 Jahren erhält sie ab März 2050 eine garantierte Monatsrente in Höhe von rund 144,– €. Unter Berücksichtigung der Überschussbeteiligung ergibt sich sogar eine monatliche Rente in Höhe von 342,– €, diese ist jedoch nicht garantiert!

Zahlen Sie den Beitrag zu Ihrer privaten Rentenversicherung unbedingt jährlich ein. Eine monatliche oder vierteljährliche Zahlweise ist nicht empfehlenswert, da in diesem Fall Ratenzahlungszuschläge berechnet werden. Diese senken die Rendite. Denn wer die gleiche Summe als Jahresbeitrag einzahlt, erhält eine vergleichsweise höhere Rente. Im oben genannten Beispiel liegt die garantierte Monatsrente um rund 7,– € höher, wenn der Versicherte einmal im Jahr einen Beitrag in Höhe von 1.200,– € bezahlt. Unter Berücksichtigung der Überschussbeteiligung ergibt sich sogar eine um 18,– € höhere monatliche Rente.

So können Sie Partner und Familie im Rahmen der Ansparrente absichern

Für den Todesfall können Sie folgende Vereinbarungen treffen:

- **Beitragsrückgewähr:** Ihre Nächsten erhalten bei Todesfall vor Rentenbeginn alle bisher eingezahlten Beiträge wieder ausgezahlt.

- **Kapitalrückgewähr:** Ihre Hinterbliebenen erhalten im Todesfall das bei Rentenbeginn vorhandene Kapital abzüglich bereits gezahlter Renten.

- **Rentengarantiezeit:** Mit der Garantiezeit legen Sie fest, wie lange die Rente im Todesfall nach Rentenbeginn ausbezahlt wird. Verstirbt der Versicherte z.B. nach sechs Jahren Rentenbezug, erhalten die Hinterbliebenen bei einer Garantiezeit von zehn Jahren noch vier Jahre lang die Rente ausgezahlt.

Die **Höhe der Beiträge** kann grundsätzlich frei vereinbart werden, wobei die meisten Anbieter eine Untergrenze von 50,– € pro Monat setzen.

In der Regel bieten die Versicherer auch eine **Beitragsdynamik** an. In diesem Fall steigen die Beiträge in jedem Jahr um einen gewissen Prozentsatz, im Gegenzug erhöht sich die versicherte Leistung entsprechend.

Die Dynamisierung soll Verluste durch die **Inflation** ausgleichen und gewährleisten, dass sich der Vertrag im Laufe der Zeit dem steigenden Einkommen und Lebensstandard des Versicherten anpasst.

Die Vereinbarung einer Beitragsdynamik ist eher nicht zu empfehlen. Mit jeder Dynamikstufe entsteht ein neuer Versicherungsvertrag, für den der Versicherer erneut Abschluss- und Verwaltungskosten geltend macht. Wer einige Jahre nach Abschluss seiner Police finanziell noch mehr für seinen Ruhestand vorsorgen möchte, kann dies jederzeit mit dem Kauf zusätzlicher Anlageprodukte tun.

Private Rente: Sicher, flexibel und kapitalisierbar | 4

Bei nahezu allen Anbietern ist es möglich, die private Rentenversicherung mit einem Schutz gegen **Berufsunfähigkeit** (BU) zu kombinieren. Üblich ist die Vereinbarung einer Zusatzklausel »Beitragsbefreiung bei BU«. Kann der Kunde seinen Beruf aus gesundheitlichen Gründen nicht mehr ausüben, braucht er keine Beiträge mehr zu leisten, erhält aber bei Rentenbeginn trotzdem die vereinbarte Auszahlung.

Die Vereinbarung einer Beitragsbefreiung bei BU ist bei aufgeschobenen Rentenversicherungen grundsätzlich zu empfehlen. Achten Sie jedoch darauf, unter welchen Voraussetzungen der Versicherer eine BU tatsächlich anerkennt. Vergleichen Sie, um wie viel geringer die zukünftige Rente bei Einschluss dieser Zusatzvereinbarung ausfällt. Wer bereits durch andere Verträge Vorsorge getroffen hat und die Beitragszahlung zur Rentenpolice bei der Festlegung der Höhe seiner BU-Rente ausreichend berücksichtigt hat, kann auf diesen Zusatzschutz verzichten.

4.2.2 Die Sofortrente

Bei der Sofortrente wird gegen **Einmalbeitrag** eine sofort beginnende Rentenversicherung abgeschlossen. Diese Tarifvariante ist ideal für ältere Personen, die kurz vor oder bereits im Ruhestand stehen. Denn gerade in dieser Lebensphase stellt sich häufig die Frage, wie lange das für den Ruhestand angesparte Kapital tatsächlich noch reicht. Um auf Nummer sicher zu gehen, nutzen viele Ältere ihre bereits vorhandenen Vermögenswerte oder die Ablaufleistung ihrer Kapitallebensversicherung, um eine Sofortrente abzuschließen.

Natürlich eignen sich auch **Auszahlpläne von Banken,** um mit einem größeren Geldbetrag ein regelmäßiges Zusatzeinkommen zu finanzieren. Allerdings besteht hier das Risiko des vorzeitigen Kapitalverzehrs, also die Gefahr, länger zu leben, als das Kapital reicht.

Außerdem ist die Höhe des Auszahlungsbetrags regelmäßig nicht garantiert: Wenn Aktien an Wert verlieren oder die Zinsen fallen, muss entweder die Höhe der laufenden Auszahlrate gesenkt werden, um die geplante Auszahldauer einzuhalten, oder die Dauer der Auszahlungen verkürzt sich bei Einhaltung der geplanten Höhe der Auszahlrate.

Die **Auszahlung der Sofortrente** beginnt bereits im Monat nach der Einzahlung des Einmalbeitrags und fließt das ganze Leben lang, egal wie alt der Versicherte wird. Der Zeitpunkt der Einzahlung ist frei wählbar.

Alle Anbieter verlangen einen bestimmten Mindestbetrag, der entweder ausdrücklich vorgegeben ist oder sich aus der vorgeschriebenen Mindestrente ergibt. Üblich sind Einmalbeiträge von mindestens 25.000,– € bzw. die Vorgabe einer garantierten Mindestmonatsrente von 50,– €.

Mit einem Einmalbeitrag in Höhe von 50.000,– € lassen sich bei der Europa Versicherung folgende Sofortrenten abschließen (alle Ergebnisse gerundet):

- Ein 65-jähriger Mann bzw. eine gleichaltrige Frau erhält eine garantierte Rentenzahlung in Höhe von 179,– € monatlich – ohne Zusatzvereinbarungen.

- Ein 65-jähriger Mann bzw. eine gleichaltrige Frau schließt die Sofortrente mit zehnjähriger Rentengarantiezeit ab. Er erhält ab dem nächsten Monat eine garantierte Rente in Höhe von rund 177,– €.

- Eine 70-jährige Frau bzw. ein gleichaltriger Mann erhält ohne Zusatzabsicherungen eine Sofortrente in Höhe von 214,– €. Eine zehnjährige Rentengarantiezeit muss sie mit 5,– € Rentenabschlag bezahlen – ihre Rente beträgt dann noch 209,– € monatlich.

Bereits eine grobe **Überschlagsrechnung** bei den oben stehenden Beispielen zeigt, dass die Sofortrente unter Renditeaspekten keine lukrative Anlageform ist. Auch bei dieser Variante müssen die Rentenbezieher sehr alt werden, damit sie zumindest nominal den gezahlten Beitrag zurückerhalten. Eine positive Verzinsung ihres Kapitals erleben dagegen nur die wenigsten.

> Sofortrenten bieten keine Renditechancen, sondern Sicherheit. Sie sind für alle diejenigen empfehlenswert, die ihre Lebenshaltungskosten im Alter noch nicht durch sichere Einnahmen gedeckt haben. Grundsätzlich ist eine solche Rente eher für Singles empfehlenswert. Denn die Einbeziehung der Hinterbliebenen schmälert die laufende Rente empfindlich. Das Todesfallrisiko wird in jedem Fall am besten über eine Risikolebensversicherung abgesichert.

Überschätzen Sie Ihre eigene Gesundheit bzw. die sich aus ihr ergebende **Restlebenserwartung** nicht und vereinbaren Sie immer eine **Rentengarantiezeit.** Das bedeutet, dass die Rente mindestens für eine bestimmte Dauer gezahlt wird. Verstirbt z. B. der Versicherte im ersten Jahr des Ruhestands bzw. Rentenbezugs, erhalten seine Hinterbliebenen (bei einer Rentengarantiezeit von 10 Jahren) noch neun Jahre lang Rente ausbezahlt.

> Wer darüber nachdenkt, sein für den Ruhestand angespartes Kapital in eine Sofortrente umzuwandeln, muss unbedingt berücksichtigen, dass eine spätere Kündigung des Vertrages grundsätzlich nicht möglich bzw. immer mit finanziellen Einbußen verbunden ist. Um finanziell flexibel zu bleiben, sollten Sie also vorsichtshalber nur einen Teil Ihrer Ersparnisse in die Sofortrente einzahlen.

4.2.3 Die aufgeschobene Rente nach Einmalzahlung

Eine aufgeschobene Rente nach Einmalzahlung eignet sich für alle diejenigen, die bereits heute einen größeren Betrag anlegen möchten, die Rente aber erst in einigen Jahren benötigen. Mit dieser Versicherungsvariante lässt sich die Altersvorsorge auf einen Schlag verbessern, beispielsweise mit frei werdendem Geld aus einem fälligen Sparplan, einer Abfindung oder einer Erbschaft. Dabei kann die **Aufschubdauer** im Rahmen gewisser Grenzen frei vereinbart werden.

Die aufgeschobene Rente gegen Einmalzahlung ist bei gleichem Kapitaleinsatz höher als die Sofortrente, da sich das Kapital in der Aufschubzeit ja weiterhin verzinst.

> Ein 65-jähriger Mann bzw. eine gleichaltrige Frau schließt eine aufgeschobene Rente gegen Einmalbeitrag ab. Bei der Europa Versicherung erhält er für 50.000,– € Einmalbeitrag bei einer Aufschubdauer von zwei Jahren (Rentenbeginn mit 67 Jahren) und einer zehnjährigen Garantiezeit eine monatliche garantierte Rente in Höhe von 193,– €. Als Sofortrente, bei einem Rentenbeginn mit 65 Jahren, bekäme er für den gleichen Beitrag nur eine garantierte Rente in Höhe von 177,– €.

Auch dieses Beispiel zeigt deutlich, dass eine private Rentenversicherung **renditemäßig** eher wenig zu bieten hat. Bei einer Jahresrente von rund 2.500,– € kommt der Versicherte nämlich erst nach 20 Jahren in die Gewinnzone, und dann ist er bereits 85 Jahre alt und damit statistisch betrachtet schon tot.

> Wenn Sie einen Vertrag über eine aufgeschobene Rente gegen Einmalbeitrag abschließen, sollten Sie – genau wie bei der Sofortrente – immer eine Rentengarantiezeit vereinbaren. Ansonsten riskieren Sie, dass der Einmalbeitrag im Falle Ihres frühen Todes nach Rentenbeginn den Hinterbliebenen bzw. Erben gänzlich verloren geht.

Ein wesentlicher Vorteil der Rente gegen Einmalzahlung – egal, ob aufgeschoben oder nicht – ist die **geringe steuerliche Belastung.** Steuerpflichtig ist jeweils nur der Ertragsanteil. Bei Rentenbeginn mit 65 Jahren zählen beispielsweise nur 18 % der Rente zum steuerpflichtigen Einkommen – dieser Satz gilt dann auch für alle Folgejahre.

4.3 Zusatzvereinbarungen: Sicherheit für Angehörige

Die Rentenpolicen der meisten Anbieter lassen sich durch besondere Zusatzvereinbarungen inzwischen so **erweitern,** dass beim Tod des Versicherten vor oder kurz nach dem vereinbarten Rentenbeginn die eingezahlten Beiträge für die Hinterbliebenen nicht vollständig verloren gehen oder dass darüber hinaus sogar eine Hinterbliebenenrente gezahlt wird.

4.3.1 Eingebaute Vorsichtsmaßnahmen

Erlebt der Versicherte den Rentenbeginn, macht sich seine private Rente mit jeder Auszahlung, die er erhält, mehr und mehr bezahlt. Verliert der Versicherte die Wette auf sein langes Leben, erlischt der Vertrag und der Versicherer braucht grundsätzlich keine Zahlungen mehr zu leisten.

Kapitalerhalt durch Beitragsrückgewähr

Ist eine Beitragsrückgewähr für die Ansparzeit vereinbart, erhalten die Hinterbliebenen bei **Tod des Versicherten vor Rentenbeginn** eine Rückzahlung. Die Gesellschaft erstattet die gezahlten Beiträge, wobei allerdings anteilige Vertriebs- und Verwaltungskosten, Ratenzahlungszuschläge und Beitragsanteile für eventuelle Zusatzversicherungen abgezogen werden. Bis zu diesem Zeitpunkt angefallene Überschussanteile erhöhen dagegen die Auszahlung.

Bei einigen Anbietern kann auch für die Rentenbezugszeit, also für den **Todesfall nach Rentenbeginn,** eine Beitrags- bzw. eine **Kapitalrückgewähr** vereinbart werden. Die Todesfallleistung umfasst den für diese Versicherung gezahlten Beitrag abzüglich der bis zum Todeszeitpunkt bereits ausgezahlten Renten.

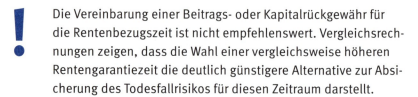

Die Vereinbarung einer Beitrags- oder Kapitalrückgewähr für die Rentenbezugszeit ist nicht empfehlenswert. Vergleichsrechnungen zeigen, dass die Wahl einer vergleichsweise höheren Rentengarantiezeit die deutlich günstigere Alternative zur Absicherung des Todesfallrisikos für diesen Zeitraum darstellt.

Rentengarantiezeit: Sinnvolle Absicherung für Hinterbliebene

Als Vorsorge für den Fall, dass der Versicherte kurz **nach Beginn der Rentenzahlung** stirbt, ist die Vereinbarung einer Rentengarantiezeit empfehlenswert. Für diesen Zeitraum wird die Rente auf jeden Fall gezahlt, auch über das Lebensende hinaus. Stirbt der privat Rentenversicherte beispielsweise bereits ein Jahr nach Beginn der Rentenbezugsphase und ist eine Rentengarantiezeit von zehn Jahren vereinbart, so haben die Hinterbliebenen noch neun Jahre lang Anspruch auf die vertragliche Rentenzahlung.

Mit der Rentengarantie sichern Sie nicht nur Ihre Hinterbliebenen ab, sondern erhalten auch in eigenem Interesse die Chance, statt regelmäßiger Zahlungen eine einmalige **Kapitalabfindung** in entsprechender Höhe zu verlangen.

Die **Dauer der Rentengarantiezeit** kann weitgehend frei gewählt werden. Zur Auswahl stehen meist Zeitspannen von 5, 10, 15 und 20 Jahren; häufig wird eine Garantiezeit von zehn Jahren gewählt. Die Rentengarantie gibt es allerdings nicht umsonst: Je länger die Dauer der Garantie, umso empfindlicher wird die Höhe der Rentenzahlung geschmälert.

Achtung: Die Versorgung der Hinterbliebenen durch Vereinbarung einer Rentengarantiezeit ist steuerrechtlich begrenzt. Entscheidend sind die bei Vertragsabschluss zugrunde gelegte Sterbetafel und das bei Rentenbeginn vollendete Lebensjahr der versicherten Person.

- Die vorteilhafte Besteuerung nur mit dem Ertragsanteil gilt für den Erben nur dann, wenn die vereinbarte Rentengarantiezeit **nicht über die durchschnittliche Lebenserwartung** der versicherten Person hinausgeht. Dann wird die Besteuerung mit dem auf den Erblasser angewandten Ertragsanteil fortgeführt.

- Ist die Rentengarantiezeit dagegen länger als die Lebenserwartung nach Sterbetafel, müssen die Hinterbliebenen die Zahlungen in voller Höhe als Einkünfte aus Kapitalvermögen versteuern.

Der Bezugsberechtigte kann sich die im Rahmen der Garantiezeit noch ausstehenden Renten wahlweise auch mit einer **einmaligen Kapitalzahlung** abfinden lassen. Für die Berechnung der Abfindung werden die zukünftigen Zahlungen mit dem Rechnungszinssatz abgezinst.

Zusatzbaustein Hinterbliebenenrente: Absicherung von Lebenspartnern

Die Vereinbarung einer **Hinterbliebenen-** oder **Lebenspartnerrente** ist eine Zusatzversicherung, durch die der Rentenanspruch des Versicherten aus der Hauptversicherung ganz oder teilweise auf eine bestimmte mitversicherte Person übertragen wird.

Der Anspruch auf Lebenspartnerrente entsteht, wenn die versicherte Person stirbt und die mitversicherte Person zu diesem Zeitpunkt noch lebt. Die Höhe der Hinterbliebenenrente bestimmt sich über einen **vertraglich festgelegten Prozentsatz** der Altersrente des Versicherten. Üblicherweise kann er zwischen zehn und 100 % frei gewählt werden. Stirbt die mitversicherte Person vor der versicherten Person, erlischt die Zusatzversicherung, ohne dass eine Leistung fällig wird.

Die **Zusatzversicherung** wird ebenso wie die Hauptversicherung an den Überschüssen beteiligt; es gilt das für die Rentenphase der Hauptversicherung vereinbarte Überschuss-System.

 Prüfen Sie, ob die Vereinbarung einer lebenslangen Partnerrente als Zusatzbaustein zur eigenen Rentenversicherung wirklich sinnvoll ist. Bei Einschluss dieser Zusatzversicherung werden Angaben zum Gesundheitszustand erforderlich, und diese verteuern den Vertrag unter Umständen erheblich. Eine eigenständige Rentenversicherung für den Lebenspartner wäre dann die günstigere Alternative.

4.3.2 »Todesfallschutz inklusive« bewirkt Rentenkürzung

Der Grundgedanke der privaten Rente ist – ähnlich wie bei der gesetzlichen Rente – die Versorgung des Versicherten im Alter, also die Absicherung für den Erlebensfall. Der Versicherte »bezahlt« einen zusätzlichen Todesfallschutz grundsätzlich durch Kürzungen bei seiner Rente. Bei Nichteintritt des Todesfalls sind die Rentenzahlungen, die der Versicherte erhält, geringer als bei einem Vertrag ohne entsprechende Vereinbarungen. Die Rentenkürzung ist je nach gewählter Leistung, Anbieter und Eintrittsalter des Versicherten unterschiedlich hoch.

Folgende Tabelle zeigt, dass die Absicherung umso **teurer** wird, je länger die Garantiezeit ist, und dass Frauen wegen ihrer höheren Lebenserwartung deutlich geringere Rentenkürzungen hinnehmen müssen als Männer.

So wirken sich die Vereinbarung von Beitragsrückgewähr und Rentengarantie auf die Rentenhöhe aus

Für einen monatlichen Beitrag in Höhe von 75,- € erhalten 35-Jährige bei einem günstigen Anbieter über eine Anspardauer von 32 Jahren je nach Zusatzvereinbarung für den Todesfall folgende garantierte Monatsrenten (ohne Überschussbeteiligung):

Vertragliche Zusatzleistung	Monatliche Rente
Keine	111,- €
Beitragsrückgewähr	108,- €
5 Jahre Rentengarantie	110,- €
Beitragsrückgewähr und 5 Jahre Rentengarantie	108,- €
10 Jahre Rentengarantie	110,- €
Beitragsrückgewähr und 10 Jahre Rentengarantie	107,- €

4.4 Wie erfolgt die Beteiligung an den Überschüssen?

Die private Rentenversicherung ist eine besondere Form der Geldanlage. Der Sparanteil der Beiträge liegt nach Abzug der Kosten für Abschluss, Vertrieb und Verwaltung zwischen **90 %** und **95 %**.

Der Versicherer legt die Sparanteile an und garantiert seinen Kunden hierfür eine **feste Mindestverzinsung**. Die verbindliche Rentenzusage aus der Garantieverzinsung macht jedoch nur einen Teil der späteren Rente aus.

Hinzu kommt eine Rente aus der **variablen Überschussbeteiligung**, die je nach Geschäftsentwicklung festgelegt wird.

4.4.1 Wie entstehen Überschüsse?

Aufgrund gesetzlicher Vorgaben berechnen die Versicherer ihre Beiträge vorsichtig. Aus den Sicherheitszuschlägen bei der Kalkulation entstehen Überschüsse, die sich in drei Kategorien gliedern:

- **Kostenüberschüsse** fallen an, wenn die tatsächlichen Abschluss-, Vertriebs- und Verwaltungskosten geringer sind als zunächst angenommen. Mindestens 50 % der Kostenüberschüsse müssen an die Kunden weitergeleitet werden.

- **Risikoüberschüsse** werden erzielt, wenn die Kunden nicht so alt werden, wie bei Vertragsbeginn nach der Sterbetafel kalkuliert. Diese Überschüsse aufgrund höherer Sterblichkeit müssen den Kunden zu 75 % gutgeschrieben werden.

- **Zinsüberschüsse** resultieren aus einer erfolgreichen Kapitalanlage, die mehr als den garantierten Mindestzins erwirtschaftet. Zumindest 90 % dieser Zinsüberschüsse muss jeder Anbieter an seine Kunden weitergeben.

Die jährlich erwirtschafteten Überschüsse leiten die Versicherer nur zu einem kleinen Teil in Form einer **Direktgutschrift** unmittelbar an die Versicherten weiter. Der Großteil fließt zunächst in einen Reservetopf, die sog. **Rückstellung für Beitragsrückerstattung (RfB)**. Diese wirkt als Puffer, der Ergebnisschwankungen im Zeitablauf glättet und dadurch weitgehend konstante jährliche Gewinnzuteilungen an die Versicherten ermöglicht.

Zusätzlich zu den jährlichen Überschussanteilen steht den Versicherten seit Inkrafttreten des neuen Versicherungsvertragsgesetzes (VVG) gemäß § 153 VVG eine Beteiligung an den **Bewertungsreserven** zu. »Stille Reserven« entstehen insbesondere bei Wertpapieranlagen oder bei Immobilien, wenn deren tatsächlicher Wert höher ist als ihr Buchwert. Die Gesellschaften ermitteln zu bestimmten Stichtagen die Höhe ihrer Bewertungsreserve und ordnen sie den jeweiligen Verträgen verursachungsgerecht zu. Am Ende der Ansparphase, sei es durch Tod, Kündigung oder Beginn des Rentenbezugs, wird der aktuelle Reservebetrag der Police zur Hälfte zugeteilt. Auch während des Rentenbezugs erfolgt eine anteilige Beteiligung an den Bewertungsreserven.

Bei Rentenbeginn wir darüber hinaus eventuell ein »**Schlussüberschussanteil**« fällig. Hierbei handelt es sich um eine zusätzliche Ausschüttung aus Reserven des Versicherungsunternehmens. Die Höhe des Schlussgewinns wird in Abhängigkeit von der jeweiligen Ertragslage festgelegt und im Geschäftsbericht veröffentlicht. Den Schlussgewinn setzen Gesellschaften auch ein, um das **Durchhalten der Verträge** zu »belohnen«. Eine Kündigung der Versicherung nur wenige Jahre vor Vertragsende, d.h. Rentenbeginn oder Ausübung des Kapitalwahlrechts, kann deshalb bei Versicherern, die die Überschussbeteiligung mit einem hohen Schlussgewinn krönen, sehr nachteilig sein.

Lebensversicherer sind verpflichtet, ihre Kunden während der Vertragslaufzeit regelmäßig über den Stand der Überschussbeteiligung zu informieren. Für alle nach 1995 abgeschlossenen Verträge ist eine jährliche Standmitteilung Pflicht.

4.4.2 Ansparphase: Bonus und verzinsliche Ansammlung

Die Beteiligung des Kunden an den Überschüssen kann sowohl in der Anspar- als auch in der Rentenbezugsphase auf verschiedene Arten erfolgen. Die beiden **häufigsten Modelle** der Überschussbeteiligung in der Ansparzeit sind das Bonussystem und die verzinsliche Ansammlung. Einige wenige Versicherer bieten auch eine Barauszahlung an. Meist kann der Kunde bei einem Anbieter zwischen den verschiedenen Varianten wählen.

=== Bonusrente und verzinsliche Ansammlung erhöhen die spätere Rente

Beim **Bonussystem** werden die jährlichen Überschussanteile als Einmalbeiträge in eine zusätzliche, ansonsten beitragsfreie Rentenversicherung eingezahlt. Die Höhe der zusätzlichen Rente ergibt sich jeweils aus den zum Zuteilungszeitpunkt aktuellen Rechnungsgrundlagen, die insbesondere die Entwicklung der Lebenserwartung und die Rendite der Kapitalanlagen berücksichtigen. Nach der jährlichen Zuteilung ist die Bonusrente ebenfalls garantiert und für die Folgejahre überschussberechtigt.

Bei der **verzinslichen Ansammlung** werden die Gewinnanteile zunächst einem Überschusskonto gutgeschrieben und dort verzinst. Erst bei Rentenbeginn werden die angesammelten Überschüsse nach den dann für das Neugeschäft gültigen Rechnungsgrundlagen verrentet. Die zusätzliche Rente wird zusammen mit der garantierten Rente fällig, ist ebenfalls garantiert und überschussberechtigt.

Beide Varianten der Überschussbeteiligung führen im Ergebnis zu einer Erhöhung der versicherten Leistung. Aufgrund zahlreicher Unsicherheitsfaktoren, insbesondere hinsichtlich der Zinsentwicklung und Entwicklung der Lebenserwartung, lässt sich im Vorhinein nicht sagen, welche Variante für den Kunden vorteilhafter ist.

Besonderheiten bei Tod der versicherten Person vor Rentenbeginn

Sofern keine besonderen Vereinbarungen getroffen wurden, erlischt ein Rentenversicherungsvertrag **ohne Leistungen** bei **Tod des Versicherten vor Rentenbeginn.**

Ist eine **Beitragsrückgewähr** vorgesehen, führen grundsätzlich sowohl die verzinsliche Ansammlung als auch die Bonusrente zu einer Erhöhung dieser Todesfallleistung. Allerdings ist das Bonusrentensystem bei einigen Anbietern in diesem Punkt flexibler: Der Kunde kann nämlich vereinbaren, dass aus der Bonusrente keine Leistung bei Tod fällig wird. Zwar erhalten seine Hinterbliebenen dann vergleichsweise weniger, wenn er vor Rentenbeginn stirbt, dafür profitiert er im Erlebensfall jedoch von vergleichsweise höheren Rentensteigerungen.

Bei der Ausgestaltung Ihrer privaten Rentenpolice sollte immer das Bestreben im Vordergrund stehen, eine möglichst hohe private Rente zu erhalten. Entscheiden Sie sich – wenn Sie die Wahl haben – für diejenige Form der Überschussbeteiligung, die in vollem Umfang die zukünftige Rente steigert.

4.4.3 Rentenphase: Nicht alle Verfahren empfehlenswert

Bei Vertragsabschluss muss der Kunde festlegen, **welche Form** der Überschussbeteiligung er für die spätere Rentenbezugsdauer wünscht. Möglich ist es, das gewählte Überschusssystem kurz vor Rentenbeginn – üblicherweise bis zu drei Monaten vorher – zu wechseln.

Betrachtet man das Grundprinzip, so lassen sich grundsätzlich **drei verschiedene Überschusssysteme** unterscheiden. Die zahlreichen angebotenen Varianten weichen von diesen allenfalls geringfügig ab. Verwirrend ist allerdings die Begriffsvielfalt: Für das gleiche Beteiligungssystem werden häufig unterschiedliche Bezeichnungen verwendet, mitunter verbergen sich hinter identischen Bezeichnungen aber auch ganz unterschiedliche Verfahren.

Die dynamische Rente (Bonusrente)

Bei der dynamischen Rente ist die Auszahlung zunächst niedrig, kann sich aber im Zeitablauf erhöhen. Der Versicherte erhält nämlich zusätzlich zur garantierten Rente jährlich – erstmals zum Ende des ersten Rentenbezugsjahrs – laufende Überschussanteile gutgeschrieben. Aus diesen wird – wie beim Bonusrentensystem in der Ansparphase – zu den dann aktuellen Kalkulationsgrundlagen eine zusätzliche Rente (»Bonusrente«) gebildet.

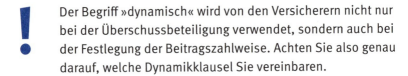

Der Begriff »dynamisch« wird von den Versicherern nicht nur bei der Überschussbeteiligung verwendet, sondern auch bei der Festlegung der Beitragszahlweise. Achten Sie also genau darauf, welche Dynamikklausel Sie vereinbaren.

Die Höhe der **Bonusrente** ergibt sich aus der jährlichen Überschussdeklaration und ist für die Zukunft **nicht sicher.** Falls die Gesellschaft in einem Jahr weniger Überschüsse erwirtschaftet, kann die Rentensteigerung gegenüber dem Vorjahr geringer ausfallen oder sogar ganz ausbleiben. Eine einmal zugeteilte Bonusrente ist jedoch garantiert und für die Folgejahre ebenfalls überschussberechtigt. Damit führt dieses Überschusssystem insgesamt zu einer steigenden oder – im ungünstigsten Fall – zu einer gleichbleibenden Rente.

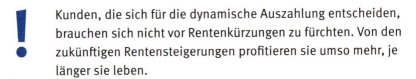

Kunden, die sich für die dynamische Auszahlung entscheiden, brauchen sich nicht vor Rentenkürzungen zu fürchten. Von den zukünftigen Rentensteigerungen profitieren sie umso mehr, je länger sie leben.

Flexible Gewinnrente

Bei der flexiblen Gewinnrente werden die jährlichen Überschussanteile der Rentenbezugsphase für eine bereits ab Rentenbeginn erhöhte Rente verwendet. Die zukünftigen, noch nicht zugeteilten Überschussanteile werden dabei unter der Voraussetzung, dass die Überschusssätze unverändert bleiben, von Anfang an rechnerisch so aufgeteilt, dass sich eine über die Rentenzahlungszeit **gleichbleibende** Gewinnrente ergibt.

Da von einer unveränderten Gewinnsituation für die Zukunft ausgegangen wird, bezeichnet man diese Variante teilweise auch als »**konstante Gewinnrente**«. Dieser Name ist jedoch irreführend, denn es ist eher unwahrscheinlich, dass die Gewinnsituation und damit die Überschussbeteiligung in der Auszahlungsphase stets gleich bleiben. Zutreffender ist daher die Bezeichnung »flexible« oder »variable« Gewinnrente.

Verändert sich die Überschusssituation, so wird auch die flexible Gewinnrente jeweils neu berechnet. Bei einer Absenkung der Überschussbeteiligung verringert sich die Gewinnrente; sie steigt, wenn die Überschussbeteiligung höher ausfällt.

Die flexible Gewinnrente ist vor allem deshalb attraktiv, weil sie bereits zu Beginn eine vergleichsweise hohe Rentenzahlung ermöglicht. Wer diese Variante wählt, kann sich allerdings nie sicher sein, dass er das erreichte Rentenniveau auch im Folgejahr hält. Die zugeteilten Überschussanteile sind nicht garantiert und können jedes Jahr reduziert werden.

Die teildynamische Rente

Eine Mischform zwischen der dynamischen Bonusrente und der flexiblen Gewinnrente ist die teildynamische Rente. Bei dieser Variante erhält der Kunde – wie bei der flexiblen Gewinnrente – ab Rentenbeginn zusätzlich zur garantierten Rente eine sog. **Sockelrente.**

Die Sockelrente wird allerdings nur aus einem Teil der für alle zukünftigen Versicherungsjahre zu erwartenden zukünftigen Überschussanteile gebildet. Die restlichen prognostizierten Überschussanteile steigern – sofern sie tatsächlich eintreffen – erst in den Folgejahren die Rente.

Bei der **teildynamischen Rente** sind weder die Sockelrente noch die bereits erreichten Steigerungen für die Folgejahre garantiert. Verschlechtert sich die Ertragslage des Versicherers, wird zunächst der Rentensteigerungssatz gesenkt. Bei weiteren Gewinneinbrüchen kann aber auch der Sockelbetrag gekürzt werden, sodass die Gesamtrente sinkt.

Die teildynamische Variante kombiniert die Vor- und Nachteile der Bonusrente und der flexiblen Gewinnrente. Der Kunde bekommt von Anfang an eine höhere Rente als bei der dynamischen Auszahlung und kann bei unveränderter Gewinnsituation zusätzliche Rentensteigerungen erzielen. Allerdings muss er auch mit Rentenkürzungen rechnen! Wirklich empfehlenswert ist deshalb nur die volldynamische Variante bzw. Bonusrente als Form der Überschussbeteiligung. Denn nur bei dieser Auszahlungsform sind Sie vor Rentenkürzungen sicher. Ruheständler, die sich für eine flexible oder teildynamische Auszahlung entschieden haben, mussten in den letzten Jahren branchenweit zum Teil massive Rentenkürzungen hinnehmen.

4.5 So erhöhen Sie die finanzielle Flexibilität

Als großes Manko der privaten Rentenversicherung gilt die **geringe finanzielle Flexibilität** für den Beitragszahler. Wer einen Vertrag über eine aufgeschobene Rente unterschrieben hat, ist daran häufig über Jahrzehnte gebunden.

Es gibt jedoch verschiedene Möglichkeiten, um auch die prinzipiell starre Rentenpolice an veränderte Lebensumstände anzupassen. Die **Gestaltungsmöglichkeiten,** die einzelne Anbieter ihren Kunden einräumen, sind allerdings sehr unterschiedlich.

4.5.1 Kapital oder Rente: Ihre Wahl bei Rentenbeginn

Die Vertragsbedingungen der meisten Versicherer sehen ein sog. **Kapitalwahlrecht** vor. Zum Ende der Ansparphase kann der Kunde entscheiden, ob er

- eine lebenslange Rentenzahlung oder
- einmalig einen hohen Geldbetrag – die Kapitalabfindung – erhalten möchte.

Je nach individuellen **Lebensumständen** kann die Einmalzahlung interessanter sein, z.B., wenn ein altersgerechter Hausumbau finanziert werden muss. Mit der Auszahlung endet der Versicherungsvertrag.

Die Höhe der Kapitalabfindung wird nach versicherungsmathematischen Grundsätzen berechnet und setzt sich aus der garantierten Versicherungsleistung und der Überschussbeteiligung zusammen. Wie hoch diese zum vereinbarten Rentenbeginn voraussichtlich ausfallen wird, ist in der **jährlichen Standmitteilung** zur Überschussbeteiligung ausgewiesen.

Im Hinblick auf das **Kapitalwahlrecht** sind die staatlich geförderten **Riester-** und **Rürup-Renten** erheblich weniger flexibel. Die Rürup-Rente sieht gar keine Kapitalabfindung bei Rentenbeginn vor; bei der Riester-Rente kann sich der Begünstigte seit 2005 maximal 30 % des angesammelten Kapitals förderunschädlich auszahlen lassen. Dieses Kapital wird allerdings durch eine Sicherheitsreserve von rund 30 % des zur Verfügung stehenden Betrages für die gesetzlich vorgeschriebene lebenslange Rente ab dem 85. Lebensjahr empfindlich geschmälert. Außerdem kann die Kapitalauszahlung zu einer höheren Steuerbelastung der Riester-Rente führen.

Antragsfristen beachten

Voraussetzung für die Ausübung des Kapitalwahlrechts ist, dass die versicherte Person den Tag des Rentenbeginns erlebt und dass fristgerecht ein entsprechender Antrag gestellt wurde. In der Regel beträgt die Frist **drei Jahre,** manche Anbieter setzen auch eine Fünfjahresfrist. Bei Policen mit **Beitragsrückgewähr** verkürzt sich die Frist zumeist auf **drei Monate.**

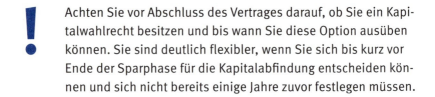
Achten Sie vor Abschluss des Vertrages darauf, ob Sie ein Kapitalwahlrecht besitzen und bis wann Sie diese Option ausüben können. Sie sind deutlich flexibler, wenn Sie sich bis kurz vor Ende der Sparphase für die Kapitalabfindung entscheiden können und sich nicht bereits einige Jahre zuvor festlegen müssen.

Einmalauszahlung führt zum Verlust der Steuervergünstigung

Attraktiv ist die Rentenversicherung insbesondere wegen der **Besteuerung nur des Ertragsanteils.** Diese gilt jedoch nur, wenn die Leistung der Versicherung in Form einer **lebenslangen Rente** erbracht wird.

- Entscheidet sich der Versicherte für die Einmalauszahlung, wird eine Rentenversicherung steuerlich genauso behandelt wie die Auszahlung einer Kapitallebensversicherung. Der Ertrag ist als Einkommen aus Kapitalvermögen gemäß § 20 Abs. 1 Nr. 6 EStG zu versteuern. Steuerpflichtig ist dabei die Differenz zwischen der Versicherungsleistung und der Summe der auf sie entrichteten Beiträge.

- Sofern die Auszahlung nach Ablauf von 12 Jahren seit dem Vertragsabschluss erfolgt und der Versicherte (= Steuerpflichtige) das 60. Lebensjahr bereits vollendet hat, müssen lediglich 50 % des Ertrags versteuert werden.

Auch Teilauszahlungen sind möglich

Die meisten Versicherer geben ihren Kunden auch die Möglichkeit, nur eine **herabgesetzte Kapitalabfindung** zu beantragen. Bei der Teilauszahlung bleibt ein verringerter Anspruch auf Rentenzahlung bestehen. Diese Option ist grundsätzlich nur möglich, wenn die Teilrente einen gewissen Mindestbetrag, beispielsweise 300,– € pro Jahr, nicht unterschreitet.

Achten Sie wegen der steuerlichen Nachteile unbedingt darauf, dass die Ansparzeit der aufgeschobenen Rentenpolice mindestens zwölf Jahre beträgt. Beim Abschluss Ihrer Police gehen Sie vielleicht noch fest von einer lebenslangen Auszahlung aus. Sie müssen aber immer damit rechnen, dass sich Ihre Pläne beispielsweise aufgrund einer plötzlichen Krankheit dramatisch ändern und eine Kapitalabfindung erforderlich machen.

4.5.2 Flexible Gestaltung des Rentenbeginns

Bei Vertragsabschluss wird vereinbart, ab wann die Rentenzahlungen erfolgen sollen. Dieser planmäßige Rentenbeginn kann in der Regel aber noch verändert werden:

- Enthält der Vertrag eine **Abrufoption,** lässt sich der Beginn der Rentenzahlung vorziehen. In der Regel kann die Zahlung maximal fünf Jahre früher beginnen als ursprünglich vereinbart. Zusätzlich muss der Versicherte ein bestimmtes Mindestalter – üblich sind 60 Jahre – erreicht haben. Der vorzeitige Abruf führt zu einer längeren Rentenlaufzeit und hat eine entsprechende Herabsetzung der garantierten Rente zur Folge.

- Die **Aufschuboption** gibt dem Versicherten die Möglichkeit, den vereinbarten Rentenbeginn einmalig oder mehrmalig um meist bis zu fünf Jahre hinauszuschieben. Voraussetzung hierfür ist, dass der Versicherte am ursprünglichen Leistungszeitpunkt ein bestimmtes Mindestalter erreicht und zum neuen Leistungszeitpunkt ein bestimmtes Höchstalter noch nicht überschritten hat. Während der sog. **Verfügungsphase** müssen keine Beiträge mehr geleistet werden. Durch das Herausschieben des Rentenbeginns verkürzt sich rechnerisch die Rentenbezugsdauer, daher ist die gezahlte Rente höher als ursprünglich geplant.

Der Einschluss einer Aufschub- und einer Abrufoption eröffnet Ihnen einen großen Gestaltungsspielraum bezüglich des Beginns Ihrer privaten Rente. Je nach eigener Gesundheit können Sie damit flexibel reagieren: Entweder lassen Sie im Hinblick auf eine gestiegene Lebensarbeitszeit auch die private Rente später beginnen oder Sie gehen vorzeitig in den Ruhestand und gleichen mit Ihrer Privatrente die Abschläge bei der gesetzlichen Rente aus.

4.5.3 Finanzprobleme? Anpassen statt kündigen!

Zeiträume von 15, 20 oder noch mehr Jahren, in denen Kunden verpflichtet sind, laufend Beiträge zu zahlen, sind bei aufgeschobenen Rentenversicherungen üblich. Kommt es in dieser Zeitspanne einmal zu finanziellen Engpässen, sollte der Vertrag wegen der damit verbundenen **Verluste** nicht gleich gekündigt werden. Denn es gibt verschiedene Möglichkeiten, die finanziellen Belastungen zu reduzieren und trotzdem die versicherte Leistung zumindest teilweise zu erhalten.

Beitragsstundung

Viele Anbieter sind bereit, die Beiträge für einen begrenzten Zeitraum zu stunden. Die **Ansprüche** aus dem Versicherungsvertrag bleiben während der Stundung in vollem Umfang erhalten. Üblich ist eine zinspflichtige Stundung der Beiträge für ein halbes Jahr.

Manchmal gewähren Versicherer auch bis zu einem Jahr Aufschub – insbesondere bei Arbeitslosigkeit –, wobei in diesem Fall die ersten sechs Monate häufig sogar zinsfrei sind. Nach Ablauf der Stundung müssen die Beiträge zuzüglich der angefallenen Zinsen nachgezahlt werden.

Beitragsfreistellung, Beitragsreduktion und Wiederaufnahme der Beitragszahlung

Kunden, die ihre Versicherungsbeiträge voraussichtlich dauerhaft nicht mehr aufbringen können, sollten anstelle einer Kündigung beantragen, dass ihre Police ganz oder teilweise von der Beitragszahlungspflicht befreit wird.

Der Versicherer setzt dann unter Anwendung versicherungsmathematischer Regeln und Kalkulationsgrundlagen die ursprünglich versicherte Rente auf eine vollständig **beitragsfreie** bzw. eine reduzierte **Rente** herab.

Sollte sich die finanzielle Situation später wieder verbessern, lässt sich der ursprüngliche Versicherungsschutz zumeist wiederherstellen. Sofern der Kunde innerhalb einer Frist von üblicherweise **zwei bis drei Jahren** die auf die beitragsfreie Zeit entfallenden Beiträge vollständig nachzahlt und auch wieder regelmäßig Beiträge in der ursprünglichen Höhe leistet, setzt der Versicherer im Gegenzug die Rente bis auf die ursprünglich vereinbarte Höhe herauf.

Nimmt der Kunde die Beitragszahlung wieder auf, verzichtet aber auf die Nachzahlung, setzt der Versicherer die garantierte Rente entsprechend geringer fest.

Eine **Beitragsfreistellung** ist immer nur dann möglich, wenn die herabgesetzte Rente nicht kleiner ist als eine vorgegebene Mindestrente von üblicherweise 200,- € bis 300,- € pro Jahr. Fällt die beitragsfreie Rente zu gering aus, erlischt die Versicherung und es wird – soweit vorhanden – der Rückkaufswert ausgezahlt.

Vorschuss auf die Rente: Policendarlehen

Häufig werden Rentenversicherungsverträge gekündigt, weil die Versicherten einen unvorhergesehenen Kapitalbedarf mit dem frei werdenden Geld decken möchten. Wer Geld benötigt, sollte jedoch zunächst versuchen, seine Police zu beleihen. Bei einem solchen

Policendarlehen dient die bestehende Versicherung als Kreditsicherheit. Die Darlehenssumme kann demzufolge immer nur maximal so hoch sein wie der aktuelle **Rückkaufswert** der Versicherung (= angesammeltes Versicherungsguthaben zuzüglich bereits gutgeschriebener Überschussanteile). Die Vorteile: Die Kreditzinsen sind aufgrund der vorhandenen Sicherheit vergleichsweise günstig und es ist keine Tilgung erforderlich, da die Kreditschuld mit der fälligen Versicherungsleistung verrechnet wird. Der ursprüngliche Versicherungsschutz lässt sich wiederherstellen, wenn der Kunde das Darlehen vorzeitig zurückzahlt.

Eine vorzeitige Kündigung Ihrer Police sollte stets die Ultima Ratio sein, denn die finanziellen Verluste sind insbesondere in den ersten Jahren der Laufzeit enorm. Aber auch ältere Policen sollten Sie wegen ihrer vergleichsweise hohen Garantieverzinsung möglichst nicht voreilig kündigen.

4.6 Tipps zum Abschluss der Privat-Rentenversicherung

Da eine private Rentenversicherung unter Renditegesichtspunkten nur wenig zu bieten hat, ist es umso wichtiger, vor einem Abschluss möglichst **viele Angebote** einzuholen und genau zu vergleichen.

4.6.1 Prüfen Sie die Leistungsfähigkeit der Anbieter

Angesichts der langen Laufzeit ist nicht nur die absolute Höhe des Rentenversprechens von Bedeutung, sondern auch die Wahrscheinlichkeit, dass der Versicherer dieses Versprechen auch wirklich einhalten kann. Leistungsvergleiche professioneller Analysten zeigen potenziellen Kunden, an welche Gesellschaften sie sich wegen eines Angebots wenden sollten.

- Die **Ratingagentur** Fitch veröffentlicht beispielsweise jährlich ein Finanzstärke-Rating der Lebensversicherer (Insurer Financial Strength Rating, IFS-Rating). Anbieter, denen mindestens eine »starke« Finanzkraft mit der Note »A–« bescheinigt wird, erhalten zudem ein Finanzstärke-Siegel. Am IFS-Siegel ist also schnell die Bonität und Finanzkraft eines Versicherers erkennbar. Eine entsprechende Liste ist im Internet auf der Seite www.fitch-makler.de einzusehen.

- Der Branchendienst »**map-report**« beurteilt die Anbieter in Bezug auf langjährige Leistungen. Berechnet werden unter anderem die Nettorendite der Kapitalanlagen, die Verwaltungskostenquote und Servicekennzahlen wie Beschwerde- und Stornoquoten. Dabei arbeiten die Experten teilweise mit den Mittelwerten aus den vergangenen zwölf Jahren.

- Auch das Analysehaus **Morgen&Morgen** untersucht alljährlich die Finanzkraft von mehr als 70 Versicherern, die etwa 90 % des Marktes abdecken. Zusätzlich werden die Gesellschaften einem Stresstest unterzogen, der zeigen soll, wie gut oder schlecht sie eine weitere Finanzkrise überstehen würden.

Die ausführlichen Analysen der Rating-Profis sind in aller Regel nicht kostenfrei erhältlich. Allerdings werden sie in der Presse vielfach zitiert und lassen sich dort beispielsweise über eine entsprechende Internet-Recherche zumindest ausschnittsweise einsehen.

4.6.2 Machen Sie die Angebote vergleichbar

Aktuelle Angebote über Rentenversicherungen lassen sich am einfachsten übers Internet einholen. Viele Gesellschaften bieten auf ihren Internetseiten eigene Online-Beitragsrechner an. Einen guten Überblick bieten auch zahlreiche **Internet-Vergleichsportale,** z.B. www.fss-online.de, www.aspect-online.de und www.insurance1.de.

Das wichtigste Entscheidungskriterium bei der Anbieterauswahl ist die **Höhe der garantierten Rentenzahlung.** Die Rentenzusagen verschiedener Versicherer lassen sich aber nur dann vergleichen, wenn der Leistungsumfang identisch ist. Achten Sie insbesondere auf **gleiche Angaben zu Beitrag, Laufzeit, Aufschubdauer bzw. Rentenbeginn.**

Obwohl sie nahezu identische Kalkulationsgrundlagen verwenden, gibt es auch bei den garantierten Leistungen **deutliche Unterschiede** zwischen den Anbietern. Dabei summieren sich auch kleine Unterschiedsbeträge über die langen Laufzeiten zu insgesamt stattlichen Summen.

4.6.3 Leistungsstarke Anbieter im Überblick

Finanzmarktkrise, steigende Lebenserwartung ihrer Kunden und niedrige Zinsen: Die Rentenversicherer stehen weiterhin vor erheblichen Herausforderungen. Vor diesem Hintergrund zeigt Ihnen die nachfolgende Liste lediglich, welche Anbieter bisher als leistungsstark und kostengünstig einzustufen waren.

- ALTE LEIPZIGER Lebensversicherung a. G., Alte-Leipziger-Platz 1, 61440 Oberursel; www.alte-leipziger.de
- Asstel Lebensversicherung AG, Schanzenstr. 28, 51175 Köln; www.asstel.de
- CosmosDirekt Lebensversicherung-AG, Halbergstraße 52–54, 66101 Saarbrücken; www.cosmosdirekt.de
- Debeka Lebensversicherungsverein a.G., Ferdinand-Sauerbruch-Str. 18, 56058 Koblenz; www.debeka.de
- Europa Lebensversicherung AG, Piusstraße 137, 50931 Köln; www.europa.de
- Hannoversche Lebensversicherung AG, VHV-Platz 1, 30177 Hannover; www.hannoversche-leben.de

- InterRisk Lebensversicherungs-AG, Vienna Insurance Group, Karl-Bosch-Str. 5, 65203 Wiesbaden; www.interrisk.de

- mamax Lebensversicherung AG, Augustaanlage 66, 68165 Mannheim; www.mamax.com

- oeco capital Lebensversicherung AG, Karl-Wiechert-Allee 55, 30625 Hannover; www.oeco-capital.de

- Targo Lebensversicherung AG, ProACTIV-Platz 1, Hilden; www.targoversicherung.de

- WGV-Versicherungen, 70164 Stuttgart; www.wgv-online.de

5 Mehr Verdienstmöglichkeiten dank Flexi-Rente

5.1 Selbstbestimmt in den Ruhestand

Hier die Rentner – da die Arbeitnehmer. Das ist Schnee von gestern. So sieht es jedenfalls der Gesetzgeber. Künftig soll es mehr Rente beziehende Arbeitnehmer und mehr Lohn beziehende Rentner geben. Derzeit üben rund 1,4 Millionen Rentner weiterhin eine Berufstätigkeit aus.

Im Folgenden erhalten Sie einen **Überblick über die Neuregelungen,** die teils seit dem 1.1.2017 und teils seit dem 1.7.2017 gelten.

Die neuen Rentenregeln, die den Übergang von Arbeit in die Rente flexibler machen und ein Weiterarbeiten nach Erreichen des regulären Rentenalters attraktiver machen sollen, wurden im Rahmen des **»Gesetzes zur Flexibilisierung des Übergangs vom Erwerbsleben in den Ruhestand«** verabschiedet.

Unser Überblick beginnt mit Tipps für die Gruppe der Arbeitnehmer im Alter von **50plus**. Viele von ihnen möchten trotz aller Maßnahmen, die der Gesetzgeber in den letzten 15 Jahren gegen die Frühverrentung ergriffen hat, nach wie vor deutlich vor dem 65. und erst recht vor dem 67. Geburtstag in Rente gehen. Wenn das für Sie zutrifft, können Sie sich zwar für einen früheren Renteneintritt entscheiden. Dann müssen Sie jedoch **beträchtliche Renteneinbußen** hinnehmen. Im ersten Teil dieses Beitrags erfahren Sie, wie Sie diese Einbußen zumindest in Grenzen halten können. Das Stichwort heißt dabei: **Rückkauf von Rentenabschlägen.**

Der zweite Teil unseres Überblicks betrifft **Frührentner.** Wenn Sie zu dieser Gruppe gehören, dann sind für Sie folgende Neuregelungen besonders wichtig:

- Zum einen gelten seit dem 1.7.2017 **neue Regeln zur Kombination von Arbeit und Rente**. Diese wurden vom Bundesarbeitsministerium unter der Überschrift »Neue Hinzuverdienstregeln« kommuniziert.

- Zum anderen haben Sie als Nutzer einer vorgezogenen Altersrente schon seit Anfang dieses Jahres **neue Möglichkeiten, Ihre Rente zu erhöhen** – entweder, indem Sie freiwillige Beiträge zahlen oder indem Sie durch eine weitere sozialversicherungspflichtige Beschäftigung weitere Rentenansprüche aufbauen.

Der dritte Teil unseres Überblicks betrifft diejenigen, die bereits das **reguläre Rentenalter erreicht** haben. Soweit Sie zu dieser Gruppe gehören und bereits eine Altersrente beziehen, haben Sie nun neue Möglichkeiten, Ihre Altersrente nochmals zu erhöhen. Dafür müssen Sie allerdings eine sozialversicherungspflichtige Beschäftigung ausüben.

Noch attraktiver könnte für Sie allerdings eine bislang bereits bestehende Möglichkeit sein. Wenn Sie das reguläre Rentenalter erreicht haben, sind Sie keineswegs verpflichtet, in Rente zu gehen. Sie können vielmehr den Rentenantrag einfach aufschieben. Eine Mitteilung an die Rentenversicherung ist dafür nicht nötig. Soweit Sie später die Altersrente beantragen, erhöht sich diese nach gesetzlich festgeschriebenen Regeln deutlich. Noch attraktiver wird diese Variante, wenn Sie im regulären Rentenalter zunächst weiter einer sozialversicherungspflichtigen Beschäftigung nachgehen – bei Ihrem alten oder bei einem neuen Arbeitgeber.

5.2 Neue Regeln zum Ausgleich von Rentenabschlägen

Bei den Rentenabschlägen selbst hat sich durch die **Flexi-Rente** nichts geändert, wohl aber bei den **Regelungen zu deren Ausgleich.**

5.2.1 Welche Rentenabschläge ausgleichbar sind

Zunächst zur Erinnerung: Diejenigen, die vor dem regulären Ruhestandsalter in Rente gehen, müssen generell mit Abschlägen rechnen. Um 0,3 % für jeden Monat vor Erreichen der regulären Altersgrenze wird die Rente dann gekürzt. Wer z.B. eine um zwei Jahre vorgezogene Altersrente in Anspruch nimmt, muss Rentenabschläge von (0,3 % × 24 =) 7,2 % hinnehmen.

Die Rentenabschläge werden auf die bis zum Renteneintritt – also beispielsweise bis 63 – erarbeiteten Rentenansprüche erhoben. Darüber hinaus fällt die Altersrente auch wegen der fehlenden Versicherungsjahre ab dem 63. Geburtstag deutlich niedriger aus. Dieses Minus kann durch den Ausgleich von Rentenabschlägen nicht ausgeglichen werden.

=== Ausnahme für besonders langjährig Versicherte

Rentenabschläge fallen bei der Altersrente für langjährig Versicherte (ohne den Zusatz »besonders«) und bei der Schwerbehindertenrente an, nicht jedoch bei der Altersrente für **besonders langjährig Versicherte,** die nach **45 Versicherungsjahren** vorzeitig bezogen werden kann. Bei dieser Frührente gibt es generell keine Abschläge. Für viele Versicherte – insbesondere für Akademiker – kommt diese Rente allerdings nicht infrage, weil sie die erforderlichen Versicherungsjahre nicht erreichen. Folgend ein Beispiel für die Abschläge:

5 | Mehr Verdienstmöglichkeiten dank Flexi-Rente

Herbert S., Jahrgang 1955, plant im Mai 2019 vorzeitig in Altersrente zu gehen. Dann wird er 63 Jahre und neun Monate alt sein. Er will das Altersruhegeld für langjährig Versicherte – ohne den Zusatz »besonders« – in Anspruch nehmen. Eigentlich stünden ihm nach der für ihn vorgenommenen Hochrechnung der Deutschen Rentenversicherung im Mai 2019 1.500,– € Rente zu. Da Herr S. jedoch die reguläre Altersrente erst mit 65 Jahren und neun Monaten beziehen kann, müsste er für 24 Monate Rentenabschläge hinnehmen (7,2 %). Das sind (7,2 % von 1.500,– € =) 108,– €.

Die Abschläge könnte er aber durch eine **Sonderzahlung an die Rentenkasse** ganz oder teilweise ausgleichen. Der volle Ausgleich des Abschlags von 108,– € würde heute im Fall von Herrn S. 26.518,– € kosten. Würde Herbert S. so viel einzahlen, könnte er im Mai 2019 abschlagsfrei in Rente gehen. Das klingt sehr viel, ist auch sehr viel. Doch wer gesundheitlich einigermaßen fit ist, für den lohnt sich die Einzahlung vielfach. Die Erträge der gesetzlichen Rente sind derzeit deutlich besser als die von Privatrenten.

Dies gilt umso mehr, als der **Rückkauf von Rentenabschlägen** ein Steuersparmodell ist (genau übrigens wie die Rürup-Rente). 2018 können Einzahlungen in Höhe von bis zu 23.712,– € bei Ledigen und bei Verheirateten bis zu 47.424,– € in der Steuererklärung angesetzt werden. Der absetzbare Anteil der Beiträge beträgt im Jahr 2018 86 % und steigt bis 2025 auf 100 % an. Im Jahr 2018 wirken sich die anerkennbaren Aufwendungen für gesetzliche Renten (und Rürup-Renten) in Höhe von bis zu 20.392,32 € bei Alleinstehenden und bei Ehepaaren bis zu 40.784,64 € steuermindernd aus.

Dieser Höchstbetrag ist für Arbeitnehmer wichtig, weil hierauf die kompletten Pflichtbeiträge in die gesetzliche Rentenversicherung angerechnet werden. Ggf. können damit in einem Kalenderjahr »nur« ca. 10.000,– € Ausgleichszahlungen in die gesetzliche Rentenkasse steuerlich geltend gemacht werden.

Deshalb kann es sinnvoll sein, die Zusatzbeiträge nicht auf einen Schlag, sondern über mehrere Jahre verteilt einzuzahlen.

5.2.2 Langfristplanung möglich

Steuerlich gesehen dürfte es ohnehin in der Regel günstiger sein, die **Einzahlungen auf einen längeren Zeitraum zu verteilen.** Damit können jeweils die »Steuerspitzen« aufgefangen werden. Wichtig ist es daher, **wann man mit den Einzahlungen zum Ausgleich von Rentenabschlägen beginnen kann.** Hier greift eine gerade für Arbeitnehmer im mittleren Alter wichtige Neuerung.

Bisher ist der Ausgleich von Rentenabschlägen in der Regel erst ab dem 55. Lebensjahr möglich. Seit Juli 2017 kann man schon früher – **ab 50 Jahren** – mit dem Rückkauf von Abschlägen beginnen und so den Zahlungszeitraum strecken. Ferner sollen künftig – so heißt es in der Gesetzesbegründung – »zweimal im Kalenderjahr« Teilzahlungen geleistet werden können. Damit könnten im Jahr 2018 bereits Versicherte des Jahrgangs 1968 beginnen, langfristig einen vorzeitigen Eintritt in den Ruhestand vorzubereiten – etwa mit einer jährlichen Zahlung von 6.000,- € in die Rentenkasse. Effektiv würde dies – bei Berücksichtigung der Steuerersparnis – für Gutverdiener nur einer Belastung von 3.500,- € bis 4.500,- € entsprechen.

Das reguläre Rentenalter steigt von Jahr zu Jahr. Daher müssen sich Versicherte – je jünger sie sind – auf immer höhere Rentenabschläge einstellen, wenn sie vorzeitig – etwa mit 63 – in Rente gehen möchten.

Schon für den Jahrgang 1964 gilt ein reguläres Rentenalter von 67 Jahren – und damit ein Rentenabschlag von 14,4 % bei einem vorzeitigen Renteneintritt mit 63 Jahren. Ein jährlicher Ausgleichsbetrag von ca. 6.000,- € – gezahlt ab dem 50. Geburtstag – ist daher keineswegs unrealistisch.

5 | Mehr Verdienstmöglichkeiten dank Flexi-Rente

Die Höhe des Ausgleichsbetrags können Sie einer besonderen Rentenauskunft über die voraussichtliche Minderung der Altersrente entnehmen. Diese erstellt die Deutsche Rentenversicherung, wenn Sie die Voraussetzungen für die Inanspruchnahme einer vorzeitigen Altersrente voraussichtlich erfüllen und erklären, dass Sie beabsichtigen, diese in Anspruch zu nehmen.

Anstieg des regulären Rentenalters bis 2031

Geburtsjahr	Reguläres Rentenalter		Rentenabschlag bei Renteneintritt mit 63 Jahren (Altersrente für langjährig Versicherte)
	Jahre	Monate	
1951	65	5	8,7 %
1952	65	6	9 %
1953	65	7	9,3 %
1954	65	8	9,6 %
1955	65	9	9,9 %
1956	65	10	10,2 %
1957	65	11	10,5 %
1958	66	0	10,8 %
1959	66	2	11,4 %
1960	66	4	12 %
1961	66	6	12,6 %
1962	66	8	13,2 %
1963	66	10	13,8 %
ab 1964	67		14,4 %

Die **Höhe des Ausgleichsbetrags** wird für jeden Versicherten individuell ausgerechnet. Dieser Berechnung liegt eine Prognose der Rentenversicherung über die bis zum regulären Rentenalter erreichbaren Entgeltpunkte zugrunde. Dabei wird der aktuelle Verdienst in die Zukunft fortgeschrieben. **Folgendes Rechenbeispiel** zeigt Ihnen, wie die Rentenversicherung rechnet, wenn Sie frühzeitig mit dem Ausgleich von Rentenabschlägen starten und diesen »etappenweise« vornehmen:

Ein recht gut verdienender Arbeitnehmer kann bis zum 63. Lebensjahr beispielsweise auf 60 Entgeltpunkte (EP) kommen. Das entspricht beim **derzeitigen aktuellen Rentenwert** West einer Monatsrente von brutto 1.827,– €. Legt man die Projektion der Bundesregierung über die Entwicklung des Rentenniveaus zugrunde, hätte der 1966 geborene Versicherte **2029** (mit 63 Jahren) Rentenansprüche in Höhe von 2.431,80 €. Da die Rente bei einem Eintritt mit 63 Jahren vier Jahre zu früh in Anspruch genommen wird, würden die 60 EP um 14,4 % gekürzt. Das sind 8,64 Entgeltpunkte – was wiederum nach der Projektion der Bundesregierung dann einem Rentenminus von 350,18 € entsprechen würde. Dieses Minus gilt es, auszugleichen, wenn der Betroffene bereits mit 63 in Rente gehen möchte.

Um einen Entgeltpunkt gutgeschrieben zu bekommen, sind 2018 Beiträge in Höhe von rund 7.000,– € erforderlich. 8,64 EP entsprechen damit derzeit Beitragszahlungen in Höhe von (6.938,26 € × 8,64 EP =) 60.480,– €. Da der Renteneintritt jedoch vorzeitig geplant ist – und die Rente damit entsprechend länger bezogen wird –, wird dieser Betrag entsprechend angehoben. Auch hier wird also der 14,4-prozentige Rentenabschlag berücksichtigt. Die oben errechnete Beitragssumme wird daher durch den Faktor 0,856 dividiert (also durch den »Umkehrbetrag«, der sich bei einem Abzug von 14,4 % von 100 % ergibt). Dabei kommt ein Betrag von 70.325,58 € (= 60.480,– € ÷ 0,856) heraus.

5.2.3 Teilzahlung empfehlenswert

Es ist natürlich weder sinnvoll noch realistisch, diesen Betrag auf einen Schlag zu zahlen. Daher stellt sich nun die Frage, wie mit **Teilzahlungen** verfahren wird. Bleiben wir beim Beispiel einer Zahlung von 7.000,– € pro Jahr. Wenn insgesamt derzeit ein Ausgleichsbetrag von 70.325,58 € zu zahlen ist, werden davon bei Zahlung dieses Betrags im Jahr 2018 rund (7.000,– € ÷ 70.325,58 € =) 9,95 % ausgeglichen. Das wird ins Verhältnis gesetzt zur Summe der auszugleichenden Entgeltpunkte. Das sind im Beispielfall 8,64 EP. Durch die Zahlung von 7.000,- € werden hiervon (9,95 % von 8,64 EP =) 0,86 Entgeltpunkte ausgeglichen. Es bleiben damit rund 7,78 EP, die künftig noch auszugleichen sind.

Weitere Teilbetragszahlungen: Auch in den folgenden Jahren kann der Betroffene jeweils – wenn gewünscht – jährlich 7.000,- € an Ausgleichszahlungen leisten. Dafür muss allerdings – das geht auch formlos – jeweils eine **Rentenauskunft beantragt werden** und die Deutsche Rentenversicherung muss die oben skizzierte Rechnung nochmals – dann aber auf Basis der für das folgende Jahr geltenden Werte – vornehmen. Im Endeffekt wird dann der Ausgleichsbetrag von 7.000,- € für die Rente etwas weniger wert sein als im Vorjahr, da die einem Entgeltpunkt entsprechende Beitragszahlung von Jahr zu Jahr entsprechend der Entwicklung der Durchschnittseinkommen ansteigt. Das klingt kompliziert, ist es auch, aber eigentlich nur für die **Rentenversicherung,** die hierbei einen beträchtlichen Aufwand erbringen muss. Der bürokratische Aufwand für die Betroffenen ist demgegenüber minimal.

5.2.4 Vorgezogene Altersrente muss nicht sein

Pläne können sich bekanntlich ändern. Nehmen wir an, ein Versicherter zahlt zunächst Beiträge zum Ausgleich von Rentenabschlägen und entscheidet sich später mit 63 Jahren anders. Statt vorzeitig Rente zu beziehen, arbeitet er bis zu seinem regulären Rentenalter weiter. Kein Problem. Das kann ihm niemand verbieten – und es schadet ihm auch nicht. Der eingezahlte Betrag dient dann nicht zum Ausgleich von Abschlägen, sondern **erhöht seine reguläre Altersrente.** Außerdem fällt seine Rente dann zusätzlich auch noch höher aus, weil er ja auch noch länger arbeitet und Rentenbeiträge zahlt.

Übrigens: Niemand kann Versicherten verbieten, die Rentenabschläge von vornherein nur auszugleichen, um die spätere Rente zu erhöhen. Dies ist ein völlig legaler Trick, um **als Pflichtversicherter**

»freiwillige« Beiträge in die Rentenkasse zu zahlen. Die Anführungszeichen sind hier übrigens gesetzt, weil es sich hier – rechtlich gesehen – gar nicht um freiwillige Beiträge handelt. Die Zahlung freiwilliger Beiträge in die gesetzliche Rentenkasse ist für Pflichtversicherte ja derzeit gar nicht möglich.

Eins geht allerdings nicht: Versicherte können sich **die Ausgleichszahlungen nicht zurückzahlen lassen.** Das Geld bleibt in der Rentenkasse – auch wenn sie sich gegen einen vorzeitigen Renteneintritt entscheiden.

 Wenn Sie Zahlungen zum Ausgleich von Rentenabschlägen leisten, sollten Sie auch immer die sogenannte Schwerbehindertenrente im Blick haben. Auch hier steigt die Altersgrenze sowohl für den abschlagsfreien Bezug (Schritt für Schritt auf 65 Jahre) als auch für den Bezug mit Abschlägen (parallel dazu bis auf 62 Jahre) an.

Falls bei Ihnen eine **Schwerbehinderung eintritt,** fallen bei Ihnen bei einem vorzeitigen Renteneintritt unter Umständen damit gar keine Abschläge an. In diesem Fall erhöhen Ihre freiwillig geleisteten Beiträge Ihren Rentenanspruch – genau wie oben skizziert.

Der Ertrag der Einzahlung

Bleiben wir beim Beispiel von Herbert S. zu Anfang dieses Beitrags: Um einen lebenslangen Abschlag von 108,– € zu vermeiden, müssten 26.518,– € an die Rentenkasse gezahlt werden. Da hiervon noch Beiträge zur Kranken- und Pflegeversicherung abgehen, liegt das Rentenplus netto bei rund 97,– €. Das bedeutet: Nach (26.518,– € ÷ 97,– € =) 273 Bezugsmonaten – also mit 85,5 Jahren – hätte ein heute 63-Jähriger seine Zahlung wieder heraus. Zum Vergleich: Die gut bewertete private **Sofortrente der HUK 24** bringt bei einer Einzahlung von 26.518,– € eine Monatsrente von nur 86,68 €. Die Einzahlung würde sich erst in 306 Monaten amortisieren, also 33 Monate später.

5.2.5 Steuerersparnis bei gesetzlichen Beiträgen

Noch deutlich günstiger sieht die Rechnung für eine Ausgleichszahlung in die gesetzliche Rentenversicherung aus, wenn zusätzlich der steuerliche Aspekt berücksichtigt wird. **Freiwillige Einzahlungen in die gesetzliche Rentenkasse können nämlich von der Steuer abgesetzt werden,** Einzahlungen in eine private Sofortrente dagegen nicht.

Im Jahr 2018 liegt der **absetzbare Anteil für gesetzliche Rentenbeiträge** bei 86 %. Künftig steigt er bis auf 100 %. Bei einer Einzahlung von 26.518,- € – wie im Beispielfall – sind also 22.805,- € absetzbar. Das bringt einem derzeit gut verdienenden verheirateten Angestellten eine Steuerersparnis von rund 6.805,- €. Unterm Strich kostet der Ausgleich des Rentenabschlags damit nur rund 22.000,- €. Tatsächlich würde sich eine Einzahlung von 26.518,- € in die gesetzliche Rentenkasse damit noch deutlich früher amortisieren.

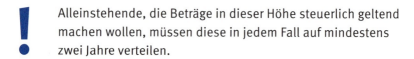

Alleinstehende, die Beträge in dieser Höhe steuerlich geltend machen wollen, müssen diese in jedem Fall auf mindestens zwei Jahre verteilen.

Maximal werden 2018 für Alleinstehende nämlich Renten-Einzahlungen in Höhe von 23.712,- € und für Verheiratete 47.424,- € steuerlich gefördert. 86 % dieser Beträge können von der Steuer abgesetzt werden. Doch Achtung: Bei gesetzlich Versicherten werden auf diese Höchstbeträge die kompletten Pflichtbeiträge zur gesetzlichen Rentenversicherung einschließlich Arbeitgeberanteile angerechnet.

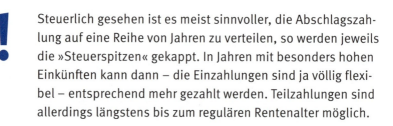

Steuerlich gesehen ist es meist sinnvoller, die Abschlagszahlung auf eine Reihe von Jahren zu verteilen, so werden jeweils die »Steuerspitzen« gekappt. In Jahren mit besonders hohen Einkünften kann dann – die Einzahlungen sind ja völlig flexibel – entsprechend mehr gezahlt werden. Teilzahlungen sind allerdings längstens bis zum regulären Rentenalter möglich.

5.3 Neue Regeln für Frührentner

Es gibt sie nach wie vor: Arbeitnehmer, die sich so früh wie möglich vom Arbeitsleben verabschieden möchten – und zwar ganz und ohne Übergang. Viele werden dies auch künftig so halten. Doch Arbeitsmediziner empfehlen vielfach eher einen **gleitenden Übergang in den Ruhestand**. Und manche Erzählungen von Rentnern, die – nach der Erledigung einer Reihe aufgeschobener Arbeiten zu Hause – nach einer gewissen Zeit das Leben im Ruhestand als leer empfunden haben, können durchaus zu denken geben.

Doch klar ist auch: Viele genießen den Ruhestand in vollen Zügen. Die Bedürfnisse von Menschen sind eben unterschiedlich. Genau dieser Tatsache tragen die **neuen Hinzuverdienstregeln bei den vorgezogenen Altersruhegeldern** Rechnung. Sie geben Arbeitgebern und Arbeitnehmern die Möglichkeit zur fast völlig flexiblen Kombination von Arbeit und Rente. Der Gesetzgeber setzt dabei darauf, dass die neuen Regeln mehr als bisher für einen gleitenden Übergang in die Rente genutzt werden. Dies kommt auch dem Interesse vieler Unternehmen entgegen, das Know-how älterer Arbeitnehmer länger zu nutzen.

5.3.1 Alte Hinzuverdienstregeln

Bei der Altersrente gilt bisher schon kein »ganz oder gar nicht«. Alle Altersrenten können vielmehr auch zu einem Teil beansprucht werden. Das Ganze nennt sich dann **Teilrente.** Sinn macht diese Variante in der Regel nur zusammen mit einem Teilzeitjob. Deshalb wird mitunter auch von der **Kombirente** gesprochen. Mit einem Teilzeitjob und der Teilrente kann dann in der Zeit des »Kombi-Bezugs« ein Einkommen erreicht werden, das fast so hoch ist wie in einer Vollzeitbeschäftigung.

Bislang war das Kombirenten-Modell allerdings bürokratisch und unflexibel. Die **Altersrenten** konnten bisher **als Teilrenten in drei Varianten bezogen werden:** Es gab sie – bis Ende Juni 2017 – als

1/3-, 1/2- oder 2/3-Rente. Bis zu bestimmten Höchstgrenzen darf dann jeweils hinzuverdient werden. Wie viel genau, hängt vom Einzelfall ab, vor allem vom **Durchschnittsverdienst,** den die Betroffenen **in den letzten drei Jahren** erzielt haben. Der Rentenversicherungsträger ermittelt diese Grenzen individuell.

Wer die **Hinzuverdienstregeln** nicht peinlich genau beachtet, erhält bisher umgehend deutlich **weniger Geld aus der Rentenkasse.** Wenn der Betreffende auch nur einen Cent mehr verdient als erlaubt, rutscht er nach dem bis Ende Juni 2017 geltenden Rentenrecht bei der Altersrente gleich eine ganze Stufe herunter: Statt der halben Rente erhält er dann nur noch eine Drittel-Rente. Das sind dann u. U. gleich 300,- € weniger.

Altersrente: Hinzuverdienst unbegrenzt

Wer das **reguläre Rentenalter erreicht** hat, darf ab dem darauffolgenden Monat **unbegrenzt zu seiner Altersrente hinzuverdienen.** Das galt auch bisher schon. Auch die Regelaltersrente, die dann bezogen wird, kann übrigens als Teilrente bezogen werden.

5.3.2 Neue Hinzuverdienstregeln

Das **Flexi-Rentengesetz** sieht eine **grundlegende Neugestaltung der Teilrenten und der Hinzuverdienstregeln** vor. Die seit 1.7.2017 geltende Regelung lässt den Versicherten mehr Spielraum zum Hinzuverdienst als bisher. So ist nun generell ein jährlicher Hinzuverdienst von 6.300,- € erlaubt, was einem regelmäßigen monatlichen Hinzuverdient von 525,- € entspricht. Zudem wird das, was über einen Monatsverdienst von 525,- € hinausgeht, nur zu 40 % auf die Altersrente angerechnet. Wer zu den mehr als vier Millionen **Hinterbliebenenrentnern** gehört, wird erkennen: Die neue Hinzuverdienstregelung bei vorgezogenen Altersrenten funktioniert ganz ähnlich wie die bei Witwer- und Witwenrente geltende Regelung.

Es erfolgt eine »**gleitende**« **Anrechnung.** Die bisherigen rigiden Abstufungen entfallen damit. Was ein Frührentner in einem einzelnen Monat nebenher verdient, interessiert die Deutsche Rentenversicherung nicht. Entsprechend müssen auch keine einzelnen Gehaltsnachweise abgegeben werden. Wichtig zudem: Die **Hinzuverdienstgrenze** bezieht sich nicht auf zwölf Monate des Rentenbezugs (also etwa auf die Zeit von Mai 2017 bis April 2018), sondern auf **Kalenderjahre.**

Da die neue Hinzuverdienst-Regelung ab Juli 2017 gilt, bedeutet das: Wenn Sie beispielsweise seit Juli 2017 ein vorgezogenes Altersruhegeld erhalten, dürfen Sie in der Zeit bis zum Jahresende 6.300,– € zu Ihrer Rente hinzuverdienen, ohne dass diese gekürzt wird. Wenn Sie im Oktober 2017 in Rente gegangen sind, dürfen Sie in den kommenden drei Monaten jeweils 2.100,– € zu Ihrer Rente hinzuverdienen. Das gilt in den kommenden Jahren natürlich genauso: Die 6300-Euro-Grenze für ein Kalenderjahr gilt im Extremfall auch dann, wenn die Rente erst ab Dezember bezogen wird.

Zum 1. Juli des Folgejahrs wird spitz abgerechnet

Die neue Regelung hört sich zunächst recht einfach an – und ist es im Grunde auch. Doch einige Details verkomplizieren die Regelung. Daher bringt die **Hinzuverdienstregelung** den arbeitenden Rentnern und vor allem der Deutschen Rentenversicherung einen gewissen bürokratischen Aufwand.

Ob überhaupt und wie viel vom Zuverdienst auf die Rente angerechnet wird, wird zunächst nämlich **auf Grundlage einer Prognose errechnet.** Auch beim Einkommen stimmen Prognosen fast nie hundertprozentig – etwa wegen Überstunden oder weil es zwischenzeitlich zu tariflichen Lohnerhöhungen gekommen ist. Deshalb wird auf Basis der kompletten Gehaltsabrechnung(en) eines Kalenderjahrs zum 1. Juli des Folgejahrs spitz abgerechnet. Und »spitz« ist dabei durchaus wörtlich gemeint. Denn die Abrechnung erfolgt auf den Cent genau. Stellt sich bei dieser Spitzabrechnung heraus, dass das Arbeitseinkommen höher war als prognostiziert, so kommt es nachträglich zu einer **Rentenkürzung.** Und umgekehrt.

5.3.3 Großzügige Vorab-Festlegung sinnvoll

Es gibt allerdings für Sie eine recht einfache Möglichkeit, der Spitzabrechnung zu entgehen. Sie können **von vornherein** nämlich **die Höhe Ihrer Teilrente festlegen,** wobei diese mindestens 10 % Ihrer Vollrente betragen muss.

Eigentlich haben Sie einen Frührentenanspruch in Höhe von monatlich 1.500,– €. Sie entscheiden sich jedoch, zunächst nur die Hälfte – in diesem Fall also 750,– € – in Anspruch zu nehmen. Diese Variante kann auch vor dem Hintergrund der zu erwartenden Rentenabschläge sinnvoll sein. Denn Rentenabschläge fallen nur auf den Teil der Rente an, den Sie beziehen.

Wenn Sie diese Variante wählen, legen Sie damit gleichzeitig den Rahmen für Ihren Hinzuverdienst fest. Ob Sie diesen Rahmen ausschöpfen, ist dann Ihre Sache. Im gewählten Beispiel hätten Sie beispielsweise einen »Spielraum« für ein jährliches Bruttoeinkommen von bis zu 28.800,– €. Zur Probe: Wenn Sie den Freibetrag von 6.300,– € hiervon abziehen, kommen Sie auf 22.500,– €. 40 % hiervon sind 9.000,– €. Wenn Sie diesen Betrag auf den Monat herunterbrechen, kommen Sie auf 750,– €. Genau das ist der Betrag, um den Sie ohnehin – aus eigener Entscheidung – Ihre Rente gekürzt haben.

Die skizzierte Variante kann für Sie sinnvoll sein, wenn Sie sich beispielsweise einen **Freiraum** etwa für **Einkünfte aus Überstunden** oder aus **einer Nebenbeschäftigung** erhalten möchten.

Stellt sich heraus, dass Sie die selbst gewählte »Verdienstmarke« überschritten haben, so kommt es später dennoch wieder zu einer Spitzabrechnung. Sanktionen oder gar Strafzahlungen haben Sie dabei nicht zu befürchten. Sie müssen lediglich Teile der bereits bezogenen Rente zurückzahlen bzw. einkalkulieren, dass in den kommenden Monaten jeweils ein Teil Ihrer Rente einbehalten wird, weil eine Verrechnung mit Ihren aktuellen Ansprüchen erfolgt.

Feste Teilrente auch für reguläre Altersrentner

Die Variante »**fester Teilrentenbetrag**« ist auch für diejenigen interessant, die bereits das reguläre Rentenalter erreicht haben bzw. bereits die reguläre Altersrente erhalten. Für die Betroffenen spielt zwar die Hinzuverdienstregelung keine Rolle mehr. Sie können unbegrenzt zur Rente hinzuverdienen, ohne dass diese gekürzt wird. Dennoch kann sich auch für sie die Kombination »Teilrente plus Job« lohnen. Auch sie können sich entscheiden, nicht die volle Rente, sondern einen beliebigen Teilbetrag der Rente in Anspruch zu nehmen (mindestens aber 10 % der Stammrente) und den Rest – ganz nach Belieben und Möglichkeiten – durch Erwerbstätigkeit zu decken. Das hat unter anderem die Folge, dass der Teil der Rente, den sie nicht in Anspruch nehmen, von nun an jedes Jahr beträchtlich steigt.

Weitere Komplikation: Hinzuverdienstdeckel

Sperrig wird die Hinzuverdienstregelung für Frührentner auch durch einen **zusätzlichen** »**Hinzuverdienstdeckel**«. Das ist ein individuell zu errechnender Höchstbetrag des erlaubten Hinzuverdienstes. Alles, was über diesen »Deckel« hinausgeht, wird voll auf die Rente angerechnet. Der Hinzuverdienstdeckel entspricht der Bezugsgröße (Durchschnittsentgelt des vorvergangenen Kalenderjahres) multipliziert mit der Anzahl an Entgeltpunkten des Jahres mit den meisten Entgeltpunkten in den letzten 15 Jahren vor Rentenbeginn. Nehmen wir an, ein Arbeitnehmer hat immer 50 % mehr als der Durchschnitt aller Rentenversicherten verdient. Damit ist er in den letzten 15 Jahren immer auf etwa 1,5 Entgeltpunkte gekommen. Die monatliche Bezugsgröße beträgt im Jahr 2018 3.045,– €. Damit liegt sein Hinzuverdienstdeckel derzeit bei monatlich 4.567,50 €.

Auch Betriebsrente beachten

Beim **Hinzuverdienst** sollten Sie nicht nur an Ihre gesetzliche Rente denken. Falls Sie zusätzlich eine **Betriebsrente** erhalten, kann Arbeitseinkommen auch bei dieser zu einer Rentenkürzung oder gar – temporären – Streichung führen. Bei der Katholischen Zusatzversorgungskasse (KZVK) heißt es hierzu beispielsweise: »Beziehen Sie neben Ihrer Betriebsrente aus der Pflichtversicherung weiteres Einkommen, kann dies Ihre Rente mindern«. Die KZVK überprüft dabei – genau wie andere Träger – selbst kein Einkommen mehr. Sie orientiert sich vielmehr an den Ermittlungen der gesetzlichen Rentenversicherung. Sie warnt ihre Versicherten: »Wird dort Ihre Alters- oder Erwerbsminderungsrente wegen Hinzuverdienst nicht oder nur zu einem Teil gezahlt, erhalten Sie Ihre Betriebsrente ebenfalls in Höhe des entsprechenden Anteils«. Bei anderen Versorgungsträgern gelten ähnliche Regeln.

Erkundigen Sie sich beim Träger Ihrer Betriebsrente vor der Aufnahme oder Weiterführung einer Beschäftigung neben dem Rentenbezug, wie sich dies auf Ihre betriebliche Altersversorgung auswirkt.

5.3.4 Wie der Hinzuverdienst auf Ihre Finanzen wirkt

Folgendes Beispiel verdeutlicht, wie sich durch die **Kombination von Rente und Arbeitseinkünften** Ihre finanzielle Situation verändert.

Mehr Verdienstmöglichkeiten dank Flexi-Rente | 5

 Der 64-jährige Hans S. hat zuletzt als Vollzeitbeschäftigter monatlich brutto 3.550,– € verdient. Bei Steuerklasse III entspricht dies einem monatlichen Nettoeinkommen in Höhe von 2.504,– €. Unterstellen wir nun, dass er Ende 2018 Rentenansprüche in Höhe von brutto 1.556,– € erworben hat. Unter Bruttorente versteht man die Rente vor dem Abzug der Beiträge zur Kranken- und Pflegeversicherung, die sich derzeit im Schnitt für Rentner auf 11 % belaufen. Hans S. nimmt die Frührente für langjährig Versicherte in Anspruch und geht zum 1.1.2019 in Rente. Da er seine Altersrente genau ein Jahr »zu früh« bezieht, muss er einen Rentenabschlag in Höhe von 3,6 % hinnehmen. Das sind in seinem Fall 56,02 €. Damit stehen ihm als Vollrente monatlich (1.556,– € minus 56,02 € =) brutto 1.499,98 € zu – gerundet also 1.500,– €. Hiervon gehen noch 11 % an Sozialversicherungsbeiträgen ab, sodass ihm netto 1.335,– € bleiben würden – wenn er die Vollrente in Anspruch nehmen würde.

Doch mit seinem Arbeitgeber hat er für 2019 – also parallel zu seinem Rentenbezug – einen **Wechsel in eine halbe Stelle** mit einem monatlichen Bruttolohn von 1.775,– € vereinbart. Hiervon bleiben ihm nach dem Abzug der Sozialversicherungsbeiträge bei Steuerklasse III monatlich netto 1.414,– €.

Sein Verdienst hat aber auch **Auswirkungen auf seine Rente.** Dabei wird folgende Rechnung aufgemacht: Bei einem Monatseinkommen von 1.775,– € kommt er auf ein Jahresbruttoeinkommen von 21.300,– €. Dieses übersteigt die Hinzuverdienstgrenze von 6.300,– € um 15.000,– €. 40 % dieses Betrags werden auf die Bruttorente angerechnet. Dies sind 6.000,– €. Pro Monat macht das (6.000,– € ÷ 12 Monate =) 500,– € aus. Um diesen Betrag wird seine Bruttorente gekürzt. Als Bruttorente stehen ihm statt 1.500,– € so nur 1.000,– € zu. Hiervon gehen wiederum 11 % an Sozialversicherungsbeiträgen ab, sodass ihm 890,– € bleiben. Das bedeutet unterm Strich: Insgesamt kommt er mit Nettoeinkommen und Rente monatlich auf ein Einkommen in Höhe von 2.304,– €. Das sind etwa 8 % weniger, als er vorher als Vollzeitbeschäftigter verdient hat.

Der Einkommensrückgang dürfte sich bei **Teilrentnern, die ihre Arbeitszeit während des Rentenbezugs halbieren,** durchweg im Bereich bis maximal 20 % bewegen und meist noch deutlich niedriger ausfallen.

5.3.5 Auswirkung des Kombi-Modells auf die Rente

Wer sich für eine Kombi-Rente entscheidet, sollte nicht nur die finanzielle Situation in der (relativ kurzen) Zeit des gleichzeitigen Bezugs von Frührente und Gehalt im Blick haben, denn die **Kombi-Rente** hat einen **doppelten Effekt auf die spätere Vollrente:**

- Zum einen werden durch den weiterhin rentenversicherungspflichtigen Teilzeitjob noch weitere Rentenansprüche aufgebaut.

- Zum anderen entfallen für den Teil der Rente, der noch nicht bezogen wird, die Rentenabschläge. Die Rente fällt deshalb später, wenn sie »voll« bezogen wird, noch deutlich höher aus.

Dieser »doppelte« Effekt tritt allerdings bei einer Frührente nicht auf: bei der **Altersrente für besonders langjährig Versicherte** (auch als abschlagsfreie Rente ab 63 bekannt). Da diese Rente, die nach 45 Versicherungsjahren bezogen werden kann, ohne Abschläge gezahlt wird, können logischerweise bei einem teilweisen Bezug dieser Rente auch keine Abschläge eingespart werden. Von daher lohnt sich ein Teilrentenbezug bei dieser Frührente etwas weniger als bei den anderen Frührenten.

Wie sich die Kombi-Rente auf die spätere Rentenhöhe auswirkt, kann wiederum am Fall des 64-jährigen Rentners Hans S. aus dem letzten Teilkapitel verdeutlicht werden: Da er ein Jahr »zu früh« in Rente geht, würde er – soweit er sich zu diesem Zeitpunkt für ein Vollrente entscheiden würde – mit Abschlägen in Höhe von monatlich 56,– € belegt – und zwar nicht nur für die Zeit bis zum regulären Rentenbezug, sondern **lebenslang.**

Da er jedoch statt der Vollrente in Höhe von brutto 1.500,- € nur eine Teilrente in Höhe von 1.000,- € bezieht, fällt der Rentenabschlag ebenfalls ein Drittel niedriger aus. Er muss also nur mit einem Abschlag in Höhe von 37,34 € rechnen statt von 56,- € und erwirtschaftet somit ein Rentenplus in Höhe von 18,66 €. Zusätzlich zahlt er – genau wie sein Arbeitgeber – **Rentenversicherungsbeiträge** – und zwar auf Basis eines Bruttolohns von 1.775,- €. Das dürfte 2019 – um dieses Jahr geht es ja in unserem Beispielfall – etwa 60 % des Durchschnittseinkommens aller Rentenversicherten entsprechen. Damit würde er innerhalb von zwölf Monaten weitere 0,6 Entgeltpunkte erwerben. Beim aktuellen Rentenwert, der ab 1.7.2018 gilt, würde das zu einer Steigerung der späteren Monatsrente um nochmals rund 19,- € führen. Insgesamt würde also ein Jahr Kombi-Rente Hans S. damit ein Rentenplus in Höhe von monatlich rund 38,- € »bescheren« – und zwar lebenslang. Zwischenzeitliche Rentenerhöhungen sind bei dieser Rechnung nicht berücksichtigt.

5.3.6 Steuerliche Vorteile durch Teilrentenbezug

Das Thema »Rente und Steuer« wird von Jahr zu Jahr wichtiger. Denn zunehmend mehr Rentner »rutschen« durch den Systemwechsel hin zur **nachgelagerten Besteuerung** von Alterseinkünften in die Steuerpflicht. Das Bundesfinanzministerium rechnet damit, dass 2018 rund 4,6 Millionen der insgesamt etwa 20 Millionen Rentner Steuern zahlen müssen. Oft sind das wohl Bezieher mehrerer Renten – also etwa von Altersrente und Hinterbliebenenrente.

Doch wer als Alleinstehender Anfang 2018 in Rente gegangen ist, muss inzwischen schon bei einer Bruttorente von 1.500,- € monatlich mit einer Steuerbelastung von 33,- € rechnen. Bei 1.800,- € sind es bereits 72,- €, aufs Jahr bezogen also 864,- €. Das Geld fordert das Finanzamt später **nach Abgabe der Steuererklärung** ein.

Der **steuerpflichtige Teil der Rente** steigt mit jedem neuen Rentnerjahrgang an. Für diejenigen, die 2018 in Rente gehen, sind 76 % der Brutto-Rente steuerpflichtig und 24 % steuerfrei. Bis 2020 kommen

5 | Mehr Verdienstmöglichkeiten dank Flexi-Rente

für jeden neuen Rentnerjahrgang jährlich 2 Prozentpunkte dazu. 2020 sind dann schon 80 % der Rente steuerpflichtig. Gerechnet wird dabei folgendermaßen. Bei einer Jahresrente von brutto 18.000,- € sind für einen Neurentner vom Januar dieses Jahres (76 % von 18.000,- €) = 13.680,- € steuerpflichtig. Umgekehrt sind 4.320,- € steuerfrei. Dieser steuerfreie Anteil wird dann für die Zukunft als Steuerfreibetrag festgeschrieben. Wer 2020 in Rente geht, kann bei den gleichen Ausgangswerten nur auf einen Steuerfreibetrag von 3.600,- € kommen.

Jahr des Renteneintritts	Besteuerungsanteil
2005	50 %
2006	52 %
2007	54 %
2008	56 %
2009	58 %
2010	60 %
2015	70 %
2018	76 %
2020	80 %
2025	85 %
2030	90 %
2035	95 %
2040	100 %

Wenn Sie sich die **Tabelle zur Rentenbesteuerung** ansehen, wird schnell klar, dass es einen beträchtlichen Unterschied macht, in welchem Jahr Sie in Altersrente gehen. § 22 Einkommensteuergesetz regelt hierzu: »Der der Besteuerung unterliegende Anteil ist nach dem Jahr des Rentenbeginns und dem in diesem Jahr maßgebenden Prozentsatz ... zu entnehmen«.

Welcher Prozentsatz dabei zählt, richtet sich demnach auch – so das **Bundesfinanzministerium** – »nach dem Jahr des Rentenbeginns«. Dies gilt selbst dann, wenn die Rente rückwirkend bewilligt wurde.

Das geht aus dem Schreiben des Ministeriums vom 19.8.2013 (»Einkommensteuerrechtliche Behandlung von Vorsorgeaufwendungen und Altersbezügen«, Geschäftszeichen: IV C 3 – S 2221/12/1001 0:004) hervor. Darin heißt es ausdrücklich, dass bei der Rentenbesteuerung »der ursprünglich ermittelte Prozentsatz maßgebend« ist. Dies gilt auch beim Wechsel von einer Teilrente in eine spätere Vollrente – und umgekehrt. In diesen Fällen gilt: »Für den erhöhten oder verminderten Rentenbetrag bleibt der ursprünglich ermittelte Prozentsatz maßgebend«.

Mehr noch: Am ursprünglichen Renteneintrittsjahr ändert sich selbst dann nichts, wenn »die bewilligte Rente bis auf 0,– € gekürzt (wird), z.B. weil eigene Einkünfte anzurechnen sind«. Diese Kürzung der Rente »unterbricht die Laufzeit der Rente nicht«, ist in dem Schreiben zu lesen.

Gerade wenn Sie aus rein steuerlichen Gründen die Variante einer **Mini-Teilrente** wählen möchten, ist die zuletzt zitierte Passage des Schreibens des Bundesfinanzministeriums für Sie wichtig. Denn möglicherweise beabsichtigen Sie ja gar nicht, Ihre Arbeitszeit und damit Ihr Gehalt zu verringern. Das bedeutet: Wählen Sie die Variante der 10 %-Teilrente, so wird Ihnen diese Rente zwar zunächst bewilligt. Später bei der Spitzabrechnung kann sich jedoch eine Kürzung der Rente auf 0,– € ergeben. Das würde – wenn es bei der derzeitigen Rechtsauslegung des Bundesfinanzministeriums bleibt – **für den Besteuerungsprozentsatz keinerlei negativen Folgen** haben. Ob sich an dieser Rechtsauslegung künftig etwas ändert, kann natürlich nicht vorausgesagt werden. Wer auf »Nummer sicher« gehen will, sollte möglichst nur so viel zu seiner Rente hinzuverdienen, dass diese bei der folgenden Spitzabrechnung nicht unter die 10 %-Marke fällt.

Folgendes Beispiel zeigt, welche Auswirkungen die Wahl einer Teilrente für **die spätere Steuerbelastung der Vollrente** hat.

Nehmen wir einen 63-jährigen Arbeitnehmer, der 2018 eine Bruttojahresrente in Höhe von 18.000,– € erhalten könnte. Unterstellen wir, er nimmt nun nur 10 % der Rente in Anspruch und arbeitet bis 2020 weiter. Dann kann er die reguläre Altersrente erhalten. Seine zu erwartende Jahresrente dürfte dann rund 22.000,– € betragen. Steuerfrei wären davon – nach dem »Treppenstand« von 2018 – 24 %. Das sind (24 % von 22.000,– €) = 5.280,– €. Würde der Beispielrentner dagegen erstmals 2020 Rente beantragen, so wären davon nur 20 % steuerfrei, also 4.400,– €. Der Vorteil beim Steuerfreibetrag würde sich also auf 880,– € belaufen – und zwar lebenslang. Bei einem Steuersatz von 25 % macht das immerhin ein Plus von jährlich 220,– €. Auf Dauer kommen da schnell einige Tausend Euro zusammen.

Vorteile bei Aufschiebung des Vollrentenbezugs

Noch weit interessanter kann der **frühe Bezug einer kleinen Teilrente** für diejenigen sein, die beabsichtigen, zunächst keinen Rentenantrag zu stellen und über das reguläre Rentenalter hinaus zu arbeiten. Die Betroffenen erwerben dann zum einen durch die rentenversicherungspflichtige Beschäftigung ein weiteres Rentenplus und profitieren später beim Rentenantrag von einem Zuschlag von 0,5 % für jeden Monat des Rentenaufschubs.

Die Altersrente kann bei diesem Modell bei zwei Jahren Weiterarbeit – im Beispielfall bis 2022 – um ca. 17 % bis 18 % steigen. Aus einer Jahresrente von 22.000,– € würde dann eine Rente von ca. 26.000,– €. Normalweise – also ohne vorherigen Teilrentenbezug – wären 2022 schon 82 % dieser Rente steuerpflichtig. Der Steuerfreibetrag würde sich damit auf (18 % von 26.000,– €) = 4.680,– € belaufen.

Wenn sich der Betreffende dagegen 2018 für den Bezug einer Teilrente von 10 % der Vollrente entscheidet (oder für ein anderes Teilrentenmodell), gilt der »eingefrorene« Prozentsatz von 2018. Steuerpflichtig wären dann nur 76 % der Rente. 24 % wären steuerfrei. Der Steuerfreibetrag würde sich auf 6.240,– € belaufen. Ein Plus von

1.560,- €. Bei einem Steuersatz von 25 % würde das immerhin eine Steuerersparnis von jährlich rund 390,- € bedeuten.

5.3.7 Freiwillige Beitragszahlung für Frührentner

Die zu Jahresbeginn neu eingeführte Flexi-Rente enthält noch mehr Möglichkeiten als zunächst von der Öffentlichkeit wahrgenommen. So können nun alle, die eine **vorgezogene Altersrente** beziehen, erstmals **freiwillige Beiträge in die gesetzliche Rentenkasse zahlen** und so ihre Rentenhöhe steigern. Angesichts der niedrigen Rendite privater Renten ist dies eine recht profitable Angelegenheit. Diese Geldanlage sollten alle ins Auge fassen, die um das 60. Lebensjahr herum Geldzuwächse verzeichnen können. Erfahrungsgemäß ist dies in diesem Alter häufig der Fall – etwa durch ablaufende Kapitallebensversicherungen oder durch Erbschaften.

Angehörigen der Altersgruppe 50plus, die vorzeitig in den Ruhestand treten und dauerhafte Rentenabschläge vermeiden möchten, steht damit neben dem ggf. frühzeitigen Ausgleich von Rentenabschlägen eine weitere Option zur Verfügung. Sie können die Abschläge während des Rentenbezugs ausgleichen. Kleiner Haken an der Sache: In der ggf. mehrere Jahre dauernden Zeit des Frührentenbezugs müssten sie dann Rentenabschläge hinnehmen. Die freiwilligen Beiträge werden nämlich erst beim Übergang in die reguläre Altersrente berücksichtigt.

Bis Ende 2016 war für Bezieher einer vollen Altersrente – egal ob es sich um Frührentner oder um Bezieher der regulären Altersrente handelte – die **Zahlung freiwilliger Rentenversicherungsbeiträge ausgeschlossen.**

Das hat sich nun geändert. **Seit Januar 2017** können Rentner, die bereits vor der Regelaltersgrenze ihre volle Altersrente beziehen, **freiwillige Beiträge zahlen** und somit eine spätere Rente erhöhen – allerdings nur bis zum Erreichen ihrer Regelaltersgrenze. Auch das ist im Flexi-Rentengesetz geregelt. Bisher bereits war die Zahlung freiwilliger Beiträge für Erwerbsminderungsrentner möglich. Begünstigt von der Neuregelung sind etwa Bezieher einer Altersrente für langjährig Versicherte, für schwerbehinderte Menschen oder für besonders langjährig Versicherte.

> Die monatliche Beitragshöhe bei der freiwilligen Rentenversicherung kann zwischen dem Mindestbeitrag von 83,70 € und dem Höchstbeitrag von 1.209,– € frei gewählt werden. Eine Unterscheidung zwischen den alten und den neuen Bundesländern wird nicht vorgenommen. Freiwillige Beiträge können entweder laufend – Monat für Monat – oder aber im Folgejahr bis zum 31. März auf einen Schlag entrichtet werden.

Möglich wird diese Form der Geldanlage durch eine geringfügige Änderung von § 7 des 6. **Sozialgesetzbuchs (SGB VI)**. Bis zum 31.12.2016 hieß es dort, dass »nach bindender Bewilligung einer Vollrente wegen Alters oder für Zeiten des Bezugs einer solchen Rente eine freiwillige Versicherung nicht zulässig« ist. An diesen (unveränderten) Text wurde nun der Zusatz angehangen: »**wenn der Monat abgelaufen ist, in dem die Regelaltersgrenze erreicht wurde**«.

> Wenn Sie freiwillige Beiträge in die gesetzliche Rentenkasse einzahlen möchten, besorgen Sie sich am besten zunächst das passende Formular: den »Antrag auf Beitragszahlung für eine freiwillige Versicherung«. Das Formular trägt die Nummer »V060«. Es findet sich auch im Internet auf den Seiten der Deutschen Rentenversicherung. Das Formular können Sie ausfüllen und an die Rentenversicherung schicken. Besser ist es allerdings, wenn Sie einen Termin mit einer Auskunfts- und Beratungsstelle der Deutschen Rentenversicherung machen und Ihre Eingaben im Formular gemeinsam mit dem Berater ausfüllen.

Den **Beginn der freiwilligen Versicherung** können Sie in gewissem Rahmen selbst festlegen. Wenn Sie den Antrag bis zum 31.3.2019 stellen, können Sie sich rückwirkend noch für das ganze letzte Jahr, also ab Januar 2018 freiwillig rentenversichern, frühestens jedoch ab dem Monat, in dem Sie erstmals ein vorzeitiges Altersruhegeld erhalten haben. Für diese rückwirkende Versicherung brauchen Sie kein gesondertes Formular. Auf die Vorgabe zu Frage 4.1. im oben genannten Formular: »Der erste freiwillige Beitrag soll gezahlt werden für …«, müssen Sie nur »01 2018« (also Januar 2018) eintragen.

Einige Wochen nachdem Sie den Antrag auf die freiwillige Versicherung gestellt haben, schickt die Deutsche Rentenversicherung Ihnen einen Bescheid über die **»Zulassung zur freiwilligen Versicherung«**. Darin steht, ab wann Sie berechtigt sind, freiwillige Beiträge zu zahlen. Im Bescheid wird Ihnen auch die Beitragshöhe bestätigt. Wenn Sie – was die Regel ist – vorab in Ihrem Antrag der Rentenversicherung eine Einzugsermächtigung erteilt haben, werden die fälligen Beiträge von Ihrem Konto eingezogen. Das Datum der Einziehung teilt Ihnen die Rentenversicherung mit. Dann sollten Sie rechtzeitig für eine Deckung des Kontos sorgen.

Wenn es Ihnen lieber ist, können Sie die Beiträge auch selbst überweisen. Ihre freiwilligen Beiträge können Sie jederzeit erhöhen oder senken – oder die Beitragszahlung einstellen.

5.4 Neue Chancen nach dem regulären Rentenalter

Das **reguläre Rentenalter** liegt für den Jahrgang 1951 bei 65 Jahren und fünf Monaten und steigt künftig bis auf 67 Jahre. Ein weiterer Anstieg des regulären Rentenalters wird in Berlin immer mal wieder ins Spiel gebracht. Die meisten Versicherten beantragen ihre Altersrente jedoch nach wie vor spätestens dann, wenn sie das reguläre Rentenalter erreicht haben. Damit ist die Rente festgezurrt – könnte man meinen.

5 | Mehr Verdienstmöglichkeiten dank Flexi-Rente

Doch genau das gilt nach den Neuregelungen durch das Flexi-Rentengesetz nicht mehr. Auch **Bezieher einer vollen Altersrente** können nun ihre Altersrente nochmals erhöhen. Dies geht allerdings – anders als für Frührentner – nicht mehr durch die Zahlung freiwilliger Beiträge, sondern nur über die Aufnahme oder Weiterführung einer sozialversicherungspflichtigen Beschäftigung. Neu hierbei ist auch: Von dieser Möglichkeit können auch die vielen Rentner, die einen Minijob ausüben, Gebrauch machen.

Doch das sind nicht die einzigen Varianten, wie die Rente auch in der Altersgruppe »65plus« noch erhöht werden kann. Möglich ist auch die **Kombination einer Teilrente mit einer (Teilzeit-)Beschäftigung.** Das wirkt – wie weiter folgend aufgezeigt wird – wie ein »kleiner« Rententurbo.

Und möglich ist es zudem – wie bisher schon –, zunächst auf den Rentenantrag zu verzichten und seinen Lebensunterhalt weiterhin für eine gewisse Zeit durch Arbeit zu finanzieren. Das wirkt dann wie ein echter Rententurbo. Auch für die Gruppe »65plus« gilt damit: alles flexi. Zyniker würden ergänzen: Einen Endpunkt setzt erst der Tod. Im Folgenden erfahren Sie, wie die skizzierten Varianten funktionieren.

5.4.1 Rente + Arbeit = mehr Rente

Die reguläre Altersrente beziehen und dazu noch arbeiten. Das wird künftig noch profitabler. Wenn Sie das reguläre Rentenalter erreicht haben und nochmals eine Erwerbstätigkeit aufnehmen oder einfach weiterarbeiten, kann dadurch künftig Ihre Rente weiter steigen. Dafür müssen Sie allerdings **die (Renten-)Versicherungspflicht ausdrücklich wählen.** Seit dem 1.1.2017 ist das möglich. Auf Neudeutsch nennt sich dies »**Opting-in**«. Die Folge: Damit sammeln Sie als nun wieder Pflichtversicherter erstens durch Ihre eigenen Beiträge weitere Rentenpunkte. Und zweitens wird dann der Arbeitgeberbeitrag auf Ihrem Rentenkonto gutgeschrieben.

Letzteres hört sich selbstverständlich an – ist es aber nicht. Bislang zahlen Arbeitgeber, die Rentner beschäftigen, zwar pro 1.000,– € Bruttoverdienst 93,– € Rentenversicherungsbeiträge. Doch den Versicherten bringt das nichts, weil das Geld nur der Rentenkasse zugutekommt und nicht dem Rentenkonto des Versicherten. Wer dies vermeiden will, muss sich **als Rentner für die Versicherungspflicht entscheiden.**

Unterm Strich bringt die Neuregelung einem Rentner, der ein Jahr lang mit einem Durchschnittsverdienst weiterarbeitet, ein monatliches Rentenplus von etwa 30,– €. Bei einem Spitzenverdiener sind es rund 60,– €. Das Rentenplus wird jeweils jährlich zum 1. Juli der Altersrente gutgeschrieben. Dabei werden jeweils die im letzten Kalenderjahr erarbeiteten Rentenansprüche berücksichtigt. Zum 1.7.2019 erhöhen damit beispielsweise die 2018 gezahlten zusätzlichen Rentenbeiträge die künftige ab Juli 2019 gezahlte Altersrente.

Zuschlag zu den Entgeltpunkten

Für die neu erwirtschafteten Ansprüche gibt es zudem noch einen **Zuschlag** von 0,5 % pro Monat der »verspäteten« Berücksichtigung der Ansprüche bei der Rente. Zur Erläuterung: Für Teile einer Altersrente, die erst nach Erreichen der Altersgrenze dem Rentenkonto gutgeschrieben werden, erhöht sich der sogenannte »Zugangsfaktor« pro Kalendermonat um den Faktor 0,005, einfacher formuliert: um 0,5 %. So steht es in § 77 Abs. 3 Nr. 3 SGB VI.

Ein sehr gut verdienender Arbeitnehmer erreichte im Dezember 2017 sein reguläres Rentenalter. Seit dem 1.1.2018 bezieht er die Regelaltersrente. In der Zeit vom 1.1.2018 bis zum 31.12.2018 ist er »nebenher« (also neben dem Rentenbezug) erwerbstätig – mit unverändert hohem Arbeitseinkommen. Er entscheidet sich für die Rentenversicherungspflicht. Damit erwirtschaftet er in dieser Zeit durch seine versicherungspflichtige Beschäftigung Rentenansprüche im Wert von rund 60,– € (monatliche Rente).

Auf diese neuen Ansprüche – und nur auf diese – gibt es ab dem 1.7.2019 noch einen Zuschlag für die 18 Monate (von Januar 2018 bis Juli 2019), für die dieser Rententeil »verspätet« bezogen wird (18 Monate × 0,5 % =) 9 %. Seine Rente steigt damit nicht um 60,- €, sondern um 65,40 €. Zwischenzeitliche Rentenanpassungen sind bei dieser Rechnung nicht berücksichtigt, kommen also noch hinzu.

Auch in diesem Fall kann man Input und Output miteinander vergleichen: Rentenversicherungsbeiträge zahlt unser Beispielarbeitnehmer 2018 in Höhe von ca. 7.000,- €. Sein Arbeitgeber zahlt den gleichen Betrag. Dafür erhält der Betroffene ab Juli 2019 eine jährliche zusätzliche Rente von (12 × 65,40 €) = 784,80 €. Betrachtet man allein diese Werte, so ist das eine lohnende Investition. Denn die gezahlten Beiträge hat der Beispielrentner in knapp neun Jahren wieder heraus.

Wermutstropfen bei der Steuer

Wer sich für die Variante Job plus Rente entscheidet, muss allerdings auch einkalkulieren, dass hierdurch seine **Steuerbelastung in der Zeit des doppelten Einkommens erheblich ansteigt.** Dies gilt natürlich besonders bei einem recht hohen Bruttolohn. Eine zusätzlich bezogene Rente wird dann voll von der Steuerprogression getroffen. Unser Beispielarbeitnehmer müsste etwa damit rechnen, dass der zusätzliche Rentenbezug im Jahr 2019 bei ihm zu einer zusätzlichen Steuerbelastung zwischen 5.000,- € und 6.000,- € führt.

Wer mit der Variante Job plus Rente liebäugelt, sollte zusätzlich den Steuer-Aspekt berücksichtigen. Die Auswirkungen sind dabei natürlich je nach Fallkonstellation höchst unterschiedlich. Sie lassen sich allerdings unter Nutzung eines einfachen Brutto-Netto-Rechners recht realistisch kalkulieren. Als Faustregel gilt dabei: Bei hohen Einkünften aus Rente und Erwerbstätigkeit dürfte sich die Variante Rentenaufschub plus Arbeit (auf die weiter unten noch eingegangen wird) eher rechnen.

Arbeitnehmer müssen aktiv werden

Opting-in bedeutet: **Arbeitnehmer müssen aktiv werden**, sonst bleibt alles wie gehabt. Das heißt: Der Arbeitgeber zahlt weiterhin 9,3 % vom Bruttolohn an die Rentenversicherung, ohne dass der Arbeitnehmer etwas davon hat. Voraussetzung des Eintretens der Versicherungspflicht ist, dass die Betroffenen »durch schriftliche Erklärung gegenüber dem Arbeitgeber auf die Versicherungsfreiheit verzichten«. Der Verzicht kann nur mit Wirkung auf die Zukunft erklärt werden, regelt § 5 Abs. 4 SGB VI in der neuen Fassung.

Arbeitende Vollrentner, die bereits im regulären Rentenalter sind, können die Rentenversicherungspflicht ihres Arbeitsverhältnisses jederzeit wählen. Das gilt auch für Rentner, die bereits 2016 – also vor Inkrafttreten der neuen Regelung – beschäftigt waren. Die Betroffenen können jederzeit auf ihre Rentenversicherungsfreiheit verzichten.

Arbeitsrechtliche Regeln

Arbeitsrechtlich wurden schon Mitte 2014 **neue Regeln für die Weiterarbeit nach Erreichen des regulären Rentenalters** geschaffen. Seit dem 1.7.2014 gilt nämlich eine Neuregelung in . Hier wurde folgender Satz angefügt: »Sieht eine Vereinbarung die Beendigung des Arbeitsverhältnisses mit dem Erreichen der Regelaltersgrenze vor, können die Arbeitsvertragsparteien durch Vereinbarung während des Arbeitsverhältnisses den Beendigungszeitpunkt, gegebenenfalls auch mehrfach, hinausschieben«. In der Gesetzesbegründung heißt es: »In der Praxis gibt es Wünsche von Arbeitgebern und Arbeitnehmern, auch nach Erreichen der Regelaltersgrenze und darauf bezogener Beendigungsvereinbarungen einvernehmlich das Arbeitsverhältnis für einen von vornherein bestimmten Zeitraum rechtssicher fortsetzen zu können«. Möglich geworden ist damit die **befristete Beschäftigung über das reguläre Rentenalter hinaus.**

Wichtig zu wissen: All dies gilt nur bei einer **Weiterbeschäftigung beim »alten« Arbeitgeber.** Senioren, die bei einem neuen Arbeitgeber tätig sind, können ohnehin einen ganz normalen befristeten Arbeitsvertrag schließen.

Arbeitgeber spart Beitrag zur Arbeitslosenversicherung

Das Flexi-Rentengesetz bringt auch einen **Vorteil für Arbeitgeber,** die Rentner nach dem Erreichen der regulären Altersgrenze beschäftigen. Sie müssen hierfür künftig **keine Beiträge zur Arbeitslosenversicherung mehr entrichten.** Sie sparen damit 1,5 %. Die Beschäftigung eines Rentners ist damit vergleichsweise etwas »billiger« als die Beschäftigung eines jüngeren Arbeitnehmers. Die Regelung gilt seit 1.1.2017 – und ist zunächst bis Ende 2021 befristet. Für Arbeitnehmer selbst hat dies übrigens kaum eine Bedeutung. Denn wer das reguläre Rentenalter überschritten hat, erhält keine Leistungen der Arbeitslosenversicherung mehr.

5.4.2 Opting-in gilt auch für Minijobber

Bei den – zumindest was die Statistik betrifft – beliebtesten Beschäftigungsverhältnissen von Rentnern handelt es sich um **Minijobs.** Fast eine Million Rentner, die bereits jenseits des regulären Rentenalters sind, üben solche Jobs aus. Grundsätzlich gilt: Diese Jobs sind bei Vollrentnern, die das reguläre Rentenalter überschritten haben, **versicherungsfrei.**

Die Jobber haben nun jedoch das Recht, sich in die Rentenversicherung einzuwählen. Egal wie alt sie sind. Das nennt sich dann auf Neudeutsch »Opting-in« – also Einwahl. Das geht ziemlich einfach durch eine formlose schriftliche Erklärung dem Arbeitgeber gegenüber. Ab dem Zeitpunkt, an dem ein Minijobber eine solche Erklärung abgibt, ist er rentenversicherungspflichtig.

Ausgenommen von dieser Möglichkeit sind nur diejenigen, die ihren Minijob bereits – ggf. vor einigen Jahren – vor dem Renteneintritt ausgeübt haben und bei der Aufnahme des Jobs auf die Rentenversicherungspflicht verzichtet haben.

Wer als **Minijobber die Rentenversicherungspflicht wählt,** muss zunächst einmal eine kleine Gehaltsminderung hinnehmen. Der Arbeitgeber zieht ihr oder ihm 3,6 % als Rentenversicherungsbeitrag vom Gehalt ab. Bei einem vollen 450-Euro-Job sind das 16,20 € im Monat. Statt 450,– € zahlt ihnen der Arbeitgeber nur 433,80 € aus. Diese 3,6 % führt der Arbeitgeber an die **Minijob-Zentrale** ab. Zur Erläuterung: Der Arbeitgeber zahlt selbst ja ohnehin eine 15 %-Pauschale für die Rentenversicherung an die Minijob-Zentrale. 15 % plus 3,6 %, das ergibt 18,6 %, also den aktuellen Rentenversicherungsbeitrag.

Ein volles Jahr mit einem Minijob bringt dann für einen West-Rentner mindestens Rentenansprüche in Höhe von 4,43 €. Für einen Ost-Rentner ist es sogar etwas mehr: mindestens 4,66 €. Die neu erworbenen Rentenansprüche werden jeweils zum 1. Juli gutgeschrieben. All das gilt – wie gesagt – **nur, wenn sich ein Jobber für die Rentenversicherungspflicht entscheidet.** Wer sich dagegen entscheidet, muss weiterhin damit leben, dass der Arbeitgeber für ihn in die Rentenkasse einzahlt, ohne dass er selbst davon profitiert.

Auch bei den Rentenansprüchen der Minijobber gilt: Diese werden je nach Alter der Jobber immer mehr wert. Denn für Versicherungsansprüche, die nach dem regulären Rentenalter erworben werden, gibt es pro Monat des »verspäteten« Rentenbezugs den bereits erwähnten Zuschlag von 0,5 % pro Monat. Nehmen wir als Beispiel einen 70-Jährigen, der seit Anfang dieses Jahres ein Jahr lang einen vollen Minijob aufnimmt. Sein reguläres Rentenalter lag noch bei 65. Wenn die neuen Rentenansprüche gutgeschrieben werden, ist er 71 Jahre alt, also sechs Jahre – bzw. 72 Monate – über dem regulären Rentenalter. Die neu gutgeschriebenen Rentenansprüche werden dann nochmals um (72 Monate × 0,5 % =) 36 % erhöht. Aus den oben genannten 4,43 € werden dann beispielsweise gut 6,– €.

5.4.3 Rentenaufschub plus Arbeit = später mehr Rente

Auf die **reguläre Altersrente** haben fast alle älteren Arbeitnehmer Anspruch. Denn diese gibt es bereits nach fünf Versicherungsjahren. Wichtig ist allerdings: Rente gibt es nur dann, wenn man einen Rentenantrag stellt. Diesen kann man jedoch auch aufschieben und sich beispielsweise erst mit 67 oder 70 vom Arbeitsleben verabschieden.

Wer den **Renteneintritt aufschiebt,** bekommt später mehr Rente. Es rechnet sich also, später in Rente zu gehen. Das Altersruhegeld erhöht sich nämlich pro Monat des »verspäteten« Einstiegs um 0,5 %. Wer erst mit 67 statt mit 65 und fünf Monaten in Rente geht, erhält also derzeit noch eine um (19 Monate × 0,5 % =) 9,5 % höhere Rente – und zwar lebenslang. Bei genau zwei Jahren Weiterarbeit gibt es bereits einen Zuschlag von 12 %. Hinzu kommt: Wer über das reguläre Rentenalter hinaus arbeitet und noch **keine** Vollrente bezieht, ist auch weiterhin in jedem Fall **rentenversicherungspflichtig.** Die gezahlten Beiträge bringen dann nochmals eine Rentenerhöhung. Unterm Strich können so zwei Jahre Mehrarbeit 15 % bis 20 % mehr Rente bringen. Das zahlt sich aus, auch wenn man den temporären Rentenverzicht in die Rechnung einbezieht.

Nehmen wir einen Arbeitnehmer, der im regulären Rentenalter Anspruch auf 1.500,– € Monatsrente hat, diese jedoch nicht beantragt. Er arbeitet zwei Jahre weiter, ist Gutverdiener, zahlt damit den Höchstbetrag in die Rentenkasse ein. Innerhalb von zwei Jahren zahlt er damit insgesamt ca. 14.000,– € ein (den gleichen Betrag entrichtet auch sein Arbeitgeber).

Innerhalb der zwei Jahre Weiterarbeit verzichtet er auf insgesamt 36.000,– € (24 Monate × 1.500,– €) Rente. Zusammen mit den Einzahlungen von rund 14.000,– € »investiert« er damit 50.000,– €. Seine eigene Rente erhöht sich für jedes Jahr, in dem er den Höchstbetrag einzahlt, um ca. 61,– €. Er kommt dann also mit 67 Jahren und fünf Monaten auf einen Rentenanspruch von 1.622,– € (statt vorher 1.500,– €).

Darauf gibt es einen Zuschlag von 12 %, was 194,64 € ausmacht. Insgesamt erhält er damit nach zwei Jahren Weiterarbeit eine Rente in Höhe von 1.816,64 €, also ein Plus von 316,64 €. Aufs Jahr bezogen ist dies ein »Mehr« von 3.799,68 €. Nach 13 Jahren und zwei Monaten Rentenbezug würde der Betroffene damit seine »Investition« herausbekommen. Dann hätte sich das monatliche Plus von 316,54 € auf insgesamt 50.029,– € summiert.

Das Ergebnis zeigt: Die Investition lohnt sich. Immerhin liegt die **durchschnittliche (restliche) Lebenserwartung** eines 67-Jährigen deutlich höher als 13 Jahre. Für einen Arbeitnehmer, der bislang keine größeren gesundheitlichen Einschläge zu verzeichnen hatte, ist die Variante »**Rentenverzicht plus Weiterarbeit**« damit eine sinnvolle Entscheidung. Die »Rendite« wird dabei umso höher, je höher die Rentenansprüche bei Erreichen des regulären Rentenalters sind bzw. waren. Denn dann wirken sich die Zuschläge entsprechend stärker aus.

Günstigeres Ergebnis für privat Krankenversicherte

Noch deutlich günstiger würde die Modellrechnung für diejenigen ausfallen, die **privat krankenversichert** sind. Denn sie erhalten auf die Rente noch einen Zuschlag von (derzeit) 7,3 % für ihre Krankenversicherung. Gesetzlich Versicherte müssen umgekehrt die Belastung mit ihrem Krankenversicherungsanteil berücksichtigen, der derzeit im Schnitt bei 8,4 % liegt (7,3 % plus 1,1 % Zusatzbeitrag). Auch die Berücksichtigung der auf die Rente entfallenden Steuer (die sich allerdings meist in Grenzen hält) würde die »Rendite« noch etwas schmälern.

Klar ist jedenfalls: Der Ertrag ist hier weit besser als bei jeder **privaten Rente**. Selbst bei guten Sofortrenten-Angeboten dauert es derzeit etwa 23 Jahre, ehe ein 67-jähriger Versicherter seine Einzahlung herausbekommen hat. Für einen gesunden Älteren, der noch gerne weiterhin erwerbstätig wäre, ist der Aufschub des Renteneinstiegs eine höchst lukrative Angelegenheit.

5.4.4 Teilrente plus (Teilzeit-)Arbeit = mehr Rente

»Versicherte können eine Rente wegen Alters in voller Höhe (Vollrente) oder als Teilrente in Anspruch nehmen«. Das bestimmt § 42 Abs. 1 SGB VI. Die Regelung gilt für alle Altersrenten, mithin auch für die **Regelaltersrente**. Ein Versicherter kann sich frei entscheiden, von seiner Regelaltersrente einen beliebigen Betrag oder prozentualen Anteil in Anspruch zu nehmen, also beispielsweise ein Drittel der Rente. In diesem Fall bleiben die anderen zwei Drittel der Rente unangerührt. Das bedeutet: Dieser Teil der Rente würde – wenn er später in Anspruch genommen wird – von dem Zuschlag von 0,5 % für jeden Monat des »verspäteten Bezugs« profitieren.

Nehmen wir an, Monika P. nimmt von ihren erworbenen Rentenansprüchen in Höhe von monatlich 1.500,- € zunächst nur 500,- € in Anspruch. Die volle Rente dagegen erst zwei Jahre nach Erreichen des regulären Rentenalters. Aus den nicht beanspruchten 1.000,- € der Monatsrente sind in dieser Zeit durch den Zuschlag von 0,5 % pro Monat 1.120,- € geworden, sodass sich der gesamte Rentenanspruch dann auf 1.620,- € belaufen würde. Die jährlichen Rentenanpassungen sind hierbei nicht berücksichtigt.

Sinnvoll wäre die skizzierte Variante für Monika P., wenn sie zugleich mindestens noch eine **Teilzeitbeschäftigung** ausüben würde. Die Beschäftigung wäre in ihrem Fall grundsätzlich rentenversicherungspflichtig.

Für Monika P. als **Teilrentnerin** wäre die Beschäftigung auch im regulären Rentenalter nicht »rentenversicherungsfrei«. **Versicherungsfrei** sind nach § 5 Abs. 4 SGB VI nämlich nur Personen jenseits des regulären Rentenalters, die »eine **Vollrente** wegen Alters beziehen«. Für diese besteht dann die Möglichkeit des Opting-in. Für Monika P. bestünde diese Wahlfreiheit nicht. Sie wäre in jedem Fall rentenversicherungspflichtig und würde in einer sozialversicherungspflichtigen Beschäftigung damit weitere Rentenansprüche aufbauen.

6 Zusatzrente aus der gesetzlichen Rentenversicherung

6.1 Einführung

Die Höhe der gesetzlichen Rente bemisst sich im Kern aus zwei Faktoren – den eingezahlten Beiträgen, die in Entgeltpunkte umgerechnet werden, und dem aktuellen Rentenwert, der jeweils zum 1. Juli eines jeden neuen Jahres festgesetzt wird. Bei der Rentenberechnung spielen außerdem noch die Art der Rente (Alters-, Hinterbliebenen- oder Erwerbsminderungsrente) sowie ein eventueller **Rentenabschlag** bei vorzeitig bezogener Altersrente eine Rolle.

Pflichtversicherte Arbeitnehmer zahlen ebenso wie ihre Arbeitgeber **Pflichtbeiträge** in die gesetzliche Rentenversicherung. Im Jahr 2018 sind das jeweils 9,3 % des monatlichen Bruttogehalts, zusammen also 18,6 %. Dieser Beitragssatz soll laut aktuellem Rentenversicherungsbericht der Bundesregierung bis zum Jahr 2022 konstant bleiben.

Zusätzlich zu den Pflichtbeiträgen können Arbeitnehmer unter bestimmten Umständen zusätzliche Rentenbeiträge (»Extrabeiträge«) freiwillig einzahlen und so ihre spätere Rente erhöhen. Zu den Beitragszeiten gehören auch Zeiten, in denen der Arbeitnehmer nicht pflichtversichert ist und für die **freiwillige Beiträge** bzw. bestimmte **Nachzahlungsbeiträge** geleistet werden. Außerdem gibt es **Ausgleichsbeträge** zum Abkaufen von Rentenabschlägen bei vorzeitiger Altersrente, die weder Pflichtbeiträge noch freiwillige Beiträge sind. Sie gleichen Rentenabschläge aus, z. B. bei der abschlagspflichtigen Rente mit 63 Jahren nach Erfüllung der 35-jährigen Wartezeit, oder erhöhen die Regelaltersrente bei einem späteren Verzicht auf die vorgezogene Altersrente.

Ob **Ausgleichsbetrag, Nachzahlungsbeitrag** oder **freiwilliger Beitrag** – in allen drei Fällen kommt es zu einer willkommenen Zusatzrente aus gesetzlicher Rentenversicherung, die über die gesetzliche Rente aus reinen Pflichtbeiträgen hinausgeht.

6 | Zusatzrente aus der gesetzlichen Rentenversicherung

Im folgenden Beitrag geht es ausschließlich um den Abkauf von Rentenabschlägen gem. § 187a SGB VI. Dabei soll die Frage beantwortet werden, warum die Zusatzrente aus dem Ausgleichsbetrag in der gesetzlichen Rentenversicherung im Vergleich zur Rürup-Rente oder einer Rente der privaten Rentenversicherung aus finanzieller Sicht so attraktiv ist. Der Schwerpunkt liegt auf nachvollziehbaren Berechnungen und zusätzlichen Tipps zum Ausgleich von Rentenabschlägen.

Ähnliche Überlegungen wie beim Ausgleichsbetrag zur Kompensation von Rentenabschlägen gemäß § 187a SGB VI gibt es für den **Ausgleichsbetrag zur Abwendung einer Rentenkürzung aus dem Versorgungsausgleich** gemäß § 187 SGB VI. Diesen Ausgleichsbetrag bekommt der ausgleichspflichtige Ehegatte wiedererstattet, sofern der geschiedene Ex-Ehegatte seine Rente noch nicht mindestens drei Jahre bezogen hat. Der Ausgleichsbetrag beim Versorgungsausgleich kommt jedoch ohne Rentenabschläge und entsprechende Zugangsfaktoren von unter 1 aus.

Außerdem gibt es gemäß § 187b SGB VI noch die Möglichkeit, **Abfindungen aus einer betrieblichen Altersversorgung** innerhalb eines Jahres nach Zahlung der Abfindung für einen Einmalbeitrag in die gesetzliche Rentenversicherung zu verwenden. Nach bindender Bewilligung einer Vollrente wegen Alters ist dies aber nicht mehr zulässig.

6.2 Zusatzrente aus Ausgleichsbetrag

Der Ausgleichsbetrag zur Kompensation von Rentenabschlägen ist ein nahezu unbekanntes Wesen. Zuletzt haben jedes Jahr lediglich rund 1.000 pflichtversicherte Arbeitnehmer diese Möglichkeit genutzt. Das ist gerade einmal jeder 200. Versicherte, der dazu berechtigt wäre.

Zugegeben: Der Weg zum Ausgleichsbetrag ist kompliziert und für viele nicht so leicht nachvollziehbar. Außerdem fehlen vielen Pflichtversicherten die finanziellen Mittel, um den Ausgleichsbetrag auf einen Schlag oder in jährlichen Raten zu zahlen. Den meisten Pflichtversicherten sind allerdings auch die vielfältigen **Handlungsoptionen** rund um den Ausgleichsbetrag gar nicht bekannt.

Wer weiß schon, dass statt der Einmalzahlung in einer fünfstelligen Summe auch Teilzahlungen über bis zu acht Jahre (seit dem 1.7.2017 auch bis zu 13 Jahre) möglich sind? Bei solchen **Teilzahlungen** kommt es zu einem jährlichen vierstelligen Betrag, der bei halbjährlicher Zahlung in der Regel immer noch vierstellig bleibt. Auch Ausgleichsbeträge für Teile von Rentenabschlägen sind möglich.

Wem ist schon bekannt, dass man die Einmal- oder Teilzahlung des Ausgleichsbetrages im Falle eines späteren Verzichts auf die vorgezogene Altersrente mit Rentenabschlägen zur **Erhöhung der Regelaltersrente** nutzen kann? Rund 1.000 Neurentner der Jahrgänge 1951 und 1952, die im Zeitraum vom 1.7.2014 bis 31.12.2015 nach 45 Versicherungsjahren die abschlagsfreie Rente mit 63 Jahren bekommen und in der Zeit zuvor Ausgleichsbeträge gezahlt hatten, konnten es im Übrigen gar nicht wissen. Sie erhalten nun die abschlagsfreie Rente mit 63 Jahren und obendrein noch einen Zuschlag auf die Rente aus dem gezahlten Ausgleichsbetrag.

Neurentner mit abschlagsfreier 63er-Rente und bis Ende des Jahres 2013 gezahltem Ausgleichsbetrag **profitierten** also **doppelt**: Ihnen wurde erstens der Rentenabschlag von immerhin 8,7 % bzw. 9 % infolge der ab 1.7.2014 in Kraft getretenen Rentenreform erlassen und zweitens erhalten sie darüber hinaus eine höhere abschlagsfreie Rente, da der gezahlte Ausgleichsbetrag zu höheren Entgeltpunkten und damit zu einer höheren gesetzlichen Rente geführt hat.

6.2.1 Grundlagen zum Ausgleichsbetrag

Der Weg zur abschlagsfreien Rente mit 63 Jahren über den Ausgleichsbetrag ist völlig legal und in **§ 187a SGB VI** (»Zahlung von Beiträgen bei vorzeitiger Inanspruchnahme einer Rente wegen Alters«) genau beschrieben, allerdings in einem für Laien meist unverständlichen Juristendeutsch. Sie müssen aber auch nicht jede Formulierung in diesem Paragrafen und auch nicht die Formel zur Berechnung des Ausgleichsbetrags verstehen (mehr dazu für Wissbegierige später).

So finden Sie relativ problemlos über den etwas komplizierten Weg: Füllen Sie das amtliche vierseitige **Formular V 2010** »Antrag auf Auskunft über die Höhe der Beitragszahlung zum Ausgleich einer Rentenminderung bei vorzeitiger Inanspruchnahme einer Rente wegen Alters« aus. Lassen Sie sich dann den Ausgleichsbetrag von der Deutschen Rentenversicherung ausrechnen. Erst nach Erhalt dieser Berechnung entscheiden Sie, ob Sie den Ausgleichsbetrag zahlen oder nicht. Vorteil: Sie gehen mit dieser bürokratisch anmutenden Methode überhaupt kein Risiko ein. Erst mit Zahlung des Ausgleichsbetrags haben Sie Ihre endgültige Entscheidung getroffen. Selbstverständlich ist das Verfahren gebührenfrei.

Die Deutsche Rentenversicherung (DRV) prüft zunächst, ob Sie eine vorzeitige abschlagspflichtige Altersrente mit beispielsweise 63 Jahren überhaupt erreichen können. Möglich ist diese, wenn die **35-jährige Wartezeit** für langjährig Versicherte oder schwerbehinderte Menschen zum vollendeten 63. Lebensjahr erreichbar ist.

Das werden die meisten pflichtversicherten Arbeitnehmer schaffen, da auf die 35-jährige Wartezeit für langjährig Versicherte oder Schwerbehinderte sämtliche rentenrechtlichen Zeiten angerechnet werden können, also außer den Beitragszeiten für Pflichtbeiträge oder freiwillige Beiträge auch beitragsfreie Zeiten (z.B. Anrechnungszeiten bis zu acht Jahre für die **Schul- und Hochschulausbildung** ab dem 17. Lebensjahr nach § 58 SGB VI) und Berücksichtigungszeiten (z.B. zehn Jahre pro Kind für **Kindererziehung**).

Ihr Antrag auf Zahlung eines Ausgleichsbetrags wird aber abgelehnt, wenn Sie bis zum gewünschten vorzeitigen Rentenbeginn (z.B. 64 Jahre für Jahrgang 1958 oder 65 Jahre für alle Jahrgänge ab 1964) sogar 45 Versicherungsjahre als Voraussetzung für die neue abschlagsfreie Rente ab 63 Jahren erreichen können. Bei dieser speziellen **45-jährigen Wartezeit für besonders langjährig Versicherte** werden nur Pflichtbeitragszeiten (einschließlich Zeiten der Arbeitslosigkeit mit Arbeitslosengeld I), Zeiten mit freiwilligen Beiträgen (sofern Pflichtbeiträge für mindestens 18 Jahre gezahlt wurden) und Berücksichtigungszeiten (z.b. wegen Kindererziehung bis zu zehn Jahre pro Kind) mitgezählt.

Beitragsfreie Zeiten wie etwa Anrechnungszeiten für eine schulische Ausbildung oder für Zeiten mit Arbeitslosengeld II sowie Zeiten mit freiwilligen Beiträgen ohne Nachweis von Pflichtbeiträgen über mindestens 18 Jahre werden bei der 45-jährigen Wartezeit **nicht** berücksichtigt. Daher kann es sein, dass Sie zwar durch Anrechnungszeiten und Zeiten mit freiwilligen Beiträgen auf rentenrechtliche Zeiten von 45 Jahren im weiteren Sinne kommen, aber nicht auf die für eine abschlagsfreie Rente ab 63 Jahren geforderten 45 Versicherungsjahre.

Entscheiden Sie sich am besten zunächst für die abschlagspflichtige Rente mit 63 Jahren und kaufen den Rentenabschlag durch Zahlung des Ausgleichsbetrags ab. Wenn Sie dann beispielsweise ein Jahr später (zum Beispiel mit 64 Jahren beim Geburtsjahrgang 1958) auch die Voraussetzungen für die abschlagsfreie Rente erfüllen, arbeiten Sie einfach weiter bis zum vollendeten 64. Lebensjahr. Dann erhalten Sie außer der abschlagsfreien Rente noch ein attraktives Rentenplus, da der gezahlte Ausgleichsbetrag immer zu höheren Entgeltpunkten und damit zu einer höheren Rente führt. Er ist also nicht verloren, sondern in Form des attraktiven Rentenplus sogar besonders attraktiv.

6 | **Zusatzrente aus der gesetzlichen Rentenversicherung**

Ihr Antrag auf Zahlung eines Ausgleichsbeitrags zur Kompensation von Abschlägen bei einer vorzeitigen Altersrente wird immer dann akzeptiert, wenn Sie zum gewählten Zeitpunkt (zum Beispiel Vollendung des 63. Lebensjahres) die dafür erforderliche 35-jährige Wartezeit mit rentenrechtlichen Zeiten erreichen können, aber nicht die für eine abschlagsfreie Rente ab 63 Jahren vorausgesetzten 45 Versicherungsjahre. Viele Akademiker werden die 45 Versicherungsjahre nicht nachweisen können, da sie nach Abschluss ihres Studiums bestenfalls auf 40 Versicherungsjahre bis zum vorgezogenen Rentenbeginn kommen.

Fazit: Für einen Ausgleichsbetrag bei einer vorgezogenen Rente mit 63 Jahren kommen daher pflichtversicherte Arbeitnehmer infrage, die **mindestens 35 Jahre** an rentenrechtlichen Zeiten erreichen können, aber **weniger als 45 Versicherungsjahre.**

Laut **Flexirentengesetz** können Sie Ausgleichsbeträge darüber hinaus nur dann zahlen, wenn Sie das 50. Lebensjahr vollendet haben. Das hängt damit zusammen, dass Sie seit dem 1.7.2017 bereits nach Vollendung des 50. Lebensjahrs eine besondere Rentenauskunft beantragen können, die auch die Höhe der Beitragszahlung zum Ausgleich einer Rentenminderung bei vorzeitiger Inanspruchnahme einer Altersrente enthält.

Sofern ein berechtigtes Interesse am Ausgleich von Rentenabschlägen nachgewiesen wird, können auch **noch nicht 50-Jährige** eine besondere Rentenauskunft beantragen und damit zugleich einen Antrag auf Rückkauf von Rentenabschlägen stellen. Darauf weist der Sozialbeirat der Bundesregierung in seinem Ende November 2016 erstellten Sozialbeirat-Gutachten auf Seite 27 oben sogar ausdrücklich hin.

Wann ein berechtigtes Interesse zum Abschlagsrückkauf vor dem vollendeten 50. Lebensjahr vorliegt, hängt zwar immer vom **Einzelfall** ab, indirekt gibt es dazu aber folgende Hinweise in der Begründung zum Entwurf des Flexirentengesetzes auf Seite 25: »Vor einem

Alter von 50 Jahren dürfte es für die Versicherten noch kaum vorhersehbar sein, ob sie tatsächlich vorgezogen in Altersrente gehen wollen. Ferner darf es nicht hinreichend valide abschätzbar sein, wie hoch die Rentenminderung durch Abschläge ausfallen kann, weil dafür die Rentenansprüche bis zum Zeitpunkt des Renteneintritts vorausgeschätzt werden müssen«.

Mit hoher Wahrscheinlichkeit wird ein solch berechtigtes Interesse also nicht bei Versicherten unter 38 Jahren vorliegen, die noch mehr als 25 Versicherungsjahre bis zum frühesten Rentenbeginn mit 63 Jahren vor sich liegen haben und daher kaum vorhersehen können, wann sie in Rente gehen wollen und wie hoch ihre künftige Rente sein wird.

Bei 46- bis 49-jährigen Versicherten sind es beispielsweise aber nur noch 17 bis 14 Jahre bis zur Frührente mit 63, also weniger als die Hälfte der erforderlichen 35 Jahre für langjährig Versicherte und schwerbehinderte Menschen. Die vorgezogene Altersrente mit beispielsweise 63 Jahren kann also durchaus vorhersehbar sein und eine Vorausschätzung der Rentenansprüche bis zu diesem Zeitpunkt auch bereits heute erfolgen.

Ein berechtigtes Interesse könnte bei dieser Altersgruppe durchaus schon vorliegen. Bekannt ist das Beispiel eines 47-jährigen pflichtversicherten Selbstständigen, der sein berechtigtes Interesse im Frühjahr 2017 nachgewiesen hat und die Berechnung des Ausgleichsbetrags zum Rückkauf seines Rentenabschlags von 14,4 % bei Rentenbeginn in 2033 auf seinen Antrag hin problemlos von der Deutschen Rentenversicherung erhalten hat.

Teilzeitbeschäftigte Mütter im Alter von beispielsweise 48 oder 49 Jahren könnten ihr berechtigtes Interesse damit begründen, dass ihnen von ihrem Arbeitgeber derzeit die Rückkehr zur Vollzeitbeschäftigung verwehrt wird und sie somit in die berüchtigte **Teilzeitfalle** geraten. Damit ihre künftige Frührente wegen des hohen Rentenabschlags aber nicht zu niedrig ausfällt, bestünde schon jetzt ein

Interesse am Rückkauf dieser Abschläge. Kaum denkbar, dass sich die Deutsche Rentenversicherung diesem Interesse an einer höheren Altersrente für Frauen verweigern würde. Schließlich ist die frühere Frauenaltersrente ab 60 Jahren für alle ab 1952 geborenen Frauen ausgelaufen.

Abgesehen von den geschilderten Sonderfällen gilt aber grundsätzlich: Wer Rentenabschläge zurückkaufen und damit kompensieren will, muss mindestens **50 Jahre** alt sein (also beispielsweise Geburtsjahrgänge bis 1968 bei Antragstellung im Jahr 2018), in der gesetzlichen Rentenversicherung versichert sein und mindestens 35 Versicherungsjahre bis zum geplanten Rentenbeginn mit frühestens 63 Jahren erreichen können.

Ausgleichszahlungen zum Abkaufen von Rentenabschlägen bei der **Erwerbsminderungsrente** sind nicht erlaubt. Es muss sich immer um eine Altersrente handeln. Andererseits können auch Nicht-Arbeitnehmer, die eine abschlagspflichtige Altersrente erhalten könnten, einen Antrag auf Zahlung des Ausgleichsbetrages stellen. Hinterbliebene wie Witwen oder Witwer können dies nur für ihre eigene Altersrente tun, aber nicht für die Witwen- bzw. Witwerrente.

6.2.2 Höhe des Ausgleichsbetrags

Kopfzerbrechen bereitet vielen Versicherten verständlicherweise die Berechnung des Ausgleichsbetrags. Wie dieser Betrag im Einzelnen berechnet wird, geht aus der **besonderen Rentenauskunft** hervor, die Ihnen von der Deutschen Rentenversicherung auf Ihren Antrag hin zugesandt wird.

Sie müssen den Betrag also nicht selbst berechnen oder von Fachleuten berechnen lassen. Dennoch sollten Sie wissen, wie sich der Ausgleichsbetrag prinzipiell berechnet und in welcher Größenordnung dieser Betrag bei Ihnen ausfallen wird.

Grundsätzlich hängt die Höhe des Ausgleichsbetrages von den erreichbaren **Entgeltpunkten** zum Zeitpunkt der beabsichtigten Frührente, der daraus errechneten Bruttorente, dem davon abgezogenen Rentenabschlag und dem vorläufigen Durchschnittsentgelt im Jahr der Zahlung ab. Im Folgenden wird angenommen, dass die abschlagspflichtige Altersrente mit 63 für langjährig Versicherte nach 40 Pflichtbeitragsjahren erreicht wird.

Durchschnittsverdiener kommen dann auf 40 Entgeltpunkte und im Westen auf eine gesetzliche Rente von monatlich 1.241,20 € (= 40 Entgeltpunkte × 31,03 €). Bei Gutverdienern wird diese Rente um 50 % auf 1.861,80 € (= 60 Entgeltpunkte × 31,03 €) steigen und bei Höherverdienern, deren Gehalt alle 40 Beitragsjahre über der Beitragsbemessungsgrenze in der gesetzlichen Rentenversicherung lag, um 90 % auf 2.358,28 € (= 76 Entgeltpunkte × 31,03 €).

Für in 1958 geborene Versicherte, die mit 63 Jahren vorzeitig in Rente gehen wollen, beträgt der Rentenabschlag 10,8 % der jeweiligen Bruttorente, also im Beispiel 134,05 € bei Durchschnittsverdienern. Bei Gutverdienern macht der Rentenabschlag 201,07 € und bei Höherverdienern 254,69 € aus.

Durchschnittsverdiener müssten dann einen Ausgleichsbetrag von 34.116,- € in 2018 zahlen. Bei Gutverdienern wären es 51.174,- € und bei Höherverdienern 64.821,- €, sofern sie den Ausgleichsbetrag auf einen Schlag entrichten würden.

Wer es ganz genau wissen will, kann sich auch die Formel ansehen, nach der Ausgleichsbeträge von der Deutschen Rentenversicherung berechnet werden. Die Formel zur Berechnung des Ausgleichsbetrags enthält insgesamt fünf Faktoren:

Ausgleichsbetrag = [(erreichbare Entgeltpunkte × Rentenabschlag in Prozent) × (vorläufiges Durchschnittsentgelt × Beitragssatz)] : Zugangsfaktor

6 | Zusatzrente aus der gesetzlichen Rentenversicherung

In der Mitteilung der Deutschen Rentenversicherung über die Höhe des von ihr berechneten Ausgleichsbetrags findet sich die auf drei Faktoren verkürzte Formel:

Ausgleichsbetrag = [Entgeltpunkte-Minderung × Umrechnungsfaktor] : Zugangsfaktor

Zur Erklärung: Die Minderung der Entgeltpunkte wird durch die Multiplikation der erreichbaren Entgeltpunkte mit dem Rentenabschlagssatz berücksichtigt. Aus der Multiplikation des vorläufigen Durchschnittsentgelts mit dem Beitragssatz errechnet sich der Umrechnungsfaktor. Schließlich wird der Zugangsfaktor ermittelt, indem der Rentenabschlag zwischen 0,099 und 0,144 für Geburtsjahrgänge 1955 bis 1967 für langjährig Versicherte bei vorgezogener Altersrente mit 63 Jahren von der Zahl 1 abgezogen wird.

Hierzu eine Musterrechnung:

Für einen im Jahr 1958 geborenen langjährig Versicherten im Westen mit 60 erreichbaren Entgeltpunkten und einem Rentenabschlag von 10,8 % für die Rente mit 63 errechnet sich im Jahr 2018 folgender Ausgleichsbetrag:

Ausgleichsbetrag = [(60 × 0,108) × (37.873 × 0,186)] : 0,892 = [6,48 × 7.044,378] : 0,892 = 51.174,37 €

Mit einer Einmalzahlung von 51.174,37 € könnte dieser in 1958 geborene Versicherte einen Rentenabschlag von 201,07 € (= 6,48 Entgeltpunkte × 31,03 € aktueller Rentenwert West am 1.7.2017) im Jahr 2018 ausgleichen. Der jährliche Rentenabschlag von 2.412,84 € macht 4,7 % des Ausgleichsbetrags von 51.174,37 € aus.

Diese 4,7 % klingen wenig und Kritiker wenden gern ein, dass man den gezahlten Betrag von über 51.000,– € erst nach gut 21 Jahren wieder über den ersparten Rentenabschlag zurückbekomme. Das ist aber eine Milchmädchenrechnung, wie folgende sechs **Gegenargumente** zeigen:

Zusatzrente aus der gesetzlichen Rentenversicherung | 6

1. Der in 1958 geborene Versicherte hat mit 63 Jahren nach der Sterbetafel des Statistischen Bundesamts noch eine fernere Lebenserwartung von rund 22 Jahren (bei Männern) bzw. 26 Jahren (bei Frauen). Dies sind mehr als die genannten 21 Jahre.

2. Der ersparte Rentenabschlag bzw. die Zusatzrente aus dem Ausgleichsbetrag schließt auch den Anspruch auf eine Hinterbliebenenabsicherung (zum Beispiel Witwen- bzw. Witwerrente von 55 bis 60 % der Altersrente des Verstorbenen) mit ein. Bei Berücksichtigung der ferneren Lebenserwartung des über- bzw. längstlebenden Ehepartners erhöht sich die Rentendauer.

3. Der Ausgleichsbetrag würde nur dann erst nach 21 Jahren zurückfließen, wenn es in Zukunft nur noch Renten-Nullrunden gäbe. Dies ist aber völlig wirklichkeitsfremd. Wenn man beispielsweise eine moderate Rentensteigerung von 1,5 % pro Jahr annimmt, erhöht sich der ersparte Rentenabschlag in den folgenden 25 Jahren (3 Jahre bis zur Rente mit 63 und danach 22 Rentenjahre) bereits um gut 45 % auf rund 3.500,- € jährlich bzw. 292,- € monatlich.

4. Der Ausgleichsbetrag bzw. entsprechende Teilzahlungen können steuerlich abgesetzt werden zu 86 % in 2018 bis zu 100 % ab 2025. Da der persönliche Grenzsteuersatz in der Beitragsphase erfahrungsgemäß deutlich höher liegt im Vergleich zur Rentenphase, wird das Verhältnis von Zusatzrente zu Ausgleichsbetrag nach Steuern deutlich günstiger als vor Steuern. Dabei ist berücksichtigt, dass die Zusatzrente aus dem Ausgleichsbetrag bei Rentenbeginn in 2021 zu 81 % versteuert werden muss. Ein Besteuerungsanteil der Rente von 81 % liegt aber fünf bzw. sieben Prozentpunkte unter dem steuerlich abzugsfähigen Anteil des Ausgleichsbetrags von 86 % bei Einmalzahlung in 2018 bzw. von durchschnittlich 88 % bei Zahlung in drei jährlichen Raten für die Jahre 2018, 2019 und 2020.

5. Wer privat krankenversichert ist, erhält von der Deutschen Rentenversicherung noch einen Zuschuss in Höhe von 7,3 % der Bruttorente zu seiner privaten Krankenversicherung, der nach Wiedereinführung der paritätischen Finanzierung in der gesetzlichen Krankenversicherung sogar auf 7,8 % steigt. Gesetzlich krankenversicherte Rentner müssen allerdings von der Bruttorente noch einen Beitrag zur gesetzlichen Kranken- und Pflegeversicherung in Höhe von aktuell rund 11 % abziehen.

6. Zusätzliche finanzielle Vorteile bietet der Ausgleichsbetrag für Ost-Versicherte und im Falle der Beteiligung des Arbeitgebers.

Tabelle 1: Ausgleichsbeträge im Jahr 2018 für Jahrgänge ab 1955 bei 60 erreichbaren Entgeltpunkten im Alter von 63 Jahren

Jahrgang	Renten-abschlag	Ausgleichsbetrag pro Entgeltpunkt	Entgeltpunkte-Minderung	Ausgleichsbetrag insgesamt
1955	9,9 % = 184,32 €	7.818,40 €	5,94	46.441,30 €
1956	10,2 % = 189,90 €	7.844,52 €	6,12	48.008,46 €
1957	10,5 % = 195,49 €	7.870,81 €	6,30	49.586,10 €
1958	**10,8 % = 201,07 €**	**7.897,28 €**	**6,48**	**51.174,37 €**
1961	12,6 % = 234,59 €	8.059,93 €	7,56	60.933,07 €
1960	12,0 % = 223,42 €	8.004,98 €	7,20	57.635,86 €
1962	13,2 % = 245,76 €	8.115,64 €	7,92	64.275,87 €
1963	13,8 % = 256,93 €	8.172,13 €	8,28	67.665,24 €
ab 1964	14,4 % = 268,10 €	8.229,41 €	8,64	71.102,10 €

In Tabelle 1 werden für die Jahrgänge ab 1955 sowohl die Ausgleichsbeträge pro Entgeltpunkt als auch die Ausgleichsbeträge für Durchschnittsverdiener West mit erreichbaren 40 Entgeltpunkten zum 63. Lebensjahr bei Einmalzahlung in 2018 angegeben. Hierbei wurden also 40 Pflichtbeitragsjahre mit durchschnittlich einem Entgeltpunkt pro Jahr unterstellt und somit 40 Jahre mit Durchschnittsverdienst.

6.2.3 Höhe der Zusatzrente

Manche glauben, dass die **klassische Rürup-Rente** besser abschneidet als die gesetzliche Rente. Das ist aber beim Vergleich von gesetzlicher Rente aus Ausgleichsbetrag und Rürup-Rente aus einem gleich hohen Einmalbeitrag nur ganz selten der Fall.

Tatsächlich kann man die gesetzliche Rente mit der Rürup-Rente gut vergleichen, da für beide die gleichen steuerlichen Regeln über die von Jahr zu Jahr steigende steuerliche Abzugsfähigkeit der Rentenbeiträge und den steuerpflichtigen Teil der Renten gelten.

Faire Vergleiche zeigen aber eindeutig, dass der ersparte Rentenabschlag als gesetzliche Rente aus dem Rückkauf von Rentenabschlägen bei allen Jahrgängen bis 1968 eine vergleichbare Rürup-Rente mit Hinterbliebenenabsicherung schlägt.

Das gilt für den Vergleich von garantierten und möglichen Renten aus Ausgleichs- oder Einmalbeitrag. Und es gilt auch dann noch, wenn man von einem gesetzlich krankenversicherten Rentner ausgeht, bei dem von der gesetzlichen Rente brutto noch Beiträge zur gesetzlichen Kranken- und Pflegeversicherung von rund 11 % abgezogen werden.

Selbst der ersparte Rentenabschlag nach Kranken- und Pflegekassenbeitrag liegt noch höher als die Rürup-Rente ohne Abzug von Beiträgen zur gesetzlichen Kranken- und Pflegeversicherung.

6 | Zusatzrente aus der gesetzlichen Rentenversicherung

Für freiwillig gesetzlich krankenversicherte Rentner lohnt sich die Rürup-Rente sowieso nicht, da in diesem Fall noch bis zu rund 18 % für den Kranken- und Pflegekassenbeitrag abzuziehen sind.

Privat krankenversicherte Rentner erhalten zudem einen Zuschuss in Höhe von 7,3 % der gesetzlichen Rente brutto. Dann schneidet die gesetzliche Rente im Vergleich zur Rürup-Rente noch besser ab.

Tabelle 2: Gesetzliche Rente schlägt Rürup-Rente bei garantierten Renten (für einen Ausgleichs- bzw. Einmalbetrag von 50.000,– €)

Jahrgang	gesetzliche Rente West[1]	Rürup-Rente mit HB[2]	Rürup-Rente ohne HB[3]
1955	198,– €	152,– €	168,– €
1956	198,– €	153,– €	170,– €
1957	197,– €	153,– €	172,– €
1958	197,– €	155,– €	173,– €
1959	195,– €	157,– €	175,– €
1960	193,– €	158,– €	177,– €
1961	192,– €	160,– €	178,– €
1962	192,– €	162,– €	178,– €
1963	190,– €	162,– €	180,– €
1964	188,– €	163,– €	182,– €
1965	188,– €	165,– €	183,– €
1966	188,– €	167,– €	185,– €
1967	188,– €	168,– €	187,– €
1968	188,– €	170,– €	188,– €

1) Garantierte gesetzliche Rente West als ersparter Rentenabschlag brutto pro Monat aus Ausgleichsbetrag im Jahr 2018 ohne Annahme von Rentensteigerungen bis zur vorgezogenen Altersrente mit 63 Jahren (bei privat Krankenversicherten 107,3 % der Bruttorente und bei gesetzlich Krankenversicherten 89 % der Bruttorente). Die Beträge fallen wegen des sinkenden Rentenniveaus (weniger Entgeltpunkte).

2) Garantierte Rürup-Rente brutto pro Monat aus Einmalbetrag im Jahr 2018 einschließlich voller Hinterbliebenenabsicherung durch Beitrags- und Kapitalrückgewähr nach Tarif Europa (bei freiwillig gesetzlich Krankenversicherten nur 82,3 % der Bruttorente).

3) Garantierte Rürup-Altersrente brutto pro Monat aus Einmalbeitrag im Jahr 2018 ohne Rentengarantie und ohne Hinterbliebenenabsicherung nach Tarif Europa (bei freiwillig gesetzlich Krankenversicherten nur 82,3 % der Bruttorente).

Zusatzrente aus der gesetzlichen Rentenversicherung | 6

In Tabelle 2 werden zunächst die garantierten Renten miteinander verglichen für einen Ausgleichs- bzw. Einmalbeitrag von 50.000,– €. Bei der garantierten Rürup-Rente werden dabei zwei Fälle unterschieden, und zwar mit oder ohne finanzielle Absicherung des hinterbliebenen Ehegatten bzw. eingetragenen Lebenspartners. Die garantierten Rürup-Renten sind dem Tarif der Europa Lebensversicherung entnommen, die zu den besten Anbietern von klassischen Rürup-Renten zählt.

Auch bei den möglichen Renten liegt die gesetzliche Rente vorn, wie die Tabelle 3 zeigt. Für alle Jahrgänge von 1955 bis 1968 schlägt die mögliche gesetzliche Rente West eine mögliche Rürup-Rente beim Versicherer Europa.

Tabelle 3: Gesetzliche Rente schlägt Rürup-Rente bei möglichen Renten (für einen Ausgleichs- bzw. Einmalbeitrag von 50.000.– €)

Jahrgang	gesetzliche Rente West	Rürup-Rente mit HB	Rürup-Rente ohne HB
1955	203,– €	152,– €	168,– €
1956	207,– €	153,– €	170,– €
1957	210,– €	155,– €	172,– €
1958	213,– €	157,– €	173,– €
1959	218,– €	158,– €	175,– €
1960	222,– €	160,– €	178,– €
1961	227,– €	165,– €	183,– €
1962	230,– €	170,– €	188,– €
1963	233,– €	175,– €	193,– €
1964	237,– €	180,– €	200,– €
1965	242,– €	187,– €	207,– €
1966	247,– €	192,– €	213,– €
1967	252,– €	198,– €	220,– €
1968	257,– €	205,– €	227,– €

6.2.4 Teilzahlungen ab dem 50. Lebensjahr

Die in Tabelle 1 genannten Ausgleichsbeträge sind auf den ersten Blick außerordentlich hoch und liegen zwischen über 46.000,- € bis gut 71.000,- € für einen Höherverdiener mit 60 Entgeltpunkten. Beim Spitzenverdiener mit 72 erreichbaren Entgeltpunkten bis zum 63. Lebensjahr würden sich diese Ausgleichsbeträge noch um jeweils 20 % erhöhen und auf 56.000,- € bis über 85.000,- € hochschaukeln. Klar ist, dass solch hohe Ausgleichsbeträge in aller Regel nur bei frei werdenden Geldern aus beispielsweise Kapital-Lebensversicherungen oder Erbschaften finanziell aufzubringen sind.

Sie sollten aber nicht vorzeitig aufgeben, da Sie den gesamten Ausgleichsbetrag auch in Form von **Teilzahlungen** leisten können. Teilzahlungen können jährlich, aber auch halbjährlich erfolgen. Eine monatliche oder vierteljährliche Zahlweise ist nicht möglich.

Die jährliche Teilzahlung am Ende eines Jahres empfiehlt sich auch aus **steuerlichen Gründen,** da der Höchstbetrag der steuerlich abziehbaren Altersvorsorgeaufwendungen nach § 10 EStG im Jahr 2018 bei 23.712,- € (alleinstehend) bzw. 47.424,- € (verheiratet) liegt und durch die Verteilung des Ausgleichsbetrags auf mehrere Jahre Ihre Steuerprogression niedriger ausfällt. Bei sozialversicherungspflichtigen Arbeitnehmern vermindert sich der steuerlich absetzbare Höchstbeitrag außerdem um den Gesamtbeitrag zur gesetzlichen Rentenversicherung, der 18,6 % des Jahresbruttogehalts und maximal 14.508,- € der Beitragsbemessungsgrenze von jährlich 78.000,- € in der gesetzlichen Rentenversicherung West im Jahr 2018 ausmacht.

Höherverdiener mit Bruttogehältern oberhalb der Beitragsbemessungsgrenze müssen also € 14.508,- vom Höchstbeitrag abziehen und kommen dann auf einen noch steuerlich abzugsfähigen Betrag von 9.204,- € (alleinstehend) bzw. € 32.916,- (verheiratet).

Bei einer **Gleichverteilung auf die** bis zum Alter von 63 anfallenden **Restjahre** sinken die jährlichen Teilzahlungen. Bei Gutverdienern mit 60 erreichbaren Entgeltpunkten bis zur Rente mit 63 Jahren sinken die genannten jährlichen Raten, also von 17.000,– € (Jahrgang 1958) bis auf 5.470,– € (Jahrgang 1968).

Bei den angegebenen Jahresbeträgen ist zu beachten, dass diese ab dem Jahr 2019 mit steigendem Durchschnittsentgelt und ab 2023 mit steigendem Beitragssatz ebenfalls steigen werden, also dynamisch nach oben angepasst werden. Das ist aber unproblematisch, da gleichzeitig auch die im Jahr 2018 berechneten Rentenabschläge entsprechend der jährlichen Erhöhung des aktuellen Rentenwerts dynamisiert werden. Steigende Teilzahlungsraten gehen also mit steigenden Rentenabschlägen bzw. Zusatzrenten aus dem Ausgleichsbetrag einher.

Allerdings sollten Sie davon ausgehen, dass die zu erwartenden Zusatzrenten im Verhältnis zu den Durchschnittsentgelten relativ geringer steigen. Zwar bleibt es bei der dynamischen Rente in der gesetzlichen Rentenversicherung, aber die Renten steigen zumindest ab 2025 nicht in gleichem Maße wie die Löhne. Bis dahin soll das Rentenniveau gleich bleiben. Ab 2025 wird das Rentenniveau wegen des Eintritts der Babyboomer-Jahrgänge aus den 1960er-Jahren in den Ruhestand sinken.

6.2.5 Ausgleichsbetrag für Teile von Rentenabschlägen

Wenn auch die jährlichen Teilzahlungsbeträge Ihre vorhandenen finanziellen Mittel übersteigen, gibt es einen weiteren **Ausweg**. Sie könnten bei der Deutschen Rentenversicherung den Antrag stellen, die Berechnung des Ausgleichsbetrages z.B. auf drei Viertel, zwei Drittel oder die Hälfte des Rentenabschlags zu beziehen. Beispiel: Wenn Sie im Jahr 1958 geboren sind, müssen Sie grundsätzlich mit einem Rentenabschlag von 10,8 % rechnen. Bei Halbierung sind es nur 5,4 %.

Folge: Ihr Ausgleichsbetrag von beispielsweise 51.174,– € für Gutverdiener mit 60 erreichbaren Entgeltpunkten (siehe Tabelle 1) wird ebenfalls halbiert auf 25.587,– €.

Wenn dann der auf 25.587,– € halbierte Ausgleichsbetrag auf drei Jahre gleichmäßig verteilt wird, errechnet sich nur noch eine jährliche Teilzahlung von 8.529,– €. Bei dieser **doppelten Flexibilisierung** (Teile von Rentenabschlägen und Teilzahlungen) teilen Sie also zunächst den Ausgleichsbetrag z.B. durch die Hälfte und dann noch den halbierten Ausgleichsbetrag durch die Anzahl der Beitragsjahre. Diese »doppelte Teilung« führt zur Senkung der jährlichen Teilzahlungsraten.

Selbstverständlich zieht ein halbierter Ausgleichsbetrag auch bei der Kompensation des Rentenabschlags eine Halbierung nach sich. Statt 201,– € kompensieren Sie jetzt einen Rentenabschlag in Höhe von 100,50 €. **Der Effekt ist der gleiche:** Auch dabei liegt der jährliche Rentensatz bei 4,7 %, sofern Sie den halben Ausgleichsbetrag von 25.587,– € auf einen Schlag schon im Jahr 2018 zahlen.

Der Ausgleichsbetrag kann also in Abhängigkeit von der Höhe (volle oder teilweise Kompensation des Rentenabschlags) und der Zahlungsweise (Einmalzahlung oder Teilzahlung über mehrere Jahre) sehr flexibel eingesetzt werden.

6.2.6 Rentenplus bei Verzicht auf Rente mit 63 Jahren

Wichtig zu wissen: Sie müssen nicht wie ursprünglich geplant mit beispielsweise 63 Jahren in Rente gehen. Sie können selbstverständlich auch bis zum Erreichen der Regelaltersgrenze weiterarbeiten oder sogar darüber hinaus.

Falls der im Jahr 1958 geborene Arbeitnehmer z.B. statt mit 63 erst mit 66 Jahren in Rente geht, fällt wegen Erreichens der Regelaltersgrenze überhaupt kein Rentenabschlag an. Sie erhalten nun aber nicht den bereits gezahlten Ausgleichsbetrag zurück, sondern eine

Zusatzrente obendrauf und damit insgesamt eine **höhere Regelaltersrente**.

Jede Zahlung eines Ausgleichsbetrags – ob Einmalzahlung oder Teilzahlung – führt zu Entgeltpunkten und damit zu einem höheren Anspruch auf eine gesetzliche Rente. Falls Sie z.B. den auf 25.587,– € halbierten Ausgleichsbetrag in 2018 als **Einmalzahlung** leisten, bekommen Sie dafür 3,6323 Entgeltpunkte gutgeschrieben nach folgender Berechnung: (halber Ausgleichsbetrag 25.587,– €: Beitragssatz 18,6 %) : vorläufiges Durchschnittsentgelt 37.873,– € = 137.564,52 € : 37.873,– € = 3,6323 Entgeltpunkte.

Bei einem aktuellen Rentenwert von 32,03 € ab 1.7.2018 bauen Sie damit einen Rentenanspruch von **116,34 €** (= 3,6323 Entgeltpunkte × 32,03 € aktueller Rentenwert West) auf.

Die jährliche Rentenanwartschaft von 1.352,52 € für die Regelaltersrente macht immerhin 5,3 % des gezahlten Betrags von 25.587,– € aus. Das sind sogar rund 0,6 Prozentpunkte mehr im Vergleich zum jährlichen Rentensatz von 4,8 % bei Inanspruchnahme der abschlagspflichtigen 63er-Rente. Sie können mit den garantierten 5,3 % aber auch nur rechnen, wenn Sie drei Jahre später mit 66 Jahren in Rente gehen.

Ähnliche Vorteilsrechnungen ergeben sich, wenn Sie eine **Teilzahlung** des vollen Ausgleichsbetrags in Höhe von 51.174,– € über drei Jahre (2018, 2019 und 2020) in Erwägung ziehen. Im ersten Jahr 2018 zahlen Sie 17.058,– €. In den beiden Jahren 2019 und 2020 erhöhen sich Ihre jährlichen Teilzahlungen wegen der höheren vorläufigen Durchschnittsentgelte, falls man die laut Rentenversicherungsbericht 2017 der Bundesregierung geschätzten höheren Durchschnittsentgelte von 39.059,– € für 2019 und 40.074,– € für 2020 zugrunde legt. Insgesamt liegt die Summe der drei Teilzahlungen dann bei 52.700,– €.

Das sind zwar 1.526,– € mehr im Vergleich zur Einmalzahlung von 51.174,– € und quasi der Preis für die Ratenzahlung wie bei einer Teil- bzw. Ratenzahlung beim Kauf von Konsumgütern. Dafür werden Ihnen aber auch insgesamt 6,4780 Entgeltpunkte gutgeschrieben. Wenn sich die aktuellen Rentenwerte so erhöhen wie im Rentenversicherungsbericht 2017 der Bundesregierung geschätzt, würde der aktuelle Rentenwert West ab 1.7.2021 bei 34,81 € liegen. Der ersparte Rentenabschlag von ehemals 201,07 € im Jahr 2018 steigt somit auf 225,50 € (= 6,4780 Entgeltpunkte × 34,81 € aktueller Rentenwert), also um immerhin 12 %, was einem jährlichen Rentensatz von 5,1 % der Summe aller fünf Teilzahllungen von 52.700,– € entspricht.

Attraktives Rentenplus bei Weiterarbeit bis zur Regelaltersgrenze

Wenn der in 1958 geborene Versicherte weiter arbeitet bis zum Erreichen der Regelaltersgrenze mit 66 Jahren in 2024, erhöht sich das Rentenplus auf 242,67 €. Zwar erhält er keine weiteren Entgeltpunkte, da er den Ausgleichsbetrag in drei Teilzahlungen bereits geleistet hat. Jedoch kann er mit einer weiteren **Erhöhung des aktuellen Rentenwerts** West bis auf 37,46 € ab 1.7.2024 laut Vorschaurechnung im Rentenversicherungsbericht der Bundesregierung rechnen. Auf das Jahr hochgerechnet, liegt das Rentenplus bei 2.912,– €. Sofern er privat krankenversichert ist, zahlt die Deutsche Rentenversicherung nach dem Übergang zur paritätischen Finanzierung in der Krankenversicherung auf diese Bruttorente noch einen Zuschuss von 7,8 % bzw. von 227,– € zur privaten Krankenversicherung. Die Zusatzrente einschließlich Zuschuss zur privaten Krankenversicherung würde dann bereits auf 3.139,– € steigen. Das wären bereits 6 % der gezahlten 52.700,– €.

Sofern man ab 2025 eine jährliche Rentensteigerung von 2 % annimmt und eine Rentendauer von 20 Jahren, käme für diesen privat krankenversicherten Regelaltersrentner eine Rentensumme von 76.270,– € zusammen. Dies sind rund 45 % mehr im Vergleich zur

Zusatzrente aus der gesetzlichen Rentenversicherung | 6

Summe der Teilzahlungen von 52.700,- €. Im Durchschnitt der 20 Jahre läge die jährliche Zusatzrente aus dem Ausgleichsbetrag bei 3.813,- € und damit bei 7,2 % des in drei Raten gezahlten Ausgleichsbetrags.

Für gesetzlich krankenversicherte Regelaltersrentner sieht die Rechnung bei Annahme eines Beitrags zur gesetzlichen Kranken- und Pflegeversicherung von durchschnittlich 11 % der Bruttorente naturgemäß schlechter aus. Das monatliche Rentenplus als Zahlbetrag der Zusatzrente ab 1.7.2024 wird auf 216,- € reduziert bzw. auf jährlich 2.592,- €. Der gesetzlich krankenversicherte Zusatzrentner könnte nur noch mit einer Rentensumme von 62.955,- € nach Abzug der Kranken- und Pflegekassenbeiträge rechnen. Aber auch diese Summe läge noch fast 20 % über den in 2018, 2019 und 2020 gezahlten 52.700,- €.

Letztlich führen Teilzahlungen des Ausgleichsbetrags bei späterem Verzicht auf die 63er-Rente de facto zu freiwilligen Beiträgen, obwohl der Ausgleichsbetrag an sich rentenrechtlich weder als Pflichtbeitrag noch als freiwilliger Beitrag zählt. Also handelt es sich quasi um einen **Rentensparplan,** der vom 63. Lebensjahr bis zum Erreichen der Regelaltersgrenze ausgesetzt wird. Über diesen Umweg sind also auch schon heute freiwillige Zusatzbeiträge zur gesetzlichen Rente und damit eine Zusatzrente ab Rentenbeginn mit z.B. 66 Jahren beim Jahrgang 1958 möglich.

Auf detaillierte Berechnungen für die Jahrgänge ab 1959 soll an dieser Stelle verzichtet werden. Beim Vergleich von gesetzlicher Zusatzrente und Rürup-Rente wird aber im Ergebnis herauskommen, dass die gesetzliche Zusatzrente aus Ausgleichsbetrag bei Einmal- oder Teilzahlungen für die Gruppe der **mindestens 50 -Jährigen** (50plus, also z.B. bis Jahrgang 1968 in 2018) auch dann besser abschneidet als die Rürup-Rente, wenn von der gesetzlichen Rente brutto noch ein Beitrag zur gesetzlichen Kranken- und Pflegeversicherung von angenommen 11 % abgezogen wird.

Privat krankenversicherte Rentner werden in jedem Fall beim Einstieg ab dem 50. Lebensjahr mit der Einmal- oder Teilzahlung von Ausgleichsbeträgen besser fahren im Vergleich zur klassischen Rürup-Rentenversicherung.

6.2.7 Vorteile durch Beteiligung des Arbeitgebers

Sofern sich der Arbeitgeber finanziell an der Zahlung des Ausgleichsbetrags beteiligt, kann er bis zur Hälfte des Ausgleichsbetrags in vollem Umfang **steuer- und beitragsfrei** leisten (siehe § 3 Nr. 28 EStG in Verbindung mit § 1 Abs. 1 Satz 1 Nr. 1 SvEV). Das hat der Bundesfinanzhof in seinem Urteil vom 17.5.2017 noch einmal ausdrücklich bestätigt (Az. X R 10/15). Nach Mitteilung des Bundesfinanzministeriums vom 3.1.2018 wurde dieses BFH-Urteil im Bundessteuerblatt veröffentlicht und ist damit für die Finanzämter verbindlich anwendbar.

Vorteil für Angestellte, wenn der Arbeitgeber die Hälfte des Ausgleichsbetrags direkt an die Deutsche Rentenversicherung zahlt: Er selbst zahlt nur die andere Hälfte und kann diese dann zum größeren Teil steuerlich absetzen, in 2018 beispielsweise zu 86 %.

So ungewöhnlich wie diese finanzielle Beteiligung des Arbeitgebers klingen mag, ist sie gar nicht. Oft ist der Arbeitgeber an einer **Frühverrentung** interessiert, um Personal und damit Kosten einzusparen.

Im Rahmen einer **Abfindungsregelung** kann sich der Arbeitgeber sogar zur vollen Zahlung des Ausgleichsbetrags bereit erklären. Diese beitragsfreie Zahlung zu 100 % setzt voraus, dass der Arbeitnehmer einen entsprechenden Teil des Abfindungsbetrags wegen Beendigung der Beschäftigung zweckgebunden für die Zahlung des Ausgleichsbetrags verwendet. Steuerfrei für den Arbeitnehmer sind in diesem Fall jedoch nur 50 % des Ausgleichsbetrags.

6.2.8 Finanzielle Vorteile für Ost-Versicherte

Rentennahe Ost-Versicherte können ihre Zusatzrente günstiger aufstocken, da die Kosten für den Ausgleichsbetrag bei Zahlung in 2018 rund 11 % **niedriger** liegen im Vergleich zum Westen. Sofern sie ihre Frührente mit 63 Jahren ab dem 1.7.2024 (Tag der vollständigen Angleichung der Ost-West-Renten) erhalten, liegt der ersparte Rentenabschlag bzw. die Zusatzrente in Ost und West auf der gleichen Höhe.

Fazit: Ab 1961 geborene Ost-Versicherte profitieren von einem Kostenvorteil, da sie für die gleiche Zusatzrente rund 11 % weniger aufbringen müssen. Allerdings schwindet dieser Kostenvorteil bei Teilzahlungen in den Jahren 2019 bis 2023. In 2019 sind es noch 6,5 %, in 2020 noch 5,3 % und in 2021 nur 4 %. In den Jahren 2022 und 2023 schmilzt der Kostenvorteil auf 2,7 und 1,4 %.

Es lohnt sich für rentennahe Ost-Versicherte also, den größeren Teil des Ausgleichsbetrags auf das Jahr 2018 zu konzentrieren. Am besten fahren sie, wenn sie den gesamten Ausgleichsbetrag oder zumindest den größeren Teil davon in den Jahren 2018 bis 2020 zahlen.

Ein **Musterbeispiel** für einen am 1.7.1961 geborenen Ost-Versicherten, der am 1.7.2024 mit 63 Jahren, dann erreichbaren 60 Entgeltpunkten und einem Rentenabschlag von 12,6 % in Rente gehen will, mag den Unterschied zu einem am gleichen Tag geborenen West-Versicherten mit ebenfalls 40 Entgeltpunkten erläutern.

Der West-Versicherte zahlt im Jahr 2018 einen Ausgleichsbetrag von 60.933,07 €. Da für den Ausgleichsbetrag Ost wegen des geringeren Durchschnittsentgelts Ost (33.671,– € statt 37.873,– € in 2018) ein niedrigerer Berechnungsfaktor von 6.262,806 (= 33.671,– € × 0,186) gilt, errechnet sich ein Ausgleichsbetrag Ost von 54.172,55 €. Dies sind 11,1 % weniger im Vergleich zum Ausgleichsbetrag West.

Den Ausgleichsbetrag Ost von gut 54.172,– € auf einen Schlag im Jahr 2018 einzuzahlen, macht jedoch auch für einen Höchstbeitragszahler keinen Sinn. Sofern er alleinstehend ist, kann er im Jahr 2018 beispielsweise nur den steuerlichen Höchstbetrag von 23.712,– € nutzen, abzüglich dem Höchstrentenbeitrag Ost von 12.945,60 € in der gesetzlichen Rentenversicherung (= 18,6 % von 69.600,– €). Folglich wirken sich maximal 10.766,40 € steuermindernd aus. Daher sollte er die weiteren Teilzahlungen auf die Jahre 2019 bis 2024 verteilen.

Wäre der Höchstbeitragszahler Ost verheiratet mit steuerlicher Zusammenveranlagung und hätte sein Ehegatte kein eigenes Einkommen, könnte er den Ausgleichsbetrag steuersparend in zwei Teilzahlungen auf die Jahre 2018 und 2019 verteilen.

Nicht selten treten Fälle auf, bei denen der rentennahe Ost-Versicherte in früheren Jahren im Westen versichert war oder genau umgekehrt. Es handelt sich dabei um regional gemischte Erwerbsbiografien bzw. um »Wanderer zwischen zwei Rentenwelten«.

Sollen nun die künftigen Rentenabschläge ausgeglichen werden, kommt es zur »hohen Schule« bei der Berechnung des **gemischten Ausgleichsbetrags** und der Ermittlung der Schlusszahlung bei gewünschten Teilzahlungen. Tatsächlich werden zunächst ein Ausgleichsbetrag Ost und davon getrennt ein Ausgleichsbetrag West ermittelt. Je mehr Entgeltpunkte auf den Versicherungsverlauf Ost entfallen, desto größer ist der Kostenvorteil gegenüber dem reinen Ausgleichsbetrag für West-Versicherte.

Bei Teilzahlungen für gemischte Ausgleichsbeträge teilt die Deutsche Rentenversicherung zugunsten der Versicherten zunächst die Entgeltpunkte Ost zu und erst nach deren vollständiger Zuteilung anschließend die Entgeltpunkte West. Dieses Verfahren wird in Schreiben an Ost-Versicherte, die 2017 bereits die erste Teilzahlung geleistet haben, ausdrücklich erwähnt.